NOUVELLE GÉNÉRATION B1

MÉTHODE DE FRANCAIS

LIVRE + CAHIER

Carla Baracco

Luca Giachino

Stéphanie Grindatto

didier

Français Langue Étrangère

Couverture : Primo&Primo
Mise en page : Séverine Olivier – Marse
Édition : Alexandra Prodromides, Manuela Usai
Iconographe : Aurélia Galicher
Cheffe de studio : Christelle Daubignard
Traduction : Stéphanie Grindatto
Enregistrements, montage et mixage des audios : Jean-Paul Palmyre – Quali'sons
Montage, mixage et sous-titrage des vidéos : France Manhes – INIT Éditions Productions

© Zanichelli, Bologna 2020 pour l'œuvre originale (*Pas à pas*)
© Didier FLE, une marque des éditions Hatier, Paris 2023.

ISBN : 978-2-278-10857-2

Achevé d'imprimer en Italie par LEGO (Lavis) en août 2023
Dépôt légal : 10857/02

éditions didier s'engagent pour l'environnement en réduisant l'empreinte carbone de leurs livres. Celle de cet exemplaire est de :
1,6 kg éq. CO$_2$
Rendez-vous sur www.editionsdidier-durable.fr

PAPIER À BASE DE FIBRES CERTIFIÉES

Mode d'emploi

La méthode **Nouvelle Génération** est composée d'un **livre de l'élève** et d'un **cahier d'exercices** en un seul volume. Elle se compose de 8 unités précédées d'une unité initiale « C'est reparti ! ». La structure de chaque unité (identique dans le livre et dans le cahier) marque un véritable parcours d'apprentissage.

Je découvre

Dans cette première étape, des documents (audio et écrit) vous feront découvrir des situations motivantes.
Vous développerez votre **compétence de compréhension** orale et écrite.

Les encadrés **L'info en +** développent certains aspects culturels francophones.

L'INFO EN ✚

Les nouveaux animaux de compagnie (tortues, lapins, serpents, poules, etc.) séduisent de plus en plus les Français. L'adoption de ces espèces est encadrée par une loi pour éviter le commerce illégal d'animaux.

Grâce aux activités et à la partie **Grammaire**, vous comprendrez comment fonctionne la langue.

GRAMMAIRE

1. Retrouvez dans l'article les pronoms cela, ce (que) et ce (qui). Que signifient-ils selon vous ?
2. Ces pronoms s'utilisent pour reprendre :
   a. une idée.
   b. un objet spécifique.
   c. une personne en particulier.

Je fais le point

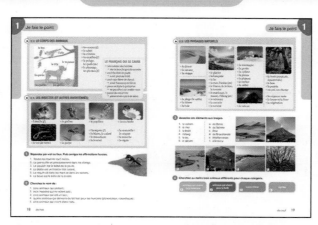

MOTS ET EXPRESSIONS
Les pages *Mots et expressions* permettent de revenir sur le lexique de l'unité et vous aident à le mémoriser grâce à des documents sonores, à des illustrations et à des activités de réemploi.

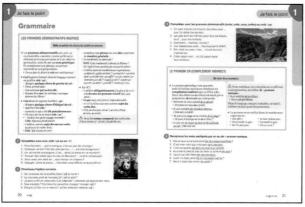

Les pages *Grammaire* présentent les règles grammaticales de manière approfondie, avec des exemples, des tableaux récapitulatifs et de nombreux exercices.

Maintenant vous êtes capable de mettre en pratique ce que vous avez appris.

En rappel, pour chaque acte de parole, un choix d'expressions utiles.

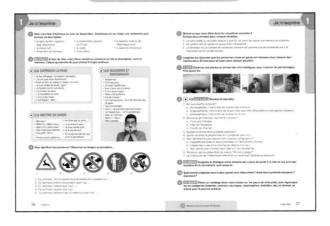

De nombreuses activités guidées vous aideront à vous exprimer oralement et par écrit, et à communiquer de plus en plus librement.

Vous pourrez tester vos acquis grâce aux activités sur didierfle.app sur votre smartphone ou votre tablette.

Culture

Toutes les deux unités, vous découvrirez des aspects de la société et de la culture française.

Atelier vidéo

Toutes les deux unités, une vidéo vous permet de réviser dans un contexte authentique le lexique et les actes de parole rencontrés dans les unités précédentes.

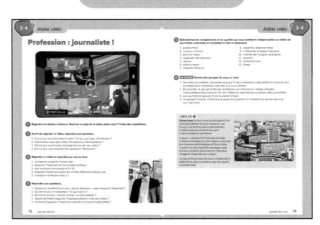

Je m'engage

Un texte en lien avec les objectifs de l'**Agenda 2030**.

Des stratégies sur les différentes compétences avec des conseils et des activités guidées.

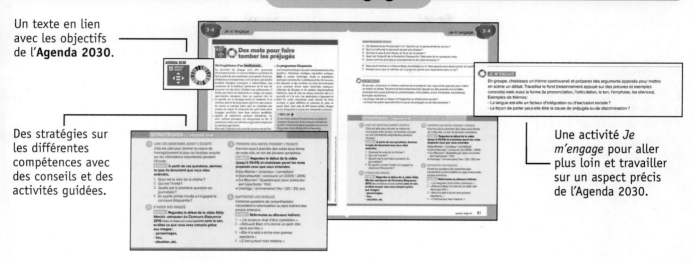

Une activité *Je m'engage* pour aller plus loin et travailler sur un aspect précis de l'Agenda 2030.

DELF blanc

À la fin du *Livre de l'élève*, une épreuve blanche du DELF B1 vous permettra de vous préparer à l'examen.

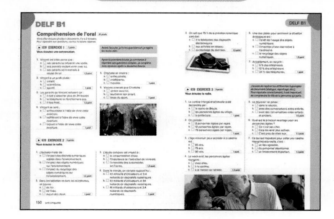

Cahier

À chaque section du *Livre de l'élève* correspond une section du *Cahier* avec des activités à faire en autonomie pour renforcer ce qui a été fait en classe.
Toutes les deux unités, la rubrique *Je m'évalue* propose des activités récapitulatives en autocorrection.

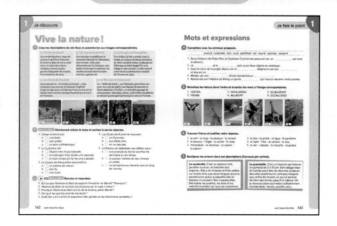

Vous pourrez poursuivre votre apprentissage en autonomie grâce aux activités du site compagnon (www.didierfle-nouvelle-generation.fr).

TABLEAU

DES CONTENUS

TABLEAU DES CONTENUS

RESSOURCES COMPLÉMENTAIRES

Site compagnon www.didierfle-nouvelle-generation.fr
Pour un accès direct aux :
- audios
- vidéos
- stratégies de production écrite (*rédiger un CV, une biographie, un récit*)
- 80 activités complémentaires (grammaire, lexique, communication)

C'est reparti !

Le français et moi

Un concours sur la francophonie

De jeunes étudiants de français de plus de cinquante pays ont participé à un concours sur la francophonie. Le jury a sélectionné 30 participants et leur a posé la question : « La langue française : pourquoi l'aimez-vous ? ». Voici quelques réponses.

HOSHIKO TANAKA, 15 ANS

Souvent, je m'invente des histoires avec les mots français. Je trouve qu'ils racontent beaucoup de choses. Dans le mot « bateau », on a le mot « eau », alors, on imagine facilement un bateau qui avance sur l'eau.

JAMAL ACHEBE, 15 ANS

Avec le français, je peux communiquer avec d'autres jeunes de mon âge. C'est une belle langue, agréable à écouter et à parler. J'aime ses sonorités. C'est pourquoi je regarde souvent des émissions françaises et j'écoute beaucoup de chanteurs français. En plus, c'est un excellent entraînement !

THOMAS FORTIN, 16 ANS

Au Québec, il y a beaucoup de gens qui parlent aussi bien le français que l'anglais. Chez moi, on parle les deux langues. Mais pour mes lectures, je n'ai pas de doute : je préfère les écrivains français et francophones.

1 **Lisez les textes ci-dessus et répondez.**

1. De quel concours est-il question dans ce document ? Qui pouvait y participer ?
2. Que fait Hoshiko avec les mots français ?
3. Que fait Jamal pour améliorer sa connaissance du français ?
4. Quelle est la caractéristique du Québec ?
5. Associez.
   - a. Hoshiko aime le français pour
   - b. Jamal aime le français pour
   - c. Thomas aime le français pour

   1. sa littérature.
   2. ses jeux de mots.
   3. sa musicalité.
6. Et vous ? Qu'aimez-vous dans la langue française ? Pourquoi ?

> **JE RÉVISE**
>
> Je **le** / **la** / **les** connais.
> Je **lui** / **leur** téléphone.

> **JE RÉVISE**
>
> J'ai **un** doute. → Je **n'ai pas de** doute.
> J'ai acheté **du** sucre. → Je **n'ai pas** acheté **de** sucre.
> C'est **un** / **du** café. → Ce **n'est pas un** / **du** café.

Le français : une ouverture sur le monde

Bonjour ! **Tchao !** **Merci !** **Salut !** **Bonsoir !** **Adieu !** **Au revoir !** **Santé !**

2 ▶ **1** **Écoutez et répondez par vrai ou faux.**

1. Dans le monde, il y a plus de 200 millions de francophones.
2. On trouve des pays francophones sur tous les continents.
3. Le français est la langue maternelle de Duong Mai.
4. Le grand-père de Duong Mai se trouve à Montréal depuis 2 ans.
5. Oxana Tornea est bilingue.
6. Elle a trouvé un stage à Bruxelles.
7. Frans a appris le français à Paris.
8. Il va bientôt quitter les Pays-Bas.

3 **Complétez avec les prépositions qui conviennent.**

1. Duong habite ... Vietnam.
2. Son grand-père est parti ... Vietnam pour aller ... Canada.
3. Oxana habite ... Roumanie ; elle veut aller travailler ... Belgique.
4. Sa mère vient ... Belgique.
5. Frans habite ... Pays-Bas.
6. Il va bientôt partir ... Paris.

JE RÉVISE

hollandais	→ hollandai**se**
belge	→ belg**e**
roum**ain**	→ rouma**ine**
vietnam**ien**	→ vietnam**ienne**
champi**on**	→ champi**onne**
nature**l**	→ nature**lle**
sporti**f**	→ sporti**ve**
heureu**x**	→ heureu**se**
chant**eur**	→ chant**euse**
ac**teur**	→ ac**trice**

JE RÉVISE

Je vais / J'habite **en** Norvège.
Je viens **de** Norvège.

Je vais / J'habite **au** Japon.
Je viens **du** Japon.

Je vais / J'habite **aux** Philippines.
Je viens **des** Philippines.

Je vais / J'habite **à** Montréal.
Je viens **de** Montréal.

JE RÉVISE

étudiant	→ étudiant**s**
pays	→ pays
chap**eau**	→ chap**eaux**
jour**nal**	→ journ**aux**

JE RÉVISE

mon lycée
ma classe
mon école
mes camarades

L'histoire de la Francophonie

4 Transformez ces notes en un texte au passé.

années 1960
Proposition de Léopold Sédar Senghor et d'autres personnalités de regrouper les pays qui partagent la langue et la culture françaises.

2006
L'Agence de Coopération Culturelle et Technique change de nom et devient l'Organisation internationale de la Francophonie (OIF).

1986
Premier Sommet de la Francophonie à Paris.

1880
Invention du mot *francophonie* par le géographe français Onésime Reclus.

1970
Création de l'Agence de Coopération Culturelle et Technique.

1997
Institution du Secrétaire général de la Francophonie : Boutros Boutros-Ghali, Abdou Diouf, Michaëlle Jean, Louise Mushikiwabo (depuis **2019**).

ORGANISATION INTERNATIONALE DE
la francophonie

JE RÉVISE

L'appartement
- **qui** est en vente
- **que** j'ai visité
- **dont** je t'ai parlé
- **dont le** propriétaire est M. Dumont
- **où** j'habite

est très beau.

JE RÉVISE

Ils **ont écrit** un e-mail.
Ils **sont partis** hier matin.
Ils **se sont couchés** tard.

Les Jeux de la Francophonie

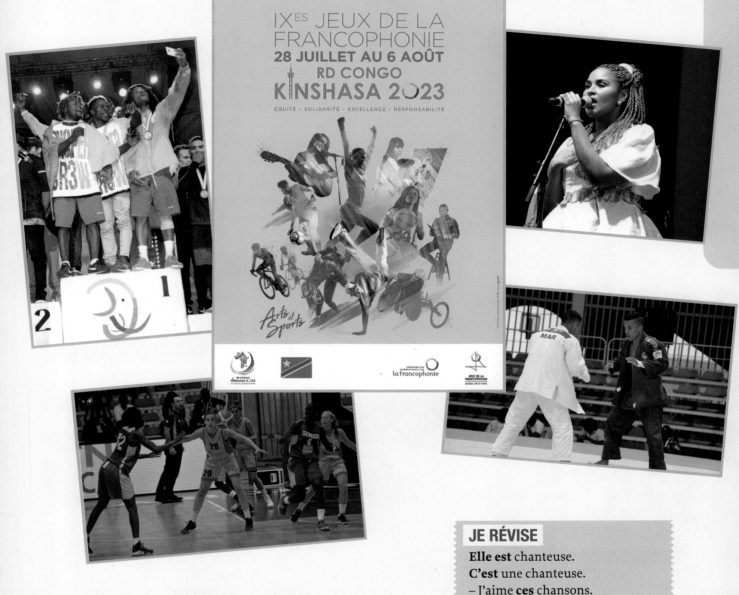

JE RÉVISE

Elle est chanteuse.
C'est une chanteuse.
– J'aime **ces** chansons.
– **Lesquelles** ?
– **Celle-ci** et **celle** de Dadju.

5 **Observez l'affiche ci-dessus et répondez.**

1. Qu'annonce cette affiche ?
2. Où et quand a lieu cet événement ?
3. Est-ce que c'est la première édition de cet événement ?
4. Quelle est la devise de ces jeux ?
5. Est-ce que la manifestation prévoit seulement des compétitions sportives ?

6 **Choisissez une personne de l'affiche ou des photos et décrivez-la oralement ; vous devez parler de son aspect, de sa tenue (vêtements, accessoires, couleurs...) et de son activité.**

Vive la nature !

1 À VOUS !

Répondez.

1. Aimez-vous les animaux ou en avez-vous peur ?
2. Dans quel milieu naturel aimeriez-vous passer vos vacances ?
   a. Dans une forêt, au pied d'une cascade.
   b. Dans la savane, pour observer les animaux sauvages.
   c. Sur la plage de sable blanc d'une île de l'océan Pacifique.
   d. Autre.

2 ▶ **2** **Écoutez et sélectionnez les paysages des sites nommés. Puis dites dans quelle région française ils se trouvent.**

a

b

c

d

e

f

g

h

3 **Maintenant lisez la transcription de l'émission et répondez.**

1 Qui n'a jamais rêvé de vacances exotiques ? Eh bien, rassurez-vous, il est possible de vivre cette expérience sans quitter l'Hexagone ! Sur un territoire pourtant pas si vaste, la

5 **France** rassemble une **diversité de paysages** absolument exceptionnelle : déserts, canyons, marais, sables mouvants, grottes, lacs, et baies somptueuses. Voici un tour d'horizon de ceux que nous considérons comme les plus beaux

10 sites naturels de France !

Savez-vous qu'en Nouvelle-Aquitaine, dans le département de la **Gironde**, se trouve la plus haute dune d'Europe ? C'est la dune du Pilat : une montagne de sable qui mesure entre 100

15 et 115 mètres de haut, et qui accueille une extraordinaire biodiversité. Elle vous émerveillera.

Pour les amateurs de peinture impression- niste ou les fans d'Arsène Lupin, direction la **Normandie**. À Étretat, les spectaculaires

20 falaises blanches à pic sur la mer sont célèbres dans le monde entier. Cependant, méfiez-vous des marées ! Pensez à consulter les horaires avant de vous aventurer sur la plage !

Vous aimez les volcans, mais la Sicile est trop

25 loin ? Partez en **Auvergne-Rhône-Alpes**. Cette région est connue pour ses villes thermales et pour ses paysages variés, entre volcans, plaines et collines : un Eldorado pour tout visiteur avide d'espaces verts.

30 On vous dit « delta » et vous répondez « Nil » ou « Mississippi » ? Pas besoin d'aller jusque là-bas ! Au bord de la Méditerranée, le Parc naturel régional de **Camargue** est prêt à vous offrir ses paysages naturels, sa faune et sa

35 flore. Flamants roses et taureaux d'élevage vivent ensemble dans ce coin de Provence fait de marécages, de champs et de rizières.

Et enfin, qui n'a jamais rêvé d'une plage de sable blanc et d'une mer turquoise et cristal-

40 line ? Au large de Concarneau, en **Bretagne**, l'archipel des Glénan évoque un lagon tropical. Huit îles s'organisent autour d'une petite mer intérieure. Une végétation unique et des oiseaux par milliers complètent ce tableau merveilleux.

Sources : www.momondo.fr

marée = quand le niveau de la mer monte et descend

---

1. Quel est le but de cette émission radio ?
2. Quelle est la particularité du territoire français ?
3. Pourquoi la dune du Pilat est-elle connue ?
4. Que risquent les visiteurs à Étretat ?
5. Est-ce que les volcans sont les seules attractions en Auvergne ?
6. À quoi ressemble l'archipel des Glénan ?

4 | Vers le DELF | **Lisez l'article et répondez.**

NON, LES ANIMAUX SAUVAGES NE FONT PAS DE BONS ANIMAUX DE COMPAGNIE

Si l'idée de posséder un animal de compagnie exotique peut paraître séduisante, cela est en réalité synonyme de difficulté, de mauvaises odeurs et parfois de danger.

1   Panthères, pandas roux, pythons : la demande de nouveaux animaux de compagnie augmente, encouragée en partie par
5   les vidéos publiées sur Internet qui montrent à quel point ces animaux sauvages apparemment domestiqués sont affectueux. Mais la réalité est différente. Il faut proclamer haut et
10 fort que posséder certaines espèces sauvages est illégal. Cette pratique criminelle doit être combattue avec force et être punie. Cela avant tout pour le bien-être de l'animal car, dans
15 la nature, chaque espèce vit dans un environnement qui n'est pas celui de l'homme. Sans compter que le trafic d'animaux de compagnie exotiques est connu pour sa cruauté.
20 Mais il existe d'autres raisons pour arrêter ce commerce : toutes ces espèces ne font pas de bons animaux de compagnie. En voici deux exemples.

LE TIGRE

Les tigres sont dangereux. Ils peuvent tuer. En effet, au cours du siècle dernier, ces magnifiques fauves ont fait plus de morts lors d'attaques directes que n'importe quel autre mammifère. Depuis 2017, au moins cinq personnes ont été blessées par des tigres en captivité.

LE CHIEN DE PRAIRIE

Ce rongeur au doux pelage est connu pour câliner et embrasser les autres membres de sa famille. Dans la nature, il vit au sein de grandes colonies qui peuvent compter plus d'une vingtaine de groupes familiaux. Chaque animal a besoin de la présence d'autres chiens de prairie, ce qui lui permet de maîtriser son agressivité. Ce que la plupart des propriétaires ignorent, c'est que l'isolement est source de stress chez cette espèce, qui peut attaquer l'homme. En outre, son habitat souterrain est difficile à reproduire chez soi. Cela empêche les chiens de prairie de creuser et ils en souffrent énormément.

1. Quel est le sujet de l'article ?
2. De quoi Internet est-il responsable ?
3. Pour quelles raisons posséder un animal exotique est interdit ?
4. Pourquoi est-il déconseillé d'adopter un tigre ?
5. Qu'est-ce qui cause l'agressivité chez le chien de prairie ?
6. De quoi un chien de prairie est-il privé quand il vit en captivité ?

5 GRAMMAIRE

1. Retrouvez dans l'article les pronoms *cela*, *ce* (*que*) et *ce* (*qui*). Que signifient-ils selon vous ?

2. Ces pronoms s'utilisent pour reprendre :
   a. une idée.
   b. un objet spécifique.
   c. une personne en particulier.

➔ **Les pronoms démonstratifs neutres, p. 20**

L'INFO EN ✚

Les nouveaux animaux de compagnie (tortues, lapins, serpents, poules, etc.) séduisent de plus en plus les Français. L'adoption de ces espèces est encadrée par une loi pour éviter le commerce illégal d'animaux.

Mots et expressions

▶ 3 LES ANIMAUX DE LA FERME

- la brebis, le bélier, l'agneau

- la chèvre, le bouc

- le coq, la poule, le poussin

- le dindon, la dinde

- le cheval, la jument, le poulain

- l'âne, l'ânesse

- l'oie [f.]

- le canard
- le lapin
- la souris
- le rat
- la vache, le taureau / le bœuf, le veau

▶ 4 LES ANIMAUX SAUVAGES

- le singe

- le cerf

- le renard

- l'aigle [m.]

- le panda roux

- le loup

- l'écureuil [m.]

- la chauve-souris

- le requin

- le chameau

- la grenouille

- le lièvre

- le lion
- le tigre
- le guépard
- la panthère
- la girafe
- l'éléphant [m.]
- le rhinocéros
- l'hippopotame [m.]
- le kangourou
- l'ours (brun, polaire)
- le dromadaire

- le moineau
- le pigeon
- l'hirondelle [f.]
- le pingouin
- le phoque
- le manchot
- la baleine
- le dauphin
- le serpent
- le crocodile
- le têtard
- le crapaud

L'INFO EN ✚

Pour distinguer les animaux qui ne varient pas en genre, on utilise les mots **mâle** ou **femelle** (l'article ne change pas) : *un rhinocéros femelle*, *une girafe mâle* ; pour les bébés animaux, on utilise le mot **petits** : *le petit* du lapin s'appelle *le lapereau*. Enfin, les animaux émettent des **cris**.

1 Je fais le point

▶ 5 LE CORPS DES ANIMAUX

le bec
l'aile
le museau
la tête
la queue
les pattes
les griffes

- les cornes [f.]
- le sabot
- la crinière
- les écailles [f.]
- le pelage, les poils [m.]
- le plumage, les plumes [f.]

LE FRANÇAIS QUI SE CAUSE

- rire comme une baleine
  → rire la bouche grande ouverte
- avoir la chair de poule
  → avoir peur ou froid
- avoir une fièvre de cheval
  → avoir beaucoup de fièvre
- poser un lapin à quelqu'un
  → ne pas aller à un rendez-vous
- passer du coq à l'âne
  → passer d'un sujet à un autre

▶ 6 LES INSECTES (ET AUTRES INVERTÉBRÉS)

- l'abeille [f.]
- le grillon
- le papillon
- la coccinelle

- l'araignée [f.]
- la blatte, le cafard
- le moustique
- la fourmi
- la sauterelle / le criquet
- la mouche
- la cigale

- le ver (de terre)
- la guêpe

1 Répondez par vrai ou faux. Puis corrigez les affirmations fausses.

1. Toutes les fourmis sont noires.
2. La grenouille vit principalement dans les étangs.
3. Le poulain est le bébé de la poule.
4. La blatte est un insecte très coloré.
5. Le requin vit dans les mers et dans les océans.
6. Le bouc est le mâle de la brebis.

2 Cherchez le nom de :

1. trois animaux qui sautent ;
2. trois insectes qui ne volent pas ;
3. cinq animaux qui ont un bec ;
4. quatre animaux qui donnent du lait bon pour les humains (alimentation, cosmétique) ;
5. cinq animaux qui vivent dans l'eau.

▶ 7 LES PAYSAGES NATURELS

- le désert
- la savane
- la steppe

- la plage (le sable)
- la falaise
- la baie

- le glacier
- la banquise
- le lac
- la mer, l'océan [m.]
- le fleuve, la rivière, le torrent
- le marécage, le marais, l'étang [m.]
- le ruisseau
- la cascade
- le torrent

- la montagne
- la grotte
- la colline
- la plaine
- le plateau
- le rocher
- la vallée

- le volcan

- la forêt (tropicale, équatoriale)
- le bois
- la prairie
- un pré, un champ

- les espaces verts
- la faune et la flore
- la végétation

---

3 Associez ces éléments aux images.

1. le volcan
2. la mer
3. la forêt
4. l'étang
5. le lac
6. le désert

a. de Berre
b. du Sahara
c. Etna
d. de Brocéliande
e. Méditerranée
f. d'Annecy

A

B

C

D

E

F

---

4 Cherchez au moins trois animaux différents pour chaque catégorie.

1. animaux qui vivent dans la savane
2. animaux qui vivent dans la forêt
3. mammifères
4. reptiles

Grammaire

LES PRONOMS DÉMONSTRATIFS NEUTRES

> **Cela** empêche les chiens de prairie de creuser.

■ Les **pronoms démonstratifs** *ceci, cela / ça* et *ce* sont dits « neutres » parce qu'ils ne se réfèrent pas à une personne ni à un objet en particulier, mais ils ont un **sens générique**. Ils remplacent une phrase, un groupe nominal ou une proposition.
  • *On va dans le désert et **cela** me rend heureux !*

■ *Ceci* (registre formel ; dans le langage courant on préfère *cela / ça*) :
  – désigne **quelque chose de proche de soi** :
  • *Tiens, prends **ceci** !*
  – introduit **ce qui va être dit** :
  • *Retenez bien **ceci** : les animaux sauvages doivent être libres !*

■ *Cela* (dans le registre familier : **ça**) :
  – désigne **quelque chose d'éloigné de soi** :
  • *Apportez-moi **cela** !*
  – reprend ce qui a été **dit précédemment** :
  • *Où est-ce que tu as trouvé **cela / ça** ?*
  • *– Voulez-vous qu'on voyage ensemble ?*
  – *Cela / Ça nous ferait plaisir.*
  – s'utilise comme **sujet devant un verbe** (sauf avec le verbe *être*) :
  • *Cela / Ça n'a pas de sens !*

– remplace une **phrase** ou une **idée** exprimée de **manière générale** :
  • *La randonnée, tu aimes **ça** ?*
  MAIS *Cette randonnée à cheval, tu l'aimes ?* (il s'agit d'une randonnée en particulier)
– s'utilise dans de nombreuses expressions :
  ça dépend • ça fait combien ? • ça marche ! • ça m'est égal • ça ne fait rien • ça suffit ! • ça va • comme ça • comment ça se dit ? • à quoi ça sert ? • à part ça • ça y est • ça alors ! • ça te dit ? • et avec ça ?, etc.

■ *Ce / C'* :
  – s'utilise **obligatoirement** à la place de *ceci / cela* **devant un pronom relatif** (*qui, que, dont*) :
  • *Ce que vous avez fait est impardonnable.*
  – *ce / c'* s'utilise souvent comme **sujet du verbe être** :
  • *c'est, ce n'est pas, est-ce ?, ce sont, c'était, ce sera, ce serait.*

⚠ Avec les **temps composés** du verbe *être*, il faut écrire **ç'** : *ç'a été, ç'avait été*, etc.

---

1 Complétez avec *ceci, cela / ça* ou *ce / c'*.

1. Franchement, ... qui te manque, c'est un peu de courage !
2. Caresser un lion !! Ne fais plus jamais ... ! ... est très dangereux !
3. Un animal de compagnie, c'est ... dont j'ai envie en ce moment !
4. Trouver des billets pour le zoo de Beauval ? ... va être compliqué !
5. Vous avez une idée de ... que mange un crapaud ?
6. Voyager : dans le passé, ... était bien plus difficile qu'aujourd'hui !

2 Choisissez l'option correcte.

1. De la viande de crocodile, [elle / ça] te tente ?
2. Le nouveau prof de français, [il / ça] te plaît ?
3. Je pars enfin en vacances ! [Je l'attends / J'attends ça] depuis des mois.
4. Des insectes ? Comment tu peux [les manger / manger ça] ?
5. Encore un film sur la nature ? Je [les déteste / déteste ça] !

3 **Complétez avec les pronoms démonstratifs (*celui, celle, ceux, celles*) ou *cela / ça*.**

1. Ce parc naturel est encore plus beau que … que j'ai visité l'an dernier.
2. Les prix sont les mêmes pour tous les billets, sauf … pour les enfants.
3. Comment … marche, ce truc ?
4. Ces statistiques sont … fournies par le WWF.
5. Elle s'est excusée, mais … n'avait aucune importance.
6. Cette région est … où j'ai passé toute mon enfance.

LE PRONOM *EN* (COMPLÉMENT INDIRECT)

En voici deux exemples.

■ Le pronom *en* indique une quantité, mais il s'utilise aussi pour remplacer un **complément indirect** (qui se réfère à des lieux, des objets ou des idées) introduit par la préposition *de* (simple ou contractée) :
• *Personne ne nous a parlé de ce glacier.*
 › *Personne ne nous en a parlé.*
• *Je suis satisfait des résultats obtenus.*
 › *J'en suis satisfait.*
• *Tu pars à la plage ou tu reviens de la plage ?*
 › *Tu pars à la plage ou tu en reviens ?*
• *Je suis sûr de visiter la forêt de Brocéliande cet été.* › *J'en suis sûr.*

⚠ Pour remplacer un complément se référant à une personne, on utilise *de* + **pronom tonique** :
• *Tu es satisfait de tes élèves.*
 › *Tu es satisfait d'eux.*

Dans le langage courant, toutefois, on tend à utiliser *en* aussi pour les personnes.

■ Le pronom *en* est utilisé dans de nombreuses expressions :
• *s'en aller ;* • *Je n'en reviens pas ;*
• *s'en prendre à qqn ;* • *en vouloir à qqn ;*
• *Ne t'en fais pas ;* • *Où en es-tu ?*

4 **Remplacez les mots soulignés par *en* ou *de* + pronom tonique.**

1. Est-ce que tu es conscient de tes responsabilités ?
2. C'est mon mari qui s'occupe des chevaux.
3. Il est incapable de faire du mal à un animal.
4. Ils entrent dans le zoo ou bien ils sortent du zoo ?
5. Laurie est très fière de ses résultats.
6. Louis t'a déjà parlé de sa nouvelle copine ?
7. Vous n'avez pas envie de sortir ?

ADJECTIFS ET PRONOMS INDÉFINIS

> Un Eldorado pour **tout** visiteur.

adjectifs	pronoms
autre, autres	**autre, autres**
*Il y a une **autre** possibilité.*	*Il y en a une **autre**.*
Autre est généralement précédé d'un **déterminant** : *l'autre, une autre, mes autres, cet autre, trois autres, quelques autres, beaucoup d'autres...*	

- Le pluriel de *un autre* est *d'autres* :
  - *Voulez-vous **d'autres** exercices ?*
- Le pluriel de *l'autre* est *les autres*. Construit comme complément d'un nom, il devient *des (de + les) autres* :
  - *Je m'en fiche de l'opinion **des autres**.*
- Dans un magasin ou au restaurant, on utilise l'expression :
  - *Désirez-vous **autre chose**, monsieur ?*
- D'autres expressions : *quelqu'un d'autre, quelque chose d'autre, rien d'autre.*

adjectifs	pronoms
chaque + nom singulier	**chacun, chacune**
***Chaque** demande d'inscription devra être accompagnée d'une photo.*	***Chacune** des demandes d'inscription devra être accompagnée d'une photo.*
Met en évidence un élément d'un ensemble.	
tout, toute + nom singulier	
***Toute** demande d'inscription devra être accompagnée d'une photo.*	
A une valeur générale.	

- *Il décline **toute** chaque responsabilité.*
- *Il fait du jogging **chaque** tout matin.*

⚠️ ■ *Chaque* ne peut pas être suivi d'un nombre et doit être remplacé par *tous les / toutes les* :
- ***toutes les** deux minutes*

■ *Chaque* ne peut pas être suivi d'un adjectif possessif et doit être remplacé par *chacun(e) de* :
- ***chacun de** ses mots*

adjectifs	pronoms
n'importe quel / quelle / quels / quelles	**n'importe lequel / laquelle / lesquels / lesquelles**
***N'importe quel** insecte adulte a trois paires de pattes et deux antennes.*	*Si on possède des animaux, **n'importe lesquels**, il faut faire attention à l'hygiène.*
N'importe quel **précède** et s'accorde avec le nom.	

quelconque(s)	
*Choisis un reptile **quelconque** et décris-le.*	

pronoms
n'importe qui
***N'importe qui** pourrait avoir volé ton mot de passe.*
Habituellement, on l'utilise comme sujet ou complément d'**un seul verbe**.
quiconque
***Quiconque** possède un animal sauvage sera puni.* *Stéphane sait mieux que **quiconque** comment soigner un rapace blessé !*
Signifie « toute personne qui ». Il s'emploie comme sujet d'une proposition relative sans antécédent. Il est sujet d'un seul verbe (exemple 1). Il s'utilise aussi comme deuxième élément d'une comparaison (exemple 2).
n'importe quoi
*Demandez-lui **n'importe quoi** sur les insectes : elle sait tout !*

⚠️ Il existe d'autres locutions indéfinies avec *n'importe* : ***n'importe où***, ***n'importe quand*** et ***n'importe comment***.

5 Mettez *autre* au pluriel et faites toutes les transformations nécessaires.

0. Vous trouverez un autre exemple à la p. 29. → *Vous trouverez d'autres exemples à la p. 29.*
1. Cette solution me paraît meilleure que l'autre.
2. Deux candidates se sont déjà inscrites et il y en aura sûrement une autre.
3. Nous, on s'occupe de cet animal ; occupez-vous de l'autre.
4. Ils ont parlé d'Étretat et d'une autre ville, dont j'ai oublié le nom.
5. Voyons s'il y a des traces d'un autre animal.
6. On doit faire une recherche sur le crocodile et un autre reptile au choix.

6 Complétez avec *d'autres* ou *des autres*.

1. C'est le seul exemple que j'ai trouvé ; je n'en connais pas ... .
2. Contrairement à la plupart ... enfants, Hélène adore les araignées !
3. Je ne vois pas ... solutions possibles.
4. Merci pour ton invitation mais j'ai ... projets pour le week-end.
5. J'écoute l'avis ... sur le bien-être des animaux.
6. À part celles de Lascaux, connaissez-vous ... grottes célèbres ?
7. Le moineau se nourrit de céréales et ... graines.

7 Complétez avec *chaque, tout(e), tous les, toutes les, chacun(e)*.

1. À la ferme, on distribue la nourriture à ... animal.
2. J'ai des cadeaux pour ... d'entre vous, les filles.
3. Pour ... demande d'assistance, contactez notre service client.
4. Ce petit livre explique ... astuces pour choisir un animal de compagnie.
5. Tania se lave les cheveux ... deux jours.
6. Les visiteurs doivent apporter ... son billet d'entrée.
7. Vous pouvez m'appeler à ... moment du jour et de la nuit.

8 Complétez avec les indéfinis proposés.

quelconque · n'importe quel · n'importe lequel · n'importe qui · quiconque

1. Ce vétérinaire est capable de soigner ... animal.
2. L'hippopotame n'hésite pas à charger ... entre dans son territoire.
3. Une promenade autour du lac est à la portée de ... .
4. Pour chercher de l'or, il ne suffit pas d'aller dans un ruisseau ... .
5. Un désert, ... , de sel, de sable, aride ou polaire, c'est toujours magique !

9 **Choisissez l'option correcte.**

1. [N'importe qui / Quiconque] est autorisé à consulter ce dossier.
2. Ils feraient n'importe [quoi / lequel] pour le bonheur de leurs enfants.
3. Mon grand-père était très généreux : il aidait [n'importe qui / quiconque] avait besoin de quelque chose.
4. Ne t'en fais pas ! Ç'aurait pu arriver à [n'importe qui / quiconque] !
5. Si, pour une raison [n'importe quelle / quelconque] vous n'êtes pas satisfait, vous pouvez contacter le service client.
6. Pour aller à la gare, vous pouvez prendre [n'importe quelle / quelconque] ligne de métro.
7. Vous pouvez utiliser [n'importe quelle / n'importe laquelle] de ces méthodes.

▶ **8** **LES VERBES *BATTRE*, *ROMPRE* ET *VIVRE***

battre	rompre	vivre
je bats	je romps	je vis
tu bats	tu romps	tu vis
il/elle/on bat	il/elle/on rompt	il/elle/on vit
nous battons	nous rompons	nous vivons
vous battez	vous rompez	vous vivez
ils/elles battent	ils/elles rompent	ils/elles vivent
futur : je battrai	*futur* : je romprai	*futur* : je vivrai
participe passé : battu	*participe passé* : rompu	*participe passé* : vécu

■ Les verbes *abattre*, *combattre*, *débattre* se conjuguent comme le verbe *battre*

■ Le verbe *interrompre* se conjugue comme le verbe *rompre*.

■ Les verbes *revivre* et *survivre* se conjuguent comme le verbe *vivre*.

10 **Conjuguez les verbes entre parenthèses au temps et au mode indiqués.**

1. On parle de licenciement quand l'employeur … [rompre • présent] le contrat.
2. Loïc … [vivre • présent] actuellement à Saint-Jérôme, une petite ville du Québec.
3. Grâce au jus d'aloe vera, vous … [combattre • futur simple] la fatigue et le stress !
4. J'en ai marre d'entendre qu'autrefois on … [vivre • imparfait] mieux !
5. Le vent … [abattre • passé composé] tous les arbres du jardin.
6. Malheureusement, les rhinocéros réintroduits dans un parc du Tchad … [ne pas survivre • passé composé].
7. Laisse-moi parler, ne m'… [interrompre • impératif] pas !
8. Mes amis et moi, on s'amuse, on discute et on … [débattre • présent] à propos de tout !
9. Si tu … [se battre • présent] encore avec tes camarades, je vais te punir.

Communication

DÉCRIRE UN ANIMAL

- À quelle classe / espèce appartient-il ? Mammifères, amphibiens, invertébrés, mollusques, bovins...
- Quel est son aspect physique ? Décrivez sa taille et la couleur des poils / des plumes / des écailles ; présentez les différences entre le mâle et la femelle, etc.
- Quel est son caractère ?
- Où est-ce qu'il vit ? Quel est son habitat ?
- Quelles sont ses habitudes alimentaires ? Carnivore, herbivore, insectivore, omnivore ; le prédateur ≠ la proie.
- Comment se reproduit-il ?
- A-t-il des caractéristiques particulières ? Son cri, sa manière de se déplacer, etc.

1 **Lisez et répondez par vrai ou faux.**

*Jour après jour, la liste des **animaux en voie de disparition** s'allonge. Selon les rapports officiels, près de 5000 espèces sont inscrites sur cette liste.*

Le **MARSOUIN**, ressemble à un dauphin. Ce petit cétacé mesure de 1,80 m à 2 m et pèse entre 30 et 80 kg. Il possède quatre nageoires. Son dos est noir, ses flancs sont gris et son ventre est blanc. Contrairement à la majorité des animaux, la femelle est plus lourde que le mâle. Le marsouin vit principalement dans les eaux côtières de l'hémisphère nord, soit en petits groupes soit seul. Il possède une cinquantaine de dents pointues, qui lui permettent de manger des crevettes, du poisson et des calamars ; il se nourrit aussi d'algues. Il a besoin d'environ 4 kg de nourriture par jour. Le marsouin vit en moyenne 15 ans. Comme les dauphins et autres cétacés, il se dirige grâce aux ultrasons. Le plus important prédateur du marsouin est l'homme, qui l'a très longtemps chassé pour sa viande. De nos jours, cet animal timide et discret est protégé.

L'**AIGLE ROYAL** est un grand rapace diurne, avec un plumage marron foncé, plus clair sur le dessus de la tête et sur la nuque. Son bec crochu mesure entre 4 et 6,5 cm. Ses pattes sont jaunes et recouvertes de plumes jusqu'aux griffes. Quand elles sont déployées, ses ailes ont une largeur comprise entre 1,80 m et 2,35 m. La femelle est toujours plus grande que le mâle. Il vit dans les régions montagneuses et c'est un grand prédateur, qui se nourrit de lapins, d'écureuils et d'oiseaux ainsi que de grands mammifères comme des renards ou des chèvres. Sa vue est huit fois plus perçante que celle de l'homme. Les aigles commencent à se reproduire vers l'âge de 4 ou 5 ans. Le mâle et la femelle restent ensemble toute leur vie. Ils construisent jusqu'à cinq nids – qu'ils utilisent pendant plusieurs années – dans un endroit inaccessible, sur une falaise ou en haut d'un arbre. L'aiglon doit briser lui-même sa coquille pour sortir de l'œuf, car ses parents n'interviennent jamais. En milieu naturel, l'aigle royal vit environ 25 ans. En France, c'est une espèce protégée.

1. Le nombre d'espèces en voie de disparition est en diminution constante.
2. Chez les marsouins, le mâle est plus petit que la femelle.
3. Le marsouin est essentiellement carnivore.
4. Le marsouin est en danger à cause de la prolifération des requins.
5. L'aigle royal chasse principalement pendant la nuit.
6. La vue de l'aigle est extrêmement précise.
7. Pour aider les petits à sortir de l'œuf, l'aigle utilise son bec.

1 Je m'exprime

2 Voici une liste d'animaux en voie de disparition. Choisissez-en un, faites une recherche puis écrivez sa description.

- le tigre (quatre espèces déjà disparues)
- la tortue luth
- l'éléphant de Sumatra
- la salamandre géante de Chine
- le saola
- l'ours blanc
- la baleine franche de l'Atlantique nord
- le papillon monarque

3 EN GROUPE À tour de rôle, un(e) élève choisit un animal et en fait la description, sans le nommer. L'élève qui devine de quel animal il s'agit continue.

▶ 9 EXPRIMER LA PEUR

- Je suis effrayé(e) / terrorisé(e) / paniqué(e).
- J'ai une peur bleue des serpents.
- Avant de faire un exposé en classe, j'ai le trac.
- Je suis mort(e) de trouille. [fam.]
- Je tremble comme une feuille.
- J'ai la chair de poule.
- J'ai les jambes en coton.
- J'ai la gorge nouée.
- C'est flippant ! [fam.]

▶ 11 RASSURER ET ENCOURAGER

- Rassure-toi.
- N'aie pas peur.
- Ne vous inquiétez pas.
- Vous n'avez rien à craindre.
- Il n'y a aucun risque.
- Faites-moi confiance.
- Pas de panique !
- Ce n'est pas grave. / Ce n'est sûrement rien de grave.
- Tout va s'arranger.
- Ça ira. / Je suis sûr(e) que tout ira bien.
- Je t'assure que... / Je te promets que...
- Allez, ce n'est rien.
- Allez-y ! / Vas-y !
- Allez, courage.

▶ 10 METTRE EN GARDE

- Attention !
- Méfie-toi ! / Méfiez-vous !
- Gare à toi ! / Gare à vous !
- Fais / Faites (bien) attention !
- Fais gaffe ! [fam.]
- Ne viens pas te plaindre si...

- Ne faites pas ça, sinon... !
- Je te préviens (que)...
- Je vous avertis (que)...
- Je te signale que...
- Tu ne pourras pas dire que je ne t'ai pas prévenu !

4 Que signifient ces panneaux ? Observez les images et complétez.

1   2   3   4   5

1. Ce panneau met en garde les automobilistes à propos du ... .
2. Ce panneau avertit les touristes que / qu' ... .
3. Ce panneau indique que / qu' ... .
4. Ce panneau signale que / qu' ... .
5. Ce panneau prévient les promeneurs que / qu' ... .

5 Qu'est-ce que vous dites dans les situations suivantes ?
Écrivez deux phrases pour chaque situation.

1. Un père prête sa nouvelle voiture à son fils qui vient de passer son permis de conduire.
2. Un arbitre met en garde un joueur très indiscipliné.
3. Le directeur d'une colonie de vacances prévient les parents que les températures à la montagne seront plutôt basses.

6 Imaginez les réponses que les personnes mises en garde ont données pour rassurer leur interlocuteur. Écrivez deux phrases pour chaque situation.

7 À DEUX Observez les photos et écrivez des mini-dialogues pour rassurer les personnages. Puis jouez-les.

8 ▶ 12 Vers le DELF Écoutez et répondez.

1. De quoi souffre Antoine ?
    a. De zoophobie, c'est-à-dire de la peur des animaux.
    b. D'agoraphobie, c'est-à-dire de la peur des lieux très fréquentés ou des grands espaces.
    c. D'aquaphobie, c'est-à-dire de la peur de la mer.
2. Qu'est-ce qu'il fait pour surmonter sa peur ?
    a. Il suit une thérapie.
    b. Il fait les magasins.
    c. Il surfe sur Internet.
3. Quelles sont ses deux grandes passions ?
4. Quelle surprise le poissonnier a-t-il préparée pour lui ?
5. Que fait Antoine pour sauver son nouveau compagnon ?
    a. Il appelle ses amis et, tous ensemble, ils l'emmènent à la mer.
    b. Il demande à ses amis d'emmener Walrus à la mer.
    c. Rien, parce que l'animal meurt dès qu'il arrive chez lui.
6. Qu'est-ce qui se passe dans la voiture ? Et sur la plage ?
7. La conclusion de l'histoire est-elle triste ou heureuse ? Expliquez pourquoi.

9 EN GROUPE Imaginez le dialogue entre Antoine qui a peur de partir à la mer et ses amis qui essaient de le convaincre, puis jouez-le.

10 Quel animal craigniez-vous le plus quand vous étiez enfant ? Avez-vous surmonté vos peurs ? Comment ?

11 EN GROUPE Faites un sondage dans votre classe sur les peurs de chacun(e), puis regroupez-les en catégories (insectes, animaux sauvages, catastrophes, maladies, etc.) et écrivez un article pour le journal scolaire.

Révisez avec le test de fin d'unité.

Notre planète, notre futur !

UNE JEUNESSE INQUIÈTE POUR LA PLANÈTE

La protection de l'environnement et la lutte contre le réchauffement de la planète sont les **défis majeurs** du XXIe siècle.

En France, les jeunes sont nombreux à s'engager pour la **protection de l'environnement**. Ils veulent alerter la population sur les changements climatiques. Ils organisent régulièrement des **marches pour le climat** et participent à des actions écocitoyennes.

ÉNERGIES MARINES

UN INVESTISSEMENT POUR L'ÉQUILIBRE DE LA PLANÈTE

Des technologies permettent de produire de l'énergie – surtout électrique – à partir des différentes ressources renouvelables du milieu marin.

ÉNERGIE ÉOLIENNE

DE LA TRADITION À L'INNOVATION

La force du vent est transformée en énergie électrique. La France développe les parcs éoliens en mer, un vrai secteur d'avenir.

ÉNERGIE SOLAIRE

LA RICHESSE DES PAYS ENSOLEILLÉS

Le rayonnement solaire produit trois types d'énergie : l'énergie photovoltaïque utilisée pour produire de l'électricité, l'énergie thermique qui produit de l'eau chaude et l'énergie thermodynamique qui remplit les deux fonctions.

ÉNERGIE HYDROÉLECTRIQUE

LA PREMIÈRE SOURCE D'ÉNERGIE RENOUVELABLE EN FRANCE

Pour la produire, on transforme la force motrice des cours d'eau, des chutes d'eau ou des marées. Normalement, les installations nécessitent des barrages.

GÉOTHERMIE

L'ÉNERGIE DES PROFONDEURS DE LA PLANÈTE

L'énergie du sous-sol de la Terre et de l'eau souterraine permet de produire de la chaleur ou de l'électricité.

POURQUOI LA PLANÈTE SE RÉCHAUFFE ?

Prendre le bus ou l'avion, faire la cuisine, regarder
une série, recharger son smartphone, prendre une douche...
Les besoins en énergie sont nombreux dans la vie quotidienne.
Il faut donc produire **de plus en plus d'énergie**.

LES ÉNERGIES FOSSILES

Le pétrole, le gaz et le charbon sont les sources d'énergie
principalement exploitées. Ce sont des **énergies fossiles**.
Elles sont le résultat de la lente transformation, pendant
des millions d'années, de matières organiques (végétaux,
animaux...) en énergie.
Brûler ces énergies fossiles entraîne de fortes **émissions
de CO2**, l'un des gaz à effet de serre responsable
du réchauffement climatique.
Diminuer ou modifier notre consommation d'énergie
permettrait de réduire l'émission de CO2 et de ralentir
la **disparition** de certaines **espèces animales**. Il est donc
nécessaire de se tourner vers de nouvelles sources d'énergie
moins polluantes, respectueuses de l'environnement
et durables : les **énergies renouvelables**.

EN CONCLUSION...

Quand on parle d'**énergies renouvelables,** on parle bien entendu, du **futur
de notre planète.** Seule une accélération de la transition énergétique, basée
sur un comportement « éco-responsable », offrira aux générations futures
une Terre encore habitable. C'est le but de l'**Agenda 2030** avec 17 objectifs
de développement durable adoptés par l'ONU en 2015.
En voici quelques-uns : utiliser les énergies propres, protéger les écosystèmes
aquatiques, et bien sûr lutter contre le changement climatique.

---

1 **Vrai ou faux ?**

1. Le pétrole n'est pas une source d'énergie
   renouvelable.
2. L'énergie hydroélectrique est produite grâce
   à des barrages.
3. L'énergie solaire sert exclusivement
   à produire de l'eau chaude avec
   des panneaux solaires.
4. S'il n'y a pas d'eau dans le sous-sol, on ne
   peut pas produire d'énergie géothermique.

2 **Répondez aux questions.**

1. Quelle est la cause principale du
   réchauffement climatique ?
2. Comment est produite l'énergie éolienne ?
3. Vous sentez-vous concerné(e)s par ces
   questions écologiques ? Pourquoi ?
4. Quelles habitudes changeriez-vous pour
   réduire votre consommation d'énergie ?

3 **ET DANS VOTRE PAYS ?**

Quelle est la situation énergétique ?
Les énergies renouvelables sont-elles utilisées ?

Courage !

1 À VOUS !

Répondez.

1. Dans quelles occasions vous sentez-vous tristes, déçu(e)s, joyeux/joyeuses, euphoriques ?

2. À qui est-ce que vous faites vos confidences les plus intimes ?
   a. À votre mère ou à votre père.
   b. À vos frères et sœurs.
   c. À votre meilleur(e) ami(e).
   d. À vos camarades de classe.
   e. Autre.

2 Vers le DELF **Lisez le texte et répondez.**

DES SENTIMENTS NÉGATIFS ? QUEL BONHEUR !

1 *Accepter ses « mauvaises » émotions et en même temps poursuivre la recherche du bonheur permet de rester attentif et de booster le cerveau pour mieux juger certaines situations.*

Qui est-ce qui aime être de mauvaise humeur ? Personne.
5 Et pourtant, les sentiments négatifs peuvent cacher des avantages surprenants. C'est ce qu'affirment plusieurs psychologues. Apprendre à accepter sa colère, sa peur et sa tristesse permettrait d'accéder à un bonheur plus authentique. Si les émotions positives sont associées à une diminution des risques
10 de dépression ou d'anxiété (parce qu'elles nous aident à rester en bonne santé), elles présentent tout de même quelques inconvénients. « Si on était trop joyeux, si on riait tout le temps, on aurait tendance à négliger des menaces et des dangers importants », selon les psychologues. Des comportements à risque, comme la consom-
15 mation de substances dangereuses pour la santé, seraient alors à portée de main. En effet, l'humeur affecte la façon dont notre cerveau traite les informations. Quand la vie est belle et l'environnement est familier et sûr, nous avons tendance à nous « laisser aller » sans nous fatiguer à penser de façon créative. Bref, si nous
20 ne sommes jamais stimulés, nous ne prenons pas de risque et nous ne combattons aucune bataille. S'adapter à l'inconfort et aux émotions négatives, au contraire, demande du travail.

LES BONS CÔTÉS DES « MAUVAIS » SENTIMENTS

Les émotions négatives encouragent un processus cognitif plus
25 lent, basé sur la méfiance, qui nous aide à mieux juger certaines situations. Si on était toujours de mauvaise humeur, cela ne serait certainement pas sain. Mais la tristesse, la colère, la culpabilité et la peur apportent tout de même des bénéfices comme l'améliora-tion de notre mémoire, la stimulation de notre curiosité et de notre
30 capacité de raisonnement, l'amplification de notre générosité.

1. Quel paradoxe est présent dans le titre ?
2. « Booster » signifie :
   a. stimuler.   b. tranquilliser.   c. soigner.
3. Quels sont les bienfaits des émotions positives ?
4. Que risque-t-on si on est toujours gai ?
5. « Affecter » signifie :
   a. annuler.
   b. modifier.
   c. interrompre.
6. Qu'est-ce qui empêche notre côté créatif de s'exprimer au mieux ?
7. « S'adapter à l'inconfort et aux émotions négatives, au contraire, demande du travail » signifie que :
   a. les sentiments négatifs sont difficilement maîtrisables.
   b. accepter les sentiments négatifs permet de mieux construire sa personnalité.
   c. il faut rechercher la tristesse et le malheur.
8. Quels sont les apports positifs des émotions négatives ?

3 ▶ **13 Écoutez et répondez par vrai ou faux.**

1. Irène est mélancolique.
2. Sa mère l'a déçue.
3. Irène aurait voulu passer ses vacances avec Jade.
4. Jade avait renoncé parce qu'elle avait eu un problème de santé.
5. Jade a menti à Irène.
6. Jade est allée en Espagne avec ses copines.
7. Si Jade avait été sincère, Irène aurait compris la situation.
8. La mère d'Irène ne sait pas quel conseil lui donner.
9. La mère cite un article qui explique les bienfaits de la souffrance.
10. La mère essaie de remonter le moral de sa fille.

4 GRAMMAIRE

1. Observez les phrases suivantes :
   • *Si je tiens à quelqu'un, je n'ai pas peur de lui dire la vérité.*
   • *Si elle m'avait parlé de cette manière, j'aurais compris.*
   • *Si j'étais toi, j'essaierais de lui en parler.*
   • *Si je l'invite, elle arrivera avec son plus beau sourire.*
2. Il s'agit de phrases qui expriment une hypothèse ou une condition. Dans quelle(s) phrase(s) :
   a. l'hypothèse est un fait réel ou très probable et l'action se réalisera dans le présent ou le futur ?
   b. la condition est un fait éventuel et l'action un fait potentiel, qui n'est pas réalisable dans le présent, mais réalisable dans le futur ?
   c. la condition préalable n'a pas été réalisée, donc l'action n'a pas pu avoir lieu ?

→ L'hypothèse et la condition (1), p. 39

5 **Maintenant lisez le dialogue et répondez.**

Maman Salut, ma puce ! Ça va ?

Irène Non, pas du tout, maman ! Je suis déçue, dégoûtée, triste, malheureuse...

Maman Oh là là ! Ça n'a vraiment pas l'air d'aller. Qu'est-ce qui t'arrive ?

Irène Ben... J'ai le moral à zéro parce que j'ai réalisé que Jade n'est pas une amie. Si seulement j'avais compris plus tôt comment elle est vraiment, je n'aurais pas perdu mon temps avec elle.

Maman Quoi ? Jade ? Pourtant vous vous êtes toujours si bien entendues...

Irène Tu te souviens que l'été dernier on avait décidé qu'on partirait ensemble en Espagne ? Et qu'elle avait dû renoncer parce que sa mère était tombée malade ? Eh bien, je viens de rencontrer sa maman chérie : non seulement elle est en pleine forme, mais elle a passé un quart heure à me raconter le merveilleux voyage que sa fille adorée a fait en Grèce avec ses copines du lycée. Incroyable ! Qu'est-ce qu'elle a pu être hypocrite !

Maman Eh bien, je n'aurais jamais cru ça d'elle ! Mais elle aura peut-être voulu éviter de te blesser ou bien...

Irène Mon œil, maman ! Tu plaisantes ou quoi ? Si je tiens à quelqu'un, je n'ai pas peur de lui dire la vérité. Il aurait suffi de me dire : « Écoute, Irène, ça fait des mois qu'on parle de partir en Grèce avec mes copines de classe. Excuse-moi, mais ce sera pour une autre fois. » Si elle m'avait parlé de cette manière, j'aurais compris.

Maman Si j'étais toi, j'essaierais de lui en parler.

Irène Je ne sais pas. Si je l'invite, elle arrivera avec son plus beau sourire, alors que je sais qu'elle n'est pas sincère.

Maman Tu sais quoi ? Je viens de lire un article d'une psy qui affirme qu'éprouver des sentiments négatifs aide à renforcer notre personnalité et à être plus heureux.

Irène Elle a peut-être raison, cette psy. On verra.

Maman Eh, j'ai une idée... et si on se préparait un bon chocolat chaud ? C'est le meilleur moyen pour combattre la tristesse... parce que le chocolat, lui, il ne trahit jamais !

1. Irène est déçue parce que/qu' :
   a. elle n'est pas allée en Grèce avec Jade.
   b. Jade ne lui avait pas dit que sa mère était malade.
   c. elle a perdu confiance en Jade.

2. La mère de Jade :
   a. va très bien.
   b. est hospitalisée.
   c. a un grave problème de santé.

3. Jade est allée en Grèce :
   a. avec son petit copain.
   b. avec des copines.
   c. avec sa mère.

4. Irène est irritée parce que :
   a. Jade ne l'a pas invitée à aller en Grèce avec elle.
   b. Jade n'a pas eu le courage de lui dire la vérité.
   c. la mère de Jade lui a raconté un mensonge.

5. La mère d'Irène :
   a. ne croit pas sa fille.
   b. estime qu'Irène exagère.
   c. pense que Jade a peut-être eu peur de lui faire du mal.

Mots et expressions

▶ **14** **LES SENTIMENTS, LES ÉMOTIONS ET LES ÉTATS D'ÂME**

■ Éprouver du... / de l'... / de la...   ■ Ressentir du... / de l'... / de la...

 ■ l'amitié [f.]
 ■ l'amour [m.]
 ■ la colère
 ■ l'enthousiasme [m.]

 ■ l'indifférence [f.]
 ■ l'exaspération [f.]
 ■ le mépris
 ■ la tristesse

■ l'espoir [m.]	■ l'amertume [f.]	■ l'étonnement	■ l'inquiétude [f.]
■ la passion	■ l'angoisse [f.]	■ le dégoût	■ l'insatisfaction [f.]
■ la tendresse	■ l'anxiété [f.]	■ le désespoir	■ la jalousie
■ l'admiration [f.]	■ l'embarras [m.], la gêne	■ l'ennui [m.]	■ le malheur
■ la satisfaction	■ le chagrin	■ la frustration	■ le mécontentement
■ la joie, le bonheur	■ la souffrance	■ la haine	■ la peur, l'effroi [m.]
■ le soulagement	■ l'accablement [m.]	■ l'agacement [m.], l'irritation [f.]	■ la crainte
■ le calme	■ le bouleversement	■ l'indignation	■ la terreur
■ la confiance	■ la déception	■ l'agressivité	■ le regret
■ la nostalgie, la mélancolie	■ le découragement	■ la honte	■ le remords
			■ la résignation

1 Trouvez le sentiment opposé.

1. le bonheur
2. l'anxiété
3. l'enthousiasme
4. le désespoir
5. la satisfaction
6. le mépris
7. le chagrin
8. l'accablement

L'INFO EN ➕

Le mot **ennui** désigne le « sentiment provoqué par l'inactivité, le manque d'intérêt ou la monotonie » ; ce terme signifie aussi « difficulté, empêchement » : *avoir des ennuis au lycée.*

2 Choisissez l'option correcte.

1. J'ai ressenti de [la joie / la résignation] quand elle a commencé à critiquer mon travail.
2. Je ne supporte plus de lire sur Instagram tous ces messages pleins [d'enthousiasme / de haine] !
3. Permettez-moi d'exprimer mon [étonnement / ennui] face à cette réponse inattendue.
4. Je n'arrive à résoudre aucun problème de physique : [quelle frustration / quelle mélancolie] !
5. Ma sœur a gagné la médaille d'or. Quelle [déception / satisfaction] !
6. Je ne vous cache pas ma [tendresse / déception] pour ces résultats.
7. Il n'y a pas lieu de tomber dans le [désespoir / mépris] ! Tout va s'arranger !

3 Associez les sentiments aux images correspondantes (il y a 4 intrus).

a. la jalousie
b. le découragement
c. l'exaspération
d. la honte

e. l'ennui
f. l'inquiétude
g. l'admiration
h. la joie

i. la nostalgie
j. la confiance
k. la peur
l. le mépris

4 ▶ 15 Écoutez et choisissez le sentiment ou l'état d'âme qui correspond à chaque phrase.

a. amertume   b. anxiété   c. colère   d. dégoût   e. embarras   f. soulagement

5 Trouvez les noms des sentiments ou des états d'âme correspondants.
Puis employez chaque adjectif ou verbe dans des phrases de votre invention.

	adjectif	verbe	nom
0	admiratif	admirer *qqch*	*l'admiration*
1	bouleversé	bouleverser *qqn*	...
2	craintif	craindre *qqn / qqch*	...
3	déçu	décevoir *qqn*	...
4	ennuyé	s'ennuyer	...
5	enthousiaste	s'enthousiasmer pour *qqch*	...
6	inquiet	s'inquiéter pour *qqn / qqch*	...
7	mécontent	mécontenter *qqn*	...
8	méprisant	mépriser *qqn / qqch*	...
9	satisfait	se satisfaire de *qqch*	...
10	souffrant	souffrir de *qqch*	...

▶ 16 **LES COMPORTEMENTS**

- bien s'entendre (avec *qqn*)
- tenir à *qqn / qqch*
- tomber amoureux / s'éprendre (de *qqn*)
- se réconcilier (avec *qqn*)

- faire la paix (avec *qqn*)
- être déçu(e) (par *qqn / qqch*)
- se disputer (avec *qqn*)
- être fâché(e) / se fâcher (contre *qqn*)

- s'énerver / s'emporter / s'irriter (contre *qqn*)
- être / se mettre en colère (contre *qqn*)
- se brouiller (avec *qqn*)

6 Complétez avec les expressions proposées.

bien s'entendre · m'énerve · se fâcher · se sont brouillés ·
se sont emportés · se sont réconciliés · tiens à

1. Tu sais bien que je … toi et que je ne te quitterai jamais !
2. Je pense qu'elle va … avec sa nouvelle voisine : elles ont les mêmes goûts !
3. Mes deux frères … à cause d'un simple malentendu. Quels idiots !
4. Les fans … parce que leur idole a refusé de signer des autographes.
5. Si tu continues à lui raconter des mensonges, Paul va vraiment … .
6. Ils ne se sont pas parlé pendant des années et finalement, ils … .
7. Je … facilement contre tout le monde, mais au fond je ne suis pas méchant !

▶ **17** **INTERJECTIONS ET EXCLAMATIONS**

■ **admiration**	→ Oh ! · Waouh ! · Merveilleux ! · Génial ! · Bravo ! · Chapeau !
■ **compassion**	→ Le / La pauvre !
■ **déception, regret**	→ Dommage ! · Zut ! · Mince ! · Hélas !
■ **dégoût**	→ Beurk ! · Pouah !
■ **douleur**	→ Aïe ! · Ouille !
■ **doute, indifférence**	→ Bah ! · Bof !
■ **encouragement**	→ Allez ! · Courage !
■ **ennui**	→ La barbe !
■ **enthousiasme**	→ Youpi ! · Hourra ! · Chouette !
■ **indignation**	→ Incroyable ! · Non, mais ! · Ben, voyons !
■ **résignation**	→ Tant pis ! · C'est la vie !
■ **scepticisme**	→ Tu parles ! · Mon œil !
■ **soulagement**	→ Ouf ! · Enfin !
■ **surprise, incrédulité**	→ Ah ! · Oh ! · Tiens ! · Quoi ! · Oh, là, là ! · Sans blague ! · Ça alors !
■ **d'autres interjections**	→ Chut ! · Ouste !

7 Complétez avec les interjections proposées.

aïe · beurk · bof · bravo · chut · ouf · quel dommage · tant pis · youpi · zut

1. …! Ce café est imbuvable !
2. Ils ne partent pas avec nous ? …! On fera sans eux.
3. …! Je n'ai pas vu l'heure ! Il est très tard !
4. … les filles ! Vous avez bien étudié cette fois-ci.
5. …! Arrêtez de bavarder !
6. …! Pour moi, mer ou montagne, ça m'est égal !
7. …! Heureusement, c'est terminé ! Je n'en pouvais plus !
8. … ! Tu m'as fait mal !
9. Les vacances sont terminées ! …!
10. … ! J'ai eu 16/20 à la dissertation de philo !

Grammaire

LA PHRASE INTERROGATIVE

Qui est-ce qui aime être de mauvaise humeur ?

Quand on pose une question dont la réponse ne peut pas être *oui* ou *non*, on utilise : *qu'est-ce qui*, *qui est-ce que*. La structure de la question change selon qu'on se réfère à une **personne** ou à une **chose**.

une personne	une chose
qui... + verbe ? *Qui a décidé ça ?*	**que** + verbe + sujet ?* *Que s'est-il passé ?*
qui + est-ce qui + verbe ? *Qui est-ce qui a décidé ça ?*	**qu'**est-ce qui... ? *Qu'est-ce qui se passe ?*
qui + est-ce que + sujet + verbe ? *Qui est-ce qu'elle a invité ?*	**qu'**est-ce que... ? *Qu'est-ce que vous voulez faire ?*

* S'utilise uniquement avec des verbes impersonnels : *arriver, se passer, rester, falloir (il faut),* etc.

Avec des prépositions

Questions avec inversion sujet-verbe	Questions avec préposition + *est-ce que*
préposition + qui... ? *De qui parlez-vous ?*	préposition + qui est-ce que... ? *De qui est-ce que vous parlez ?*
préposition + quoi... ? *De quoi avez-vous besoin ?*	préposition + quoi est-ce que... ? *De quoi est-ce que vous avez besoin ?*

RÉVISION

Intonation montante (mot interrogatif) + **sujet** + **verbe** + (mot interrogatif) ?	*Tu te souviens de l'été dernier ? / Pourquoi il est si triste ? / Tu te sens comment ?*	**Français familier**
(mot interrogatif) + ***est-ce que*** + sujet + verbe ?	*Est-ce qu'elle est de mauvaise humeur ? / Où est-ce qu'elle est partie ?*	**Français oral**
Inversion sujet-verbe (mot interrogatif) + verbe + sujet ?	*Est-il satisfait ? Pourquoi est-elle en colère ?*	**Français écrit**

1 Complétez les questions avec *qui/que, qu'est-ce qui/qu'.*

1. ... on fait aujourd'hui ?
2. ... a mangé mon gâteau au chocolat ?
3. ... il rencontre ce soir ?
4. Avec ... elle va au cinéma ?
5. ... tu vas dire à Amanda ?
6. ... s'est passé hier soir ?

2 Formulez les questions à ces réponses comme dans l'exemple.

0. Ce week-end, nous allons faire <u>une randonnée à la montagne</u>.
   → *Qu'allez-vous faire ce week-end ?*
   → *Qu'est-ce que vous allez faire ce week-end ?*
1. Elle est tombée <u>dans la rue</u>.
2. Il est inquiet <u>pour le test</u>.
3. Elle a rencontré <u>son ancienne professeure</u>.
4. J'ai ressenti de l'<u>irritation</u> quand il m'a critiqué.
5. Elle s'est disputée <u>avec sa meilleure amie</u>.

LES TEMPS COMPOSÉS

> Si seulement j'**avais compris** plus tôt comment elle est vraiment,
> je n'**aurais** pas **perdu** mon temps avec elle.

■ Les **temps composés** expriment généralement une **antériorité** par rapport aux temps simples correspondants. Ils expriment aussi qu'une action est **réalisée**.

Le futur antérieur

futur de l'auxiliaire (*être* ou *avoir*) + participe passé du verbe

■ Le *futur antérieur* s'utilise pour indiquer qu'une action future précède une autre action exprimée au futur simple ou à l'impératif :
  • *Vous <u>sortirez</u> seulement quand vous **aurez rangé** votre chambre.*
  • *Quand tu **auras fini**, <u>appelle</u>-moi !*

■ Il s'utilise pour formuler une **supposition** :
  • *Il a l'air fâché : il **se sera** de nouveau **disputé** avec sa copine.*

Le plus-que-parfait

imparfait de l'auxiliaire (*être* ou *avoir*) + participe passé du verbe

■ Le *plus-que-parfait* s'utilise pour exprimer une action passée survenue avant une autre action passée (exprimée au passé composé ou à l'imparfait) :
  • *Je ne savais pas qu'il **avait été** acteur avant de devenir réalisateur.*

■ Dans une phrase qui commence avec *si (seulement)*, on utilise le *plus-que-parfait* pour exprimer des **regrets** :
  • *Ah, si (seulement) tu **étais arrivée** plus tôt !*

Le conditionnel passé

conditionnel présent de l'auxiliaire (*être* ou *avoir*) + participe passé du verbe

■ Le *conditionnel passé* s'utilise pour exprimer :
  – un **regret** :
  • *J'**aurais voulu** devenir pilote d'avion.*
  – un **reproche** :
  • *Vous n'**auriez** pas **dû** lui parler ainsi !*
  – une **information non confirmée** :
  • *D'après son enseignant, elle **aurait été** satisfaite du résultat.*

Le *conditionnel passé* sert à exprimer un « futur antérieur dans le passé » :
• *Il m'a dit qu'il m'accompagnerait chez le dentiste dès qu'il **serait sorti** du bureau.*

---

3 Conjuguez les verbes entre parenthèses au plus-que-parfait ou au futur antérieur.

1. On ne … [ne pas se rendre compte] qu'il était en train de souffrir.
2. Une fois que vous … [terminer] le traitement, vous vous sentirez mieux.
3. Dis-lui de me contacter quand elle … [rentrer] des vacances.
4. Il est rentré à la maison parce qu'il … [oublier] son téléphone.
5. Tu pourras jouer à la console après que tu … [faire] tes devoirs.
6. La voisine m'a dit qu'ils … [déménager] deux jours plus tôt.
7. Capucine n'est pas là ? Elle … sans doute … [oublier] notre rendez-vous.
8. Ah, si seulement j'… [écouter] tes conseils !

4 Conjuguez les verbes entre parenthèses au conditionnel passé.
Puis dites s'il s'agit d'un regret, d'un reproche ou d'une information non confirmée.

1. Comme je vous l'avais dit, il … [falloir] commencer plus tôt !
2. D'après mes informations, elle … [demander] à changer de classe.
3. J'… bien … [aimer] travailler dans cette entreprise.
4. Nous l'avons jugé un peu trop rapidement : nous … [pouvoir] être moins catégoriques !
5. Selon la presse, Marie Leroy et Paul Dubois … [se marier] en secret.
6. Tu … [devoir] m'en parler avant : il est trop tard maintenant.

5 Transformez au passé.

0. On ignore encore qui gagnera. → On ignorait encore *qui gagnerait.*
1. Ma grand-mère dit toujours qu'elle conduira jusqu'à 90 ans. → Ma grand-mère disait toujours…
2. Tu me promets que tu ne recommenceras plus. → Tu m'avais promis…
3. Elle déclare qu'elle viendra quand on l'aura appelée. → Elle avait déclaré…
4. Je suis sûr que vous refuserez. → J'étais sûr…
5. Tu sais très bien que je ne pourrai pas continuer comme ça. → Tu savais très bien…
6. Vous m'assurez que les documents seront prêts avant 17 heures. → Vous m'aviez assuré…
7. Nous pensons que les travaux seront terminés avant jeudi. → Nous pensions…

LA PHRASE EXCLAMATIVE

> **Qu'est-ce qu'elle a pu être hypocrite !**

- La phrase exclamative exprime une **grande variété de sentiments** : admiration, stupeur, colère, etc.
- À l'écrit, elle est marquée par un **point d'exclamation** à la fin de la phrase. À l'oral, elle se caractérise par une **intonation descendante**.
- Le **verbe** est souvent **sous-entendu** et dans ce cas l'intonation est essentielle :
  • *Quel type ?* • *Quel type !*
- On utilise le plus souvent la structure des phrases interrogatives :
  – *que de* + **nom** :
  • *Que de bruit !*
  – *quel(s) / quelle(s)* + **nom** (accompagné éventuellement d'un adjectif) :
  • *Quel malheur !* • *Quelle voix magnifique !* • *Quels (beaux) yeux !*

– *combien de* + **nom au pluriel** :
• *Combien de difficultés il a rencontrées !*
– *que / comme* + **phrase** :
• *Qu'il est insupportable, ce type !*
• *Comme elle danse bien !*
– **inversion** du pronom sujet :
• *Suis-je bête !* • *N'est-elle pas élégante !*
– *qu'est-ce que* + **phrase** (**langage informel**) :
• *Qu'est-ce qu'il est insupportable, ce type !*
– *ce que* + **phrase** (**langage informel**) :
• *Ce que tu es bronzée !*

Les phrases exclamatives sont souvent accompagnées d'**interjections** : certaines ont toujours le même sens (*Zut !*, *Chut !*), d'autres (*Ah ! Oh !*) expriment une variété d'émotions, selon le contexte et l'intonation.

---

6   Écoutez et dites quelles sont les phrases exclamatives.

7 Remettez les phrases dans le bon ordre.

1. ce serveur ! / Ce qu' / être / il a pu / sympathique
2. tu / sur cette photo ! / étais / Comme / mignonne
3. ici ! / on / Qu'est-ce qu' / s'ennuie
4. ces fleurs ! / elles / magnifiques, / Ne / pas / sont-
5. ça / ce film ! / interminable, / paraît / Que
6. ce magasin ! / dans / monde / Que de
7. à / élégance ! / Quelle / Tu / un mariage ? / vas
8. ai / bête ! / je / Je / ne / pas / reconnue ! / Suis- / t'

L'HYPOTHÈSE ET LA CONDITION (1)

> **Si** je tiens à quelqu'un, je n'ai pas peur de lui dire la vérité.

■ La **conjonction** *si* introduit une proposition subordonnée qui exprime une **condition** ou une **hypothèse**.

⚠ La conjonction *si* devient *s'* **devant** les pronoms *il* et *ils*.

■ *Si* est toujours suivi d'un verbe à l'**indicatif**. Les constructions les plus fréquentes sont les suivantes.

Hypothèse réalisable dans le présent ou le futur

subordonnée	principale
si + indicatif présent	indicatif présent
	impératif
	indicatif futur

• **Si** je **prends** un café après 17 heures, je ne **dors** pas de la nuit.
• **Si** vous **aimez** notre blog, **mettez** un « j'aime » !
• Nous **arriverons** à 11 h 42, **si** notre TGV **est** à l'heure.

Hypothèse possible, éventuellement réalisable

subordonnée	principale
si + indicatif imparfait	conditionnel présent

• **Si** tu **avais** le choix, où est-ce que tu **aimerais** vivre ?

Hypothèse irréelle, non réalisable

subordonnée	principale
si + indicatif plus-que-parfait	conditionnel passé

• **Si** on **avait regardé** de plus près, on **se serait aperçu** de l'anomalie.

■ Bien que moins fréquentes, il existe de nombreuses constructions avec d'autres temps :
  • **Si** vous n'**avez** pas encore **vu** ce spectacle, **allez**-y tout de suite !
  • **Si** personne n'**a parlé** avec Gilles, il ne **sera** probablement pas au courant.
  • **Si** je ne te **connaissais** pas, j'**aurais pu** me fâcher !
  • **Si** tu **t'étais couché** plus tôt, tu **serais** plus en forme aujourd'hui.

---

8 Associez les éléments des deux colonnes pour obtenir des phrases complètes.

1. Si tu arrives avant 20 heures,
2. Si tu arrives avant 20 heures,
3. Si tu arrives avant 20 heures,
4. Si tu arrivais avant 20 heures,
5. Si tu étais arrivé avant 20 heures,

a. on aurait dîné ensemble.
b. on peut se retrouver devant la gare.
c. on aurait le temps de se voir.
d. on pourra se voir.
e. préviens-moi !

2 Je fais le point

9 À partir des éléments donnés, formulez trois phrases hypothétiques.

0. [tu] se lever tôt / [tu] ne pas arriver en retard
   - Si tu te lèves tôt, tu n'arriveras pas en retard.
   - Si tu te levais tôt, tu n'arriverais pas en retard.
   - Si tu t'étais levé tôt, tu ne serais pas arrivé en retard.
1. [vous] vouloir nous aider / [nous] ne pas dire non
2. [la piscine] être ouverte le matin / [je] nager
3. y avoir trop de monde / [on] renoncer au concert

10 Conjuguez les verbes entre parenthèses au temps et au mode qui conviennent.

1. Si on me … [proposer] de manger des insectes, je refuserais !
2. Si je … [vouloir] étudier au calme, je vais à la bibliothèque.
3. Elle pourra gagner seulement si elle … [s'entraîner] tous les jours.
4. Si je … [être] en retard, commencez la réunion sans moi.
5. Nous ne nous serions pas perdus, si nous … [avoir] un GPS.
6. Si on mélange du bleu et du jaune, on … [obtenir] du vert.
7. Si tu avais consulté la météo, tu … [ne pas prendre] la route.
8. Si vous souffrez d'insomnie, … [éviter] de faire une sieste.
9. Si demain soir vous venez me chercher à la gare, nous … [gagner] du temps.
10. Tout le monde le … [comprendre], s'il parlait plus lentement.

▶ **19 LES VERBES *PLAIRE* ET *RIRE***

plaire	rire
je plais	je ris
tu plais	tu ris
il/elle/on plaît	il/elle/on rit
nous plaisons	nous rions
vous plaisez	vous riez
ils/elles plaisent	ils/elles rient
futur : je plairai	*futur* : je rirai
participe passé : plu	*participe passé* : ri

■ Le verbe *rire* (et son composé *sourire*) a deux *i* aux deux premières personnes du pluriel de l'imparfait : *nous riions, vous souriiez.*

---

11 Conjuguez les verbes entre parenthèses au temps indiqué.

1. Au début, ses œuvres ne … [plaire • imparfait] à personne ; aujourd'hui tout le monde les admire.
2. Ce que j'aime son expression quand il … [rire • présent] !
3. Comment oublier le jour où tu m'… [sourire • passé composé] pour la première fois ?
4. Dommage que Léon ne soit pas là ! Je suis sûr que ce spectacle lui … [plaire • conditionnel passé].
5. Si mes amies me voyaient maintenant, je sais qu'elles … [sourire • conditionnel présent].
6. Tout le monde se demandait pourquoi nous … [rire • imparfait] autant.
7. Je ne sais pas si cette recette … [plaire • futur simple] à tout le monde, mais moi, je la trouve délicieuse !

Communication

▶ **20** EXPRIMER LA JOIE ET LA TRISTESSE

LA JOIE / LE BONHEUR	LA TRISTESSE
• Je suis content(e) / heureux/ heureuse. • Je vois le verre à moitié plein. • Je suis fou/folle de joie ! • Je saute de joie. • Je suis sur un petit nuage. • Je suis aux anges. • Je vois la vie en rose. • Je me réjouis de...	• Je suis triste / malheureux/ malheureuse / abattu(e) / morose. • J'ai/J'éprouve du chagrin/ de la peine. • Je n'ai pas le moral. • J'ai le moral à zéro. • Je vois tout en noir. • J'ai la gorge nouée/serrée. • Je fonds en larmes.

LE FRANÇAIS QUI SE CAUSE

☺ avoir la patate / frite / pêche / banane
☺ être gai comme un pinson
☹ avoir le cafard / le bourdon
☹ avoir le moral dans les chaussettes
☹ pleurer comme une madeleine
☹ avoir / faire une tête d'enterrement

1 ▶ **21** Écoutez et dites si les personnes dont on parle sont tristes ou joyeuses.

1. Emma
2. Louise
3. Cyril
4. Lina
5. Rose
6. Gabriel
7. Margaux
8. Raphaël

2 ▶ **22** Écoutez les témoignages d'Aurélie, Momo, Ludivine et Yann et répondez aux questions suivantes :

• Qu'est-ce qui les rend tristes ?
• Quelle(s) expression(s) utilisent-ils ?
• Comment réagissent-ils à la tristesse ?

3 Observez les images et imaginez ce que disent les personnages pour exprimer leur joie.

4 **Vers le DELF** Racontez un épisode de votre enfance où vous avez été très tristes et un épisode où, au contraire, vous avez été très heureux/heureuses (150 mots).

▶ 23 EXPRIMER LA DÉCEPTION, LE REGRET ET LE REPROCHE

LA DÉCEPTION		
• Je suis (vraiment) déçu(e). • Ce comportement m'a déçu(e). • C'est décevant.	• C'est une véritable déception. • Je n'aurais pas / jamais cru ça de toi ! • C'est encore pire que je ne pensais.	• Je ne m'attendais pas à ça. • (Quel) dommage ! • Tant pis.

LE REGRET	
• Si seulement j'avais su cela avant de commencer ! • À mon grand regret... • J'ai eu tort de ne pas l'écouter. • Je regrette mon comportement. • Je suis (vraiment) désolé(e) / navré(e). • J'aurais voulu faire plus pour t'aider.	• Je regrette de ne pas avoir compris son problème. • Je m'en veux de ne pas avoir écouté ses conseils. • Que c'est bête ! J'aurais dû y penser plus tôt. • Malheureusement, je ne pourrai pas être des vôtres. • Hélas ! • Dommage !

LE REPROCHE		
• Je vous reproche de... • Tu (n') aurais (pas) dû...	• Il ne fallait pas parler de cela ! • Je te l'avais dit...	• Il aurait fallu (avoir) un peu plus de délicatesse.

5 ▶ **24 Écoutez et indiquez quels sentiments éprouvent les personnages : reproche, regret ou déception ?**

1. ...	3. ...	5. ...	7. ...
2. ...	4. ...	6. ...	8. ...

6 ▶ **Regardez la vidéo *Un hoquet regrettable* et répondez par vrai ou faux.**

1. Annette a l'air déçue.
2. Annette est arrivée en retard à son entretien d'embauche.
3. Annette regrette d'avoir accepté le verre d'eau.
4. Annette s'est brûlé la langue avec de l'eau bouillante.
5. Le directeur n'a pas l'air compréhensif.
6. Léo reproche à Annette de ne pas avoir été sérieuse.
7. Malgré sa mésaventure, Annette a finalement eu son job.
8. Les plaisanteries de Léo finissent par remonter le moral d'Annette.

7 **Réagissez à ces situations et exprimez votre regret ou votre déception.**

1. Vous ne pouvez pas garder le chat de votre voisine pendant le mois d'août.
2. Un ami ne veut pas vous prêter un livre parce qu'il dit que vous perdez tout.
3. Vous arrivez en retard le jour d'un examen très important.
4. Votre mère est très fâchée contre vous parce que vous avez oublié d'aller chercher votre petite sœur à la maternelle.

8 **Répondez à ce message WhatsApp et adressez trois reproches à votre amie.**

Lola
en ligne

Ben, voyons ! Je n'ai aucune intention de demander à Karine la permission de sortir avec Pierre ! Je suis libre de faire ce que je veux !

9 À DEUX **Pour chaque photo, imaginez un mini-dialogue où un personnage exprime sa déception et formule un regret, et l'autre personnage lui adresse un reproche.**

0. A : Je ne m'attendais pas à ça ! Je croyais que tout le monde voterait pour moi.
   Je m'en veux de ne pas avoir été assez convaincante.
   B : Tu aurais dû faire des propositions plus concrètes.

10 À DEUX **Jouez le dialogue en suivant les indications.**

- **A** a été déçu(e) par un(e) ami(e).
- **B** lui en demande la raison et **A** répond.
- **B** lui adresse un reproche.
- **A** lui donne raison et exprime un regret.

▶ 25 **INVITER QUELQU'UN À SE CONFIER**

• Ça n'a pas l'air d'aller. Que se passe-t-il ?	• Ne sois pas timide, raconte-moi tout.	• Tu veux bien m'en parler ?
• Qu'est-ce qui t'arrive ?	• Je suis là pour t'écouter.	• Ça te fera du bien.
• Qu'est-ce qui t'inquiète / te tracasse ?	• Tu as envie d'en parler ?	• Ça te soulagera.
		• Si tu as envie d'en parler, je suis là.

---

11 **Remettez les phrases du dialogue dans le bon ordre.**

a. Bof, rien.

b. Écoute, si j'étais toi, j'irais chez elle. Il y a sans doute une explication.

c. Allez, raconte-moi. Ça te fera du bien d'en parler.

d. Ok. Bon, c'est à cause de Juliette. Depuis trois jours, elle ne répond pas à mes messages.

e. Moi, ça va, mais toi, ça n'a pas l'air d'aller. Que se passe-t-il ?

f. Pas vraiment.

g. Salut ! Ça va ?

h. Tu as peut-être raison. Je vais essayer. Merci, Léo. T'es un vrai pote !

i. Tu n'as pas envie d'en parler ?

12 À DEUX **Imaginez le dialogue pour chaque situation et jouez-les.**

1. Arthur (17 ans) est silencieux et il a l'air triste. Sa mère lui demande la raison de sa tristesse. [Sa petite amie va déménager dans une autre région.]

2. Agathe (15 ans) a l'air très déçue. Sa meilleure amie Léna insiste pour connaître la raison de sa déception. [Son père ne lui donne pas la permission de prendre des leçons de violon.]

3. Mia (18 ans) est heureuse. Son amie Léna essaie de deviner la raison de son bonheur. [Elle a découvert que ses parents vont lui acheter une petite voiture.]

Révisez avec le test de fin d'unité.

Un village carte postale

VIDÉO [02.20]

1 Regardez les photos ci-dessus. Selon vous, quel est le thème de la vidéo ? Faites des hypothèses.

2 Avant de regarder la vidéo, répondez aux questions.

1. Quelle est la ville française que vous préférez ? Pourquoi ?
2. Êtes-vous déjà allé(e) au bord de la mer, en France ? Si oui, dans quelle ville ?
3. Avez-vous déjà mangé des coquilles Saint-Jacques ou des huîtres ?
4. Observez la carte de France placée dans la couverture du livre. Où se trouve la Normandie ?
5. Quelles sont les autres régions françaises situées en bord de mer ?

3 Regardez la vidéo une première fois et répondez aux questions.

1. Quelles sont les thématiques traitées ? Sélectionnez les bonnes réponses.
   a. L'architecture.
   b. Le tourisme.
   c. La littérature.
   d. La pêche.
   e. La peinture.
2. Citez deux activités économiques de Saint-Vaast-la-Hougue.
3. Quelle est la profession d'Annick Perrot ?
4. Que découvre-t-on à marée basse ?
5. Pourquoi les peintres viennent-ils à Tatihou ?

4 Regardez encore une fois la vidéo et répondez aux questions.

1. Où se trouve précisément Saint-Vaast-la-Hougue ?
2. Pourquoi les tours Vauban sont-elles mondialement connues ?
3. Que ressent Annick Perrot lorsqu'elle ouvre sa fenêtre ?
4. Que viennent faire les touristes sur l'île de Tatihou ?
5. Pourquoi Saint-Vaast-la-Hougue est-il « un village carte postale » ?

5 **EN GROUPE** Formez des groupes de trois ou quatre. Maintenant, à vous de réaliser une brochure touristique sur Saint-Vaast-la Hougue ou une autre ville de Normandie !

La brochure touristique comportera 4 parties :
• une courte présentation de la ville (localisation, paysages, sites naturels, gastronomie…) ;
• les lieux incontournables à visiter (patrimoine historique, architectural…) ;
• quelques activités sportives et culturelles ;
• les informations pratiques (moyens d'accès, hébergements, restaurants…).

QUELQUES CONSEILS

1. Faites des recherches sur Internet (*http://www.saintvaast.fr/* ou *https://www.normandie-tourisme.fr/*).
2. Sélectionnez les informations principales pour chaque partie.
3. N'oubliez pas d'ajouter des photos et une carte (de la ville ou de la région).
4. Trouvez un titre à votre brochure.

L'INFO EN ➕

Qui est Vauban ?

Les tours Vauban ont été construites au XVIIe siècle par le marquis de Vauban, célèbre ingénieur et architecte militaire de Louis XIV (le Roi-Soleil).

Pour protéger le royaume de France souvent en guerre, Vauban a fait construire plusieurs fortifications et citadelles comme ici, à Besançon.

AGENDA 2030
14 VIE AQUATIQUE   15 VIE TERRESTRE

Quelques conseils pour préserver la biodiversité

Un constat dramatique

On le sait : le changement climatique a un impact négatif sur les écosystèmes. À l'échelle mondiale, il pourrait provoquer la disparition de 25 % des espèces animales d'ici 2050, et par conséquent une diminution massive de la biodiversité. Les activités humaines sont responsables de l'extinction des espèces animales et végétales. Par exemple, la pêche excessive et l'émission de gaz à effet de serre (qui réchauffent les océans et diminuent leur teneur en oxygène) ont de graves conséquences sur la faune marine. Et, à cause du rejet de déchets non biodégradables, dans quelques années il pourrait y avoir plus de plastique que de poissons dans l'océan.

Mais il est encore temps d'inverser la tendance. C'est pourquoi de nombreuses associations agissent pour promouvoir un comportement plus écologique. Par exemple, le collectif « On est prêt » lance des défis à tous les citoyens, pour qu'ils changent leurs habitudes au quotidien.

Comment préserver la biodiversité terrestre

Les gestes les plus élémentaires peuvent être d'une importance capitale. Par exemple, il vaut mieux éviter de s'approcher d'un nid d'oiseaux pour ne pas mettre en cause la survie des petits, ou de nourrir les animaux sauvages, car cela bouleverse leur cycle naturel et l'équilibre fragile de l'écosystème dans lequel ils vivent.

Ensuite, il faudrait stopper l'utilisation des pesticides, insecticides et désherbants chimiques, qui polluent le sol et l'eau souterraine, et détruisent la petite faune. Pour attirer celle-ci, rien de mieux que de planter des arbres ou arbustes à fruits, cultiver des herbes aromatiques, ou encore semer une prairie fleurie : la présence d'un écosystème naturel attirera oiseaux, insectes (abeilles, papillons, coccinelles...), rongeurs (taupes, souris, lapins...), ou encore hérissons. Idéalement, il faudrait même laisser des parties de parcs et jardins en friche.

Ces gestes peuvent être complétés par la mise en place de nichoirs pour les oiseaux, de refuges pour hérissons, ou d'hôtels à insectes.

Comment préserver la biodiversité marine

Puisque la pollution des océans commence sur terre, il est possible de protéger la vie marine même sans habiter au bord de la mer !

L'action passe d'abord par l'alimentation : réduire notre consommation de produits de la mer et consommer seulement ceux qui sont de saison, de taille adulte, et surtout non menacés de disparition (les produits issus de la pêche durable portent le label MSC).

On peut ensuite limiter l'utilisation des substances chimiques toxiques, contenues par exemple dans les produits ménagers, car elles ne sont pas entièrement éliminées avant leur rejet dans le milieu naturel. Il est bien sûr conseillé de refuser les plastiques à usage unique (pailles, gobelets, sacs, etc.) et de les remplacer par des objets réutilisables. En bonus, on peut même devenir un « CleanWalker » (union de deux mots anglais qui signifient « nettoyer » et « marcher ») en ramassant les déchets sauvages que l'on croise lorsque l'on marche dans un lieu public : en ville, sur la plage, dans la forêt, etc. Ou encore participer au défi #FillTheBottle lancé sur les réseaux sociaux, qui prévoit de remplir des bouteilles de mégots de cigarettes trouvés par terre, car ceux-ci représentent le polluant le plus néfaste pour les océans.

Sources : www.onestpret.com ; uicn.fr/liste-rouge-france ; www.montigny78.fr

COMPRÉHENSION ÉCRITE

1. À quoi est liée l'actuelle extinction de masse ?
2. Que propose le collectif « On est prêt » ?
3. Quelles sont les meilleures astuces pour attirer la petite faune terrestre ? Citez-en trois.
4. Qu'indique le label MSC ?
5. En quoi consiste le défi #FillTheBottle ?

en friche = non cultivé
nichoirs = nids artificiels
issus = qui dérivent

6. Connaissez-vous des associations, françaises ou internationales, qui s'occupent de la protection animale ? Lesquelles ?

7. Indiquez, pour chaque animal cité dans la deuxième partie du texte, à quelle fréquence vous pouvez le voir près de chez vous : jamais, parfois ou souvent ?

8. Selon vous, quelles sont les habitudes de votre famille qui nuisent à la biodiversité ou qui, au contraire aident à la préserver ?

 **JE M'ENGAGE**

Informez-vous sur les insectes pollinisateurs : qui sont-ils, de quoi se nourrissent-ils, quel rôle ont-ils, quelles difficultés peuvent-ils rencontrer ? Recherchez aussi les fleurs et les aromates les plus riches en nectar et pollen. Puis réalisez une affiche qui présente le principe de la pollinisation et les caractéristiques d'une de ces plantes.

STRATÉGIES : l'exposé écrit

1 QUESTIONNER LE SUJET

À VOUS ! Associez deux ou trois de ces questions aux sujets proposés : *où ? qui ? quoi ? quand ? comment ? pourquoi ? quelles conséquences ?*

0. Les extinctions de masse.
→ *pourquoi et quelles conséquences ?*
1. Les différents types d'écosystèmes.
2. Évolution de la biodiversité au fil du temps.
3. Influences négatives de l'homme sur l'environnement.

2 ORGANISER L'EXPOSÉ : DÉFINIR UN PLAN

L'exposé se développe en trois ou quatre **paragraphes**, qui contiennent chacun une **idée principale**, des **idées secondaires** et des **références** (données statistiques, déclarations d'experts, graphiques, etc.).
Ces paragraphes doivent être organisés selon un plan :
• chronologique ou spatial ;
• thématique (énumération des différents aspects d'un problème) ;
• par comparaison ;
• du général au particulier (ou vice-versa) ;
• de la cause à l'effet ;
• du problème à la solution.

À VOUS ! Quel type de plan adopteriez-vous pour traiter les sujets de l'activité 1 ?
Les <u>extinctions</u> de masse → *de la cause à l'effet.*

3 REFORMULER LES INFORMATIONS

Il est important de ne pas recopier telles quelles les informations trouvées mais de les exprimer avec vos propres mots.

À VOUS ! Reformulez ces phrases avec vos propres mots.

1. On le sait : le changement climatique a un impact négatif sur les écosystèmes.
2. Les gestes les plus élémentaires peuvent être d'une importance capitale.
3. L'action passe d'abord par l'alimentation.

4 ADOPTER LE STYLE « SCIENTIFIQUE »

Un exposé doit être neutre et objectif. À cet effet, évitez les marques de la première personne (*je, moi, mon...*) et employez plutôt *on* ou *nous* ; préférez les tournures impersonnelles (*il est nécessaire*) ou passives ; utilisez, si possible, le présent.

5 ÉCRIRE L'INTRODUCTION ET LA CONCLUSION

L'introduction est divisée en trois parties :
• l'**accroche** : une phrase initiale qui sert à éveiller l'attention du lecteur ;
• la **problématique** : la question à laquelle on va répondre à travers l'exposé ;
• l'**annonce du plan** : l'énumération des idées principales de l'exposé.
La conclusion récapitule le contenu de l'exposé et répond synthétiquement à la problématique.

À VOUS ! Rédigez un exposé complet sur un des sujets de l'activité 1.

L'actu

3

1 À VOUS !

Répondez.

1. Êtes-vous intéressé(e)s par l'actualité ?
2. Dans votre famille, achète-t-on régulièrement un journal ? Lequel ?
3. Quels médias utilisez-vous pour vous informer ?

 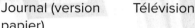

a
Journal (version papier)

b
Télévision

c
Radio

d
Sites d'information

e
Journaux en ligne

f
Réseaux sociaux

g. Autre.

2 ▶ 26 Vers le DELF Écoutez et trouvez la bonne réponse.

1. Deux amies parlent de leur utilisation des réseaux sociaux.
2. Un adulte désire mieux connaître l'utilisation d'un réseau social.
3. Une personne âgée veut créer un compte sur un réseau social.

3 ▶ 26 Écoutez encore une fois et répondez par vrai ou faux.

1. La grand-mère de Naïma a une amie qui n'aime pas les réseaux sociaux.
2. La grand-mère de Naïma a peur que ce soit trop difficile de comprendre le fonctionnement d'Instagram.
3. Pour s'inscrire sur Instagram, il faut télécharger une application.
4. La grand-mère n'a pas d'adresse électronique.
5. Le mot de passe choisi est « cecivig ».
6. Le nom d'utilisateur d'Aurélie est « aurélie50 ».
7. La grand-mère choisit de mettre une photo d'elle à l'âge de 20 ans.

4 **Maintenant lisez le dialogue et mettez dans le bon ordre les étapes pour créer un compte Instagram.**

Naïma   Bonjour, mamie. Comment vas-tu ?

Grand-mère   Salut, Naïma. Que je suis contente de te voir ! Tu sais... Hier, j'ai rencontré mon amie Aurélie, je lui ai demandé des nouvelles de ses petits-enfants et alors elle m'a montré des photos sur un truc bizarre qui s'appelle « Photogram » ou « Gram quelque chose »...

Naïma   C'est Instagram, mémé ! Ton amie Aurélie a un profil Instagram !? Cool !

Grand-mère   Oui, Instagram, c'est ça. Tu m'expliques comment ça fonctionne ?

Naïma   Tu veux t'inscrire ? Super ! Mais d'abord il est nécessaire que tu prennes ton smartphone.

Grand-mère   Bien sûr, le voilà. J'espère que ce n'est pas trop compliqué...

Naïma   Mais non, je suis sûre que tu vas apprendre vite. Pour commencer, on va télécharger l'appli et l'installer sur ton portable. Voilà. Ensuite, on l'ouvre et on appuie sur le bouton d'inscription en bas à gauche. Maintenant, il faut que tu t'inscrives avec ton adresse e-mail ou avec ton numéro de téléphone.

Grand-mère   Je te donne mon e-mail. Attends... Euh... Ah oui, cecile.vignaud@yahoo.fr.

Naïma   C'est fait. Maintenant j'appuie sur « suivant » et j'entre ton nom et ton prénom. Il te faut un mot de passe.

Grand-mère   Euh... naima17 ?

Naïma   Ok. Le système va créer ton nom d'utilisateur... Le voici : c'est cecivig. Ça te plaît ?

Grand-mère   Oui, ça va. Et comment je fais pour trouver les personnes que je connais ?

Naïma   Je vais synchroniser Instagram avec tes contacts. Voilà. Tu vois ? Tiens, là, regarde : c'est ton amie Aurélie. Son pseudo est aurélie50. C'est elle sur la photo ? Je crois qu'elle a mis une photo de quand elle avait 20 ans !

Grand-mère   Ah moi, je ne veux pas que tu mettes ma photo ! Mets plutôt celle d'Aby. Les gens aiment les chats.

Naïma   D'accord. Maintenant, si tu veux publier quelque chose, tu cliques sur le petit « plus » au milieu de la page, puis tu choisis une photo qui est déjà sur ton smartphone, ou alors tu prends une photo ou tu fais une petite vidéo.

Grand-mère   Ça devient trop compliqué, là. La seule chose qui compte, c'est que je puisse publier les photos d'Aby... Et les tiennes aussi, bien sûr !

- -

a. Accepter le nom d'utilisateur ou en créer un.

b. Appuyer sur le bouton de l'inscription.

c. Entrer le numéro ou l'e-mail.

d. Publier des photos ou des vidéos.

e. Entrer un mot de passe.

f. Ouvrir l'application.

g. Personnaliser le profil avec une photo.

h. Entrer ses nom et prénom.

i. Synchroniser Instagram avec les contacts du smartphone.

j. Télécharger et installer l'application.

5 **GRAMMAIRE**

1. Cherchez dans le dialogue les formes du subjonctif des verbes suivants.
   a. prendre ➜ que tu ...
   b. s'inscrire ➜ que tu ...
   c. mettre ➜ que tu ...
   d. pouvoir ➜ que je ...

2. Le radical est celui de l'infinitif.   a. Vrai.   b. Faux.

3. Observez les phrases suivantes :
   *J'espère que ce n'**est** pas trop **compliqué**...*
   *Je crois qu'elle **a mis** une photo de quand elle avait 20 ans !*

➜ Le subjonctif, p. 54 ; Indicatif ou subjonctif ?, p. 56

3 Je découvre

6 **Vers le DELF** **Lisez l'article et répondez.**

Les médias d'information les plus utilisés en France

1 Si les médias numériques s'imposent de plus en plus dans le quotidien des Français, les médias classiques (télévision, radio, presse écrite) continuent d'être les sources d'information les plus populaires. La plupart des Français s'informent à travers les chaînes de télévision. La presse écrite régionale reste relativement populaire dans l'Hexagone. Les journaux en ligne ont su développer leur présence sur Internet.

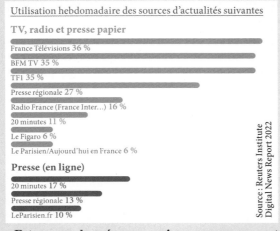

Utilisation hebdomadaire des sources d'actualités suivantes

TV, radio et presse papier
- France Télévisions 36 %
- BFM TV 35 %
- TF1 35 %
- Presse régionale 27 %
- Radio France (France Inter…) 16 %
- 20 minutes 11 %
- Le Figaro 6 %
- Le Parisien/Aujourd'hui en France 6 %

Presse (en ligne)
- 20 minutes 17 %
- Presse régionale 13 %
- LeParisien.fr 10 %

Source : Reuters Institute
Digital News Report 2022

5 « Est-ce que les réseaux sociaux concurrencent les médias d'information traditionnels ? » On a posé la question à deux jeunes journalistes de la presse régionale, Clara Clément et Maxime Morin.

C. Clément : Il n'y a aucun doute là-dessus : la 10 majorité des personnes accèdent à l'information exclusivement à travers les réseaux sociaux.

M. Morin : À l'heure actuelle, l'information passe surtout par le partage des posts, et on n'approfondit les news qu'à travers les opinions des amis. C'est 15 plus simple que d'aller chercher l'information sur les sites des médias.

« Est-ce que la qualité de l'information sur les réseaux sociaux est la même que celle de la presse papier et en ligne ? »
20 **M. Morin :** Je ne pense pas que ce soit une question de qualité. Disons que l'information y est plus ciblée, presque sur-mesure, mais elle n'est pas vérifiée par les journalistes. Elle peut donc être une infox ou *fake news*.
25 **C. Clément :** Oui, tout à fait. Et c'est un peu la limite des réseaux sociaux en ce qui concerne l'information. Toutefois, cette nouvelle habitude n'est pas néfaste pour les journaux. En effet, un lecteur aura tendance à lire un article dans un journal ou à chercher à 30 approfondir sur le Web une info dont il a déjà parlé avec un ami ou un de ses followers.

L'INFO EN ✚

Le plus ancien quotidien français est *Le Figaro* (1826) ; le journal le plus diffusé à l'étranger est *Le Monde* ; le quotidien national le plus vendu est *Le Parisien / Aujourd'hui en France*. D'autres journaux importants sont *Libération*, *Les Échos* et *L'Équipe* pour les passionnés de sport.

1. Quels sont les moyens d'information les plus utilisés par les Français ?
2. Selon Clara Clément, quelle voie d'accès à l'information est la plus utilisée ?
3. Est-ce que son collègue partage la même opinion ? Quel est son avis sur la question ?
4. En quoi le fait d'utiliser les réseaux sociaux pour s'informer peut avoir des avantages ?
5. Expliquez l'affirmation « l'information y est plus ciblée, plus individualisée, presque sur-mesure ».

7 **Maintenant observez le graphique et répondez par vrai ou faux. Puis corrigez les affirmations fausses.**

1. Les médias traditionnels et les médias numériques ont globalement la même diffusion.
2. Parmi les moyens d'information, la télévision vient largement en tête du classement.
3. Les Français lisent la presse régionale surtout en ligne.
4. Les quotidiens en ligne réalisent tous à peu près le même score.
5. Un quotidien, comme *Le Parisien*, n'a aucun intérêt à être présent sur le Net.

Mots et expressions

■ un téléviseur / une télé(vision) / une smart TV

■ la radio / la webradio

■ le journal télévisé (le JT de 20 heures)

■ un débat télévisé

- le podcast
- une chaîne (généraliste, thématique)
- une émission
- le plateau
- la pub(licité)
- un film
- un téléfilm
- une série
- les infos [f.]
- les actualités [f.]

- la télé-réalité
- un télé-crochet
- une émission en direct, en replay
- un jeu télévisé
- une émission de variétés
- un reportage
- une interview
- un(e) présentateur/trice / un(e) animateur/trice

- un(e) envoyé(e) spécial(e)
- un(e) (télé)spectateur/trice
- un(e) auditeur/trice

1 Associez les définitions aux mots correspondants.

1. un podcast
2. une série
3. un télé-crochet
4. un téléfilm
5. une chaîne

a. concours de chant télévisuel
b. œuvre de fiction télévisuelle qui raconte une histoire en plusieurs épisodes, qui doivent être vus les uns après les autres
c. film tourné exprès pour être diffusé à la télévision et non au cinéma
d. émission de radio ou de télévision qu'on peut télécharger
e. canal d'un réseau de radiodiffusion ou de télévision

2 ▶ 28 Écoutez et trouvez de quel type d'émission il s'agit.

a. un journal télévisé
b. un débat télévisé
c. une émission de télé-réalité
d. une interview
e. un jeu télévisé
f. une publicité

3 Je fais le point

▶ **29** **LA PRESSE**

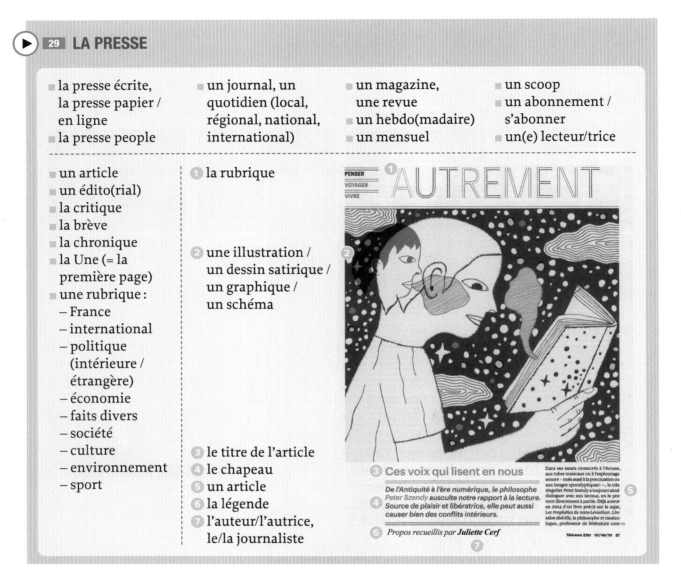

- la presse écrite, la presse papier / en ligne
- la presse people

- un journal, un quotidien (local, régional, national, international)

- un magazine, une revue
- un hebdo(madaire)
- un mensuel

- un scoop
- un abonnement / s'abonner
- un(e) lecteur/trice

- un article
- un édito(rial)
- la critique
- la brève
- la chronique
- la Une (= la première page)
- une rubrique :
  – France
  – international
  – politique (intérieure / étrangère)
  – économie
  – faits divers
  – société
  – culture
  – environnement
  – sport

① la rubrique

② une illustration / un dessin satirique / un graphique / un schéma

③ le titre de l'article
④ le chapeau
⑤ un article
⑥ la légende
⑦ l'auteur/l'autrice, le/la journaliste

PENSER VOYAGER VIVRE

① **AUTREMENT**

③ **Ces voix qui lisent en nous**

④ De l'Antiquité à l'ère numérique, le philosophe Peter Szendy ausculte notre rapport à la lecture. Source de plaisir et libératrice, elle peut aussi causer bien des conflits intérieurs.

Dans ses essais consacrés à l'écoute, aux tubes musicaux ou à l'espionnage sonore – mais aussi à la ponctuation ou aux images apocalyptiques ! –, le très singulier Peter Szendy a toujours aimé dialoguer avec son lecteur, en le prenant directement à partie. Déjà auteur en 2004 d'un livre précis sur le sujet, *Les Prophéties du texte-Léviathan. Lire selon Melville*, le philosophe et musicologue, professeur de littérature com-⁎⁎⁎ ⑤

⑥ *Propos recueillis par Juliette Cerf*

Télérama 3781 07/09/22 37 ⑦

---

3 ▶ **30** **Écoutez et trouvez les noms qui correspondent aux définitions.**

1. ...   3. ...   5. ...   7. ...
2. ...   4. ...   6. ...   8. ...

4 **Associez chaque titre d'article à la rubrique qui convient.**

1. ... La Bourse de Paris ouvre en légère hausse.
2. ... Qui sera le nouveau président de la République ?
3. ... Paris : quelles sont les zones les plus polluées ?
4. ... La monarchie britannique en crise.
5. ... Soirée de tension avec la police à Émerainville. Cinq blessés parmi les manifestants.
6. ... La vidéo-surveillance des villes est-elle vraiment efficace ?
7. ... À Lyon, la leçon de cinéma de Francis Ford Coppola.
8. ... Bruges-PSG : un pas de géant vers la qualification en 8ᵉ de finale ?

▶ 31 **L'INFORMATIQUE**

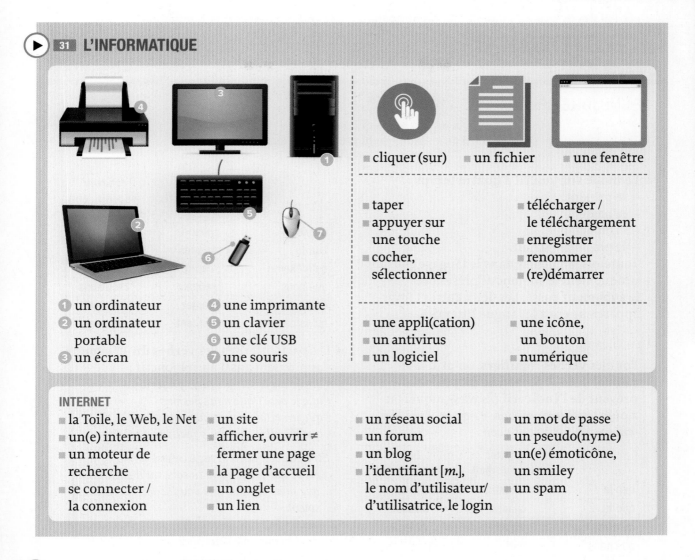

■ cliquer (sur)　■ un fichier　■ une fenêtre

■ taper
■ appuyer sur
　une touche
■ cocher,
　sélectionner

■ télécharger /
　le téléchargement
■ enregistrer
■ renommer
■ (re)démarrer

1 un ordinateur
2 un ordinateur
　portable
3 un écran

4 une imprimante
5 un clavier
6 une clé USB
7 une souris

■ une appli(cation)
■ un antivirus
■ un logiciel

■ une icône,
　un bouton
■ numérique

INTERNET

■ la Toile, le Web, le Net
■ un(e) internaute
■ un moteur de
　recherche
■ se connecter /
　la connexion

■ un site
■ afficher, ouvrir ≠
　fermer une page
■ la page d'accueil
■ un onglet
■ un lien

■ un réseau social
■ un forum
■ un blog
■ l'identifiant [m.],
　le nom d'utilisateur/
　d'utilisatrice, le login

■ un mot de passe
■ un pseudo(nyme)
■ un(e) émoticône,
　un smiley
■ un spam

---

5 **Complétez avec les mots proposés.**

connecter · connexion · en ligne · Internet · mot de passe · spams ·
réseaux sociaux · site · Web · téléchargement

A. Hier, j'ai contacté l'assistance téléphonique parce que j'avais un problème de **(1)** ... .
Je n'arrivais pas à me **(2)** ... à Internet. Je voulais visiter un **(3)** ... pour acheter **(4)** ... des cadeaux
pour mes enfants.

B. Le **(5)** ... et les **(6)** ... sont précieux quand on est loin de ses amis et de sa famille. **(7)** ... , c'est
génial mais il faut faire attention aux sites de **(8)** ... illégal et aux **(9)** ... . En outre, il vaut mieux
ne pas toujours utiliser le même **(10)** ... .

6 **Choisissez l'option correcte.**

1. Je termine d'écrire mon résumé, puis je l'[imprime / enregistre] et je le donne au professeur.
2. [Cliquez / Tapez] sur l'icône verte pour confirmer votre commande.
3. Pour accéder à l'article réservé aux abonnés, il faut entrer [l'identifiant / le lien].
4. [Télécharge / Sélectionne] le texte qui t'intéresse et copie-le dans [ton fichier / ta fenêtre].
5. – Rien ne marche aujourd'hui ! – [Renomme / Redémarre] l'ordinateur et tu verras que ça ira mieux.

Grammaire

LE SUBJONCTIF

> Il est nécessaire que tu **prennes** ton smartphone.

- Le **mode subjonctif** a **quatre temps** :
  - le présent,
  - le passé,
  - l'imparfait,
  - le plus-que-parfait.

  Toutefois, on utilise dans le langage courant uniquement le subjonctif présent et le subjonctif passé. Les deux autres temps appartiennent à la langue littéraire.

Le subjonctif présent

- Pour les **verbes réguliers**, on utilise le **radical** de la **3e personne du pluriel du présent de l'indicatif** (*ils/elles*) auquel on ajoute les terminaisons *-e, -es, -e, -ions, -iez, -ent* sauf pour *être* et *avoir*.

	chanter (ils chantent)	finir (ils finissent)
que je	chante	finisse
que tu	chantes	finisses
qu'il/elle/on	chante	finisse
que nous	chantions	finissions
que vous	chantiez	finissiez
qu'ils/elles	chantent	finissent

- Les **verbes avec un radical différent** au présent de l'indicatif pour *nous* et *vous* présentent une particularité au subjonctif : on utilise le radical de la **1re personne du pluriel du présent de l'indicatif** :
  - *nous prenons › que nous prenions*

	prendre (ils prennent) (nous prenons)	recevoir (ils reçoivent) (nous recevons)
que je	prenne	reçoive
que tu	prennes	reçoives
qu'il/elle/on	prenne	reçoive
que nous	prenions	recevions
que vous	preniez	receviez
qu'ils/elles	prennent	reçoivent

- Les particularités des **verbes du 1er groupe** s'appliquent aussi au subjonctif :
  - *que je préfère / que nous préférions*
  - *que je pèse / que nous pesions*
  - *que je nettoie / que nous nettoyions*
  - *que j'épelle / que nous épelions*, etc.

- *Être* et *avoir* sont irréguliers :
  - ***être*** : *que je sois, que tu sois, qu'il/elle/on soit, que nous soyons, que vous soyez, qu'ils/elles soient* ;
  - ***avoir*** : *que j'aie, que tu aies, qu'il/elle/on ait, que nous ayons, que vous ayez, qu'ils/elles aient.*

- Six autres verbes ont des radicaux irréguliers : ***faire, pouvoir, savoir, aller, vouloir, valoir*** (→ Annexes, p. 230).

- Le subjonctif de ***falloir*** est *qu'il faille*, celui de ***pleuvoir*** est *qu'il pleuve*.

Le subjonctif passé

- Le **subjonctif passé** se forme avec :

  > **le subjonctif présent de l'auxiliaire *être* ou *avoir* + participe passé du verbe**

  - *qu'il **soit venu***
  - *que vous **ayez fini***

---

1 **Transformez au subjonctif.**

1. je vois
2. tu obtiens
3. il écrit
4. elle part
5. on attend
6. nous faisons
7. vous pouvez
8. ils vont
9. vous employez
10. je me plains
11. nous sommes tombés
12. il a compris

L'EMPLOI DU SUBJONCTIF

> Je ne veux pas que tu **mettes** ma photo !

■ Le subjonctif est surtout utilisé dans les **propositions subordonnées**, après les verbes qui expriment :

– une **volonté**, un **ordre**, une **interdiction**, un **désir**, une **prière** (*vouloir, exiger, défendre, empêcher, désirer, prier...*) :
• *Je veux / J'aimerais que vous fassiez un effort.*

– un **sentiment** ou un **jugement** (*regretter, s'étonner, douter, être heureux / surpris / triste, préférer, trouver juste / absurde / scandaleux..., il est dommage / naturel / urgent / utile...*) :
• *Je suis triste / Il est dommage qu'il ne vienne pas.*

– la **crainte** (*craindre, redouter, avoir peur...*) :
• *Ils craignent / Ils ont peur que nous (ne) les dénoncions à la police.*

– la **possibilité**, l'**impossibilité**, le **doute** (*il semble, il est possible / impossible, il se peut, douter, il n'est pas certain, est-il vrai ?*) :
• *Il est impossible / Je doute qu'elles sachent se débrouiller toutes seules.*

– une **necessité** (*il faut, il importe, il est essentiel / nécessaire / indispensable, il vaut mieux...*) :
• *Il faut / Il est nécessaire que l'on prenne rapidement une décision.*

⚠

■ Dans les subordonnées avec un verbe qui exprime la peur, l'interdiction, le doute, on peut trouver, dans le langage soutenu, le *ne explétif* (= facultatif), qui n'a pas la valeur de négation.
• *Je crains que cette émission (**ne**) soit supprimée.*

■ Après les verbes de volonté, de doute, de sentiment, quand les **sujets** de la principale et de la subordonnée sont **les mêmes**, on utilise l'**infinitif**.
• *J'aimerais ~~que j'apprenne~~ **apprendre** à conduire.*

■ On utilise également le subjonctif avec les **propositions relatives** qui dépendent d'un **superlatif relatif** ou d'un **adjectif** comme *seul, unique, premier, dernier...* :
• *C'est le meilleur reportage que j'aie jamais vu sur ce sujet.*
• *Tu es la seule personne au monde qui ne connaisse pas les Beatles !*

■ Le subjonctif a valeur d'impératif pour les troisièmes personnes :
• *Si elle s'ennuie, qu'elle s'en aille !*

■ Le subjonctif passé s'utilise pour une action conclue et ayant eu lieu avant celle exprimée par le verbe de la principale :
• *Je regrette qu'ils aient fait cela.*

---

2 Conjuguez les verbes au subjonctif présent ou passé. Puis indiquez si la phrase principale exprime la volonté, un ordre, un sentiment, un jugement, la crainte, le doute, la nécessité, ou s'il s'agit d'un superlatif relatif.

1. C'est l'antivirus le plus performant que je ... [connaître].
2. Éva craint que son professeur ... [découvrir] qu'elle a copié pendant le test.
3. Il est absolument indispensable que tu ... [apprendre] à utiliser ce logiciel.
4. Je déteste que vous me ... [déranger] pendant un film.
5. On aimerait bien que vous ... [répondre] à ces deux questions.
6. Je doute que tu ... [dire] la vérité, hier.
7. Pour continuer à collaborer avec vous, j'exige qu'on me ... [faire] des excuses.
8. Que quelqu'un ... [aller] vite me chercher un café !

INDICATIF OU SUBJONCTIF ?

On utilise l'indicatif :	On utilise le subjonctif :
– avec les **verbes d'opinion** (*penser, croire, trouver, estimer, imaginer, supposer, avoir l'impression*...) à la **forme affirmative** : • *Je crois qu'à 16 ans, on n'est pas encore prêt pour voter.* • *Les experts estiment qu'en 2050, il y aura 10 milliards d'habitants sur la Terre.*	– avec les verbes d'opinion à la **forme négative** ou **interrogative avec l'inversion** : • *Je ne pense pas qu'ils aient été invités.* • *Pensez-vous qu'elle réussisse à s'en sortir seule ?* ⚠ Si la question est posée avec *est-ce que*, on utilise l'indicatif.
– avec *il me semble*, *il paraît*, *espérer*, *on dirait* à la **forme affirmative** : • *Il me semble / Il paraît qu'il veut créer un nouveau magazine.* • *J'espère que vous passez / avez passé / passerez de bonnes vacances.* Après *espérer*, la subordonnée est au présent, au passé ou au futur, selon le moment de l'action.	– avec *il semble* : • *Il semble que Claire veuille s'abonner à ce quotidien.*
– avec les verbes ou les locutions qui expriment la **certitude** (*affirmer, constater, déclarer, il est certain / évident / sûr / clair, il ne fait aucun doute*...) ou la **probabilité** (*il est probable / vraisemblable*...) : • *Avec ce score, il est évident qu'ils ne vont pas être admis.* • *Il est probable que nous devrons revenir sur nos décisions.*	– pour exprimer la **possibilité**, l'**impossibilité**, le **doute**, l'**incertitude** : • *Je doute que vous puissiez gagner.*
– dans les **subordonnées relatives**, pour indiquer un fait réel : • *Je connais une personne qui peut / pourra t'aider.*	– dans les **subordonnées relatives**, quand on parle d'un **fait supposé** ou quand le **sujet est indéfini** : • *Est-ce que tu connais quelqu'un qui puisse m'aider ?*
– dans les **subordonnées comparatives** (avec éventuellement le *ne* explétif) : • *Ç'a été moins difficile que je (ne) pensais.*	
– dans les **interrogatives indirectes** (→ Unité 5, L'interrogation indirecte, p. 88) et dans les **subordonnées hypothétiques** introduites par la conjonction *si* (→ Unité 2, L'hypothèse et la condition (1), p. 39).	

3 **Reformulez les phrases avec un subjonctif présent ou passé.**

0. Vous devez parler seulement en français. → Je veux que vous parliez seulement en français.
1. Cet ordinateur n'est pas assez puissant. → J'ai peur ... .
2. Cela ne doit plus se reproduire. → Il faut empêcher ... .
3. Il tiendra ses promesses. → Je doute ... .
4. Elle va peut-être mieux aujourd'hui. → Il n'est pas certain ... .
5. Écris-moi. → Je désire ... .
6. Ils ont été punis. → Je trouve injuste ... .
7. Nous ne nous sommes pas rencontrés. → Il est dommage ... .
8. Racontez-lui tout ce que vous savez. → Il vaut mieux ... .
9. Tu reviendras ? → Est-il possible ... ?
10. Vous devez voir immédiatement le directeur. → Il est urgent ... .

4 **Justifiez l'emploi de l'indicatif ou du subjonctif dans ces phrases.**

0. Notre prof exige que nous <u>apprenions</u> les dialogues par cœur.
   → *Exiger est un verbe de volonté ; les verbes de volonté sont toujours suivis du subjonctif.*
1. Estimez-vous que nous <u>devions</u> leur demander pardon ?
2. Franchement, ce restaurant n'est pas aussi bon marché qu'on le <u>dit</u>.
3. Grégory est persuadé que les pyramides d'Égypte <u>ont été construites</u> par des extraterrestres.
4. J'ai enfin trouvé la maison qui nous <u>convient</u> !
5. La nouvelle doit encore être confirmée, mais il semble qu'il y <u>ait</u> une erreur dans les calculs.
6. Je ne connais personne qui <u>sache</u> faire des tartes aussi bonnes que celles de ma grand-mère.
7. Nous espérons de tout cœur que tu <u>pourras</u> aller au bout de tes rêves.
8. Selon le bulletin météo, il est possible qu'il <u>se mette</u> à neiger dans l'après-midi.

5 **Choisissez l'option correcte.**

1. J'ai découvert que Mathias est beaucoup plus drôle qu'on ne le [dit / dise].
2. Il est clair qu'ils n'[ont / aient] pas tout compris.
3. Yanis fait un métier qui lui [plaît / plaise] beaucoup.
4. Il paraît que Mme Lebon [devra / doive] renoncer à participer à la série.
5. J'imagine que vous n'[aimez / aimiez] pas l'opéra.
6. Mes amis ne croient pas que j'[ai étudié / aie étudié] jusqu'à minuit.
7. Il me semble que vous [vous comportez / vous comportiez] en irresponsables.
8. N'espérez pas que je [remets / remette] les pieds dans ce restaurant !

6 **Écrivez le contraire.**

0. Je suis sûr que tu as raison. → *Je ne suis pas sûr que tu aies raison.*
   Je ne pense pas qu'ils soient célibataires. → *Je pense qu'ils sont célibataires.*
1. J'espère encore que nous trouverons un accord.
2. Il ne nous semble pas que cette méthode puisse être appliquée sans problème.
3. Je ne suis pas certain qu'il comprenne de quoi on parle.
4. Il est probable que cette proposition sera acceptée.
5. Nous trouvons qu'il reçoit trop d'éloges pour ce qu'il fait.
6. Je ne suis pas convaincu qu'elle veuille rompre avec Frédéric.

▶ **32 LES VERBES *CROIRE* ET *(CON)VAINCRE***

croire	(con)vaincre
je crois	je (con)vaincs
tu crois	tu (con)vaincs
il/elle/on croit	il/elle/on (con)vainc
nous croyons	nous (con)vainquons
vous croyez	vous (con)vainquez
ils/elles croient	ils/elles (con)vainquent
futur : je croirai	*futur* : je (con)vaincrai
participe passé : cru	*participe passé* : (con)vaincu

7 **Conjuguez les verbes entre parenthèses.**

1. On … [croire • imparfait] que le Soleil tournait autour de la Terre.
2. Ils m'ont envoyé ici pour que je te … [convaincre • subjonctif présent] d'accepter leur proposition.
3. Je déteste les gens qui … [croire • présent] tout savoir.
4. Ses explications … [ne pas convaincre • passé composé] les juges.
5. Les lecteurs … [ne pas croire • passé composé] le fait divers.
6. On … [vaincre • présent] les difficultés en les affrontant.

Communication

▶ 🔢 **EXPRIMER L'OBLIGATION, LA NÉCESSITÉ, LA PERMISSION, L'INTERDICTION**

OBLIGATION / NÉCESSITÉ	PERMISSION, AUTORISATION	INTERDICTION, DÉFENSE
• On doit partir. • Il faut sortir / que tu sortes. • Il est nécessaire de réserver. • Il est obligatoire que vous réserviez. • L'inscription est obligatoire / nécessaire. • On est obligé / forcé de répondre. • Vous êtes tenus de / censés signer. • On va forcer / obliger / contraindre les élèves à accepter. • Il a imposé le silence aux journalistes.	• Je vais leur permettre de sortir. • Je vais les autoriser à partir plus tôt. • Je vais permettre / autoriser qu'il écrive en mon nom. • Il est permis d'enregistrer le débat. • Il est possible que vous enregistriez le débat. • Prendre des photos, c'est permis / autorisé. • Vous avez le droit de parler.	• Je vais leur défendre / interdire de jouer à ce jeu vidéo. • Je vais défendre / interdire que l'on construise d'autres immeubles. • Il est défendu / interdit de jeter les ordures. • Fumer dans les toilettes, c'est défendu / interdit. • Vous n'avez pas le droit de garer votre voiture ici.

1 ▶ 🔢 **Écoutez et choisissez ce qu'exprime la personne qui parle :**

- la nécessité,
- l'obligation,
- la permission,
- l'interdiction.

2 **Que signifient ces panneaux ? Formulez des phrases avec les expressions des encadrés.**

1.   2.   3.   4.   5.   6.

3 **À DEUX Posez ces questions à votre camarade. Il/Elle doit répondre en une ou deux phrases. Puis échangez les rôles.**

1. Qu'as-tu le droit de faire le samedi soir ?
2. Qu'est-ce qu'un professeur est obligé de faire ?
3. Qu'est-ce qui est essentiel pour apprendre une langue étrangère ?
4. Quand tu étais petit(e), à quelles occasions t'était-il permis de te coucher tard ?
5. Pourquoi est-il défendu de manger pendant les cours ?

4 **Écrivez un article pour le journal scolaire de votre lycée au sujet de la bonne utilisation des réseaux sociaux (150 mots). Vous devez y insérer :**

- un titre ;
- un chapeau ;
- deux choses obligatoires ;
- deux choses interdites ;
- deux choses nécessaires ;
- deux choses permises.

▶ **35 EXPRIMER LA CERTITUDE, LA PROBABILITÉ, LA POSSIBILITÉ ET LE DOUTE**

CERTITUDE	PROBABILITÉ
• C'est clair / évident / sûr / certain. • Il est clair / évident / sûr / certain qu'elle s'est trompée. • Il n'y a pas de / aucun doute. • J'en suis sûr(e) / certain(e) / convaincu(e) / persuadé(e). • Sans aucun doute. / Évidemment. / Bien sûr.	• C'est probable / vraisemblable. • Il est probable qu'elle s'est trompée. • Il semble bien qu'elle se soit trompée. • Sans doute. / Probablement.

POSSIBILITÉ	DOUTE
• C'est (bien) possible. • Il est possible qu'elle se soit trompée. • Il est peu probable qu'elle se soit trompée. • Il se peut / pourrait qu'elle se soit trompée. • Il y a des chances qu'elle se soit trompée. • Peut-être. • Éventuellement.	• Je ne suis pas sûr(e) / certain(e) / convaincu(e) / persuadé(e) qu'elle se soit trompée. • Je suis sceptique sur cette affirmation. • Je suis perplexe devant votre décision. • Ça m'étonnerait qu'elle se soit trompée. • J'hésite. / J'ai un doute. / J'en doute. / Ça dépend. • Pas forcément.

5 ▶ **36 Écoutez et choisissez ce qu'exprime la personne qui parle :**

- • la certitude,
- • la probabilité,
- • la possibilité,
- • le doute.

6 **À DEUX** **Pour chaque image, formulez deux phrases qui expriment la certitude et la probabilité. Votre camarade doit en formuler deux qui expriment la possibilité et le doute. Puis échangez les rôles. Variez les expressions.**

0. **Certitude :** Il est évident qu'il n'a pas ouvert son livre.

Probabilité : Il va probablement être privé de sortie pour quelques semaines.

Possibilité : Il est possible que la professeure lui fasse refaire le test.

Doute : Je doute qu'il puisse rattraper une si mauvaise note.

3 Je m'exprime

7 **À DEUX** Jouez le dialogue en suivant les indications. La conclusion est libre (doute ou certitude).

- **Tom** rencontre son ami **Louis** et lui communique une nouvelle étonnante.
- **Louis** doute que la nouvelle soit véridique.
- **Tom** confirme et explique pourquoi il s'agit d'une nouvelle certaine.
- **Louis** met en doute un point de l'explication et reste perplexe devant un autre.

▶ **37** **EXPRIMER SON OPINION**

• À mon avis...	• J'écoute la radio. › Moi aussi. ≠ Moi non.
• Selon moi...	• Je n'écoute pas la radio. › Moi non plus. ≠ Moi si.
• En ce qui me concerne...	• Je suis pour ≠ contre.
• Moi, personnellement...	• Je (ne) partage (pas) ton avis.
• Quant à moi...	• Je ne comprends pas ce genre de discours.
• D'après moi...	• Je suis partagé(e).
• Pour moi...	• J'hésite entre celui-ci et celui-là.
• Je pense / crois / trouve / suppose / estime que...	• Ça m'est égal.
• Il me semble que tu es contrarié(e).	• Peut-être bien que oui, peut-être bien que non.
• Je crois que oui ≠ non.	• Je n'en ai aucune idée.
• Je ne pense pas.	• Je n'en sais rien.
• Je (ne) suis (pas) d'accord.	• Quelle drôle d'idée !

8 ▶ Regardez la vidéo *Est-ce un virus ?* et répondez par vrai ou faux.

1. Léa croit que le problème vient de l'écran.
2. Adam est étonné parce que l'ordinateur de Léa est récent.
3. Adam pense que le problème vient d'un cumul de poussière.
4. Léa pense qu'Adam a tort.
5. Léa ne pense pas que l'ordinateur ait attrapé un virus.
6. Adam doute que l'antivirus soit performant.

9 ▶ **38** Léna, Théa et Sacha participent à une émission télévisée.
Écoutez puis trouvez qui est favorable, contre ou partagé(e) au sujet de la publication de :

- n'importe quelles photos ou vidéos,
- photos d'enfants,
- photos d'adolescents.

10 ▶ **38** Écoutez encore une fois et trouvez les expressions qui servent à exprimer son opinion.

11 **EN GROUPE** Choisissez un de ces sujets. Trouvez au moins deux arguments pour et deux arguments contre. Tirez au sort qui va défendre la thèse, qui va s'y opposer et qui va avoir une position intermédiaire. Jouez ensuite la scène.

- L'utilisation du téléphone portable en classe comme outil pédagogique.
- La presse en ligne.
- Les réseaux sociaux.
- L'information à travers Internet.
- Le prestige des influenceurs.

▶ 39 **INTERAGIR**

ENGAGER UNE CONVERSATION
• Dis donc, tu sais que Caro a un nouveau copain ?
• J'ai quelque chose à vous dire.
• Je voulais te demander une chose.
• Écoute, il faut que je te dise / raconte ce qui s'est passé.
• Je voudrais juste dire un mot.
• Tu connais la dernière ?
• Si vous saviez ce que j'ai entendu !

INTERVENIR DANS UNE CONVERSATION
• Si je peux intervenir / me permettre, vous avez tort.
• Désolé(e) de vous interrompre, mais je ne suis pas d'accord.
• À ce propos / Au fait, quelle est votre opinion ?
• Je voudrais juste dire que je trouve cette idée ridicule !
• Juste un mot : ...
• J'ai une question à poser.

DONNER LA PAROLE
• Et vous, vous ne dites rien ?
• Tu n'as rien à dire ?
• Dis ce que tu as à dire !
• Qu'est-ce que tu en penses ?
• Je peux avoir votre avis ?
• Y a-t-il des questions ?
• La parole est à Monsieur Untel.
• (Vous n'avez) rien à ajouter ?

GARDER LA PAROLE
• Tu permets que je termine ?
• Permettez, je finis ma phrase.
• Ne m'interrompez pas !
• Soyez gentil/gentille, laissez-moi finir !
• Je peux continuer ?

TERMINER UNE CONVERSATION
• En conclusion...
• Pour conclure...
• En définitive...
• Finalement...

12 ▶ 40 **Écoutez et complétez.**

Stéphane   (1) ... : tu es pour ou contre le travail le dimanche ?
Julie   Contre. Le dimanche est un jour spécial. C'est le jour de repos par excellence.
Stéphane   On peut se reposer un autre jour...
Julie   Oui, mais...
Stéphane   (2) ... ? (3) ... que rien n'empêcherait de se reposer le samedi ou le lundi.
Julie   Mais le dimanche, selon la tradition, c'est le jour pour les sorties en famille, pour faire du sport...
Stéphane   Peut-être ! Mais il faut évoluer avec son temps, tu ne crois pas ?
Emma   (4) ... ... Stéphane, tu crois que perdre un jour de repos par semaine, c'est une évolution ?
Stéphane   Il n'est pas question de perdre un jour de repos ! Ceux qui travaillent le dimanche sont mieux payés et se reposent un autre jour.
Julie   Et toi, Gabriel, (5) ... ?
Gabriel   (6) ... : le pays a surtout besoin de créer des emplois, et le travail le dimanche permet d'en créer.
Julie   (7) ... , ce n'est qu'une question d'argent...

13 EN GROUPE **Zoé dit à ses parents qu'elle voudrait un piercing.**
Une discussion commence. Imaginez le dialogue (3 personnes). Employez les expressions des encadrés, utilisez les arguments suivants et ajoutez une ou deux opinions personnelles.

• **Zoé :** c'est beau et c'est à la mode ; toutes mes copines ont au moins un piercing ; je suis majeure et je fais ce que je veux.

• **Les parents :** ce n'est pas beau ; c'est dangereux pour la santé ; c'est une forme de conformisme.

14 EN GROUPE **Organisez un débat autour du danger des *fake news*. Distribuez les rôles et jouez-le.**

Révisez avec le test de fin d'unité.

Des femmes célèbres

Depuis longtemps, les femmes luttent pour avoir une place dans une société où les préjugés sont parfois tenaces. Elles ont obtenu de belles victoires au fil du temps, mais leur combat continue, encore de nos jours, pour l'égalité des droits.

MARIE CURIE
(1867-1934)

Première et – jusqu'à présent – seule femme à avoir reçu deux prix Nobel (en physique et en chimie), Marie Curie a découvert et étudié, avec son mari Pierre, la radioactivité, c'est-à-dire la propriété de certains éléments d'émettre de l'énergie quand ils se transforment spontanément.
En 1909, Marie Curie fonde l'Institut du radium, spécialisé dans la lutte contre le cancer, une maladie qui ne l'épargne pas. Elle meurt en 1934 d'une leucémie provoquée par les radiations qu'elle étudiait. En 1995, Marie Curie devient la première femme à entrer au Panthéon. L'Institut Curie est encore très réputé.

JOSÉPHINE BAKER
(1906-1975)

Joséphine Baker est une artiste française d'origine américaine. À 19 ans, elle décide de quitter les États-Unis et de tenter sa chance à Paris. En 1925, les Parisiens la découvrent dans un spectacle musical. C'est un triomphe ! Danseuse, chanteuse, actrice, sa personnalité et son talent séduisent la France comme l'Europe. Elle devient une star et le symbole d'une femme libre et engagée. En 1937, elle obtient la nationalité française. Pendant la Seconde Guerre mondiale, elle s'engage dans la Résistance française. Joséphine Baker est la sixième femme à entrer au Panthéon en 2021.

SIMONE VEIL
(1927-2017)

Simone Veil a 16 ans quand elle est déportée à Auschwitz, où elle perd sa famille. Rescapée du camp de concentration, elle suit des études de droit et de sciences politiques. Féministe et humaniste, elle se consacre à la défense de la cause des femmes. Elle est le symbole de l'évolution de la place des femmes dans la société en France. En 1974, elle devient ministre de la Santé. Quatre ans plus tard, elle devient la première femme présidente du Parlement européen. Un an après sa mort, en 2018, elle entre au Panthéon.

CURIOSITÉ

La Marianne est le symbole de la République française et de ses valeurs. On choisit régulièrement des Françaises célèbres pour prêter leur visage à Marianne.
Aujourd'hui, la figure de Marianne est la « Marianne engagée », réalisée par la street-artiste Yzeult Digan.

SOPHIE MARCEAU
(1966)

Cette actrice française devient célèbre à treize ans, grâce au film *La Boum*. Avec *La Boum 2*, elle obtient le César du meilleur espoir féminin. On la voit dans *Braveheart*, *Belphégor*, *Le fantôme du Louvre* et récemment dans *Tout s'est bien passé*.
Féministe engagée, elle lutte notamment contre l'image de la femme parfaite diffusée à travers les médias et la publicité.

WENDIE RENARD
(1990)

Wendie est une footballeuse française, d'origine martiniquaise.
C'est l'une des 23 joueuses de l'équipe de France féminine. Elle a été sélectionnée pour disputer la Coupe du monde féminine de 2019. Elle est considérée comme la meilleure défenseure et l'une des meilleures joueuses au monde.

1 Vrai ou faux ?

1. Les recherches de Marie Curie ont ouvert la voie aux soins contre le cancer.
2. Joséphine Baker est née à Paris.
3. Simone Veil a défendu les droits des femmes.
4. Sophie Marceau critique les magazines féminins.
5. Wendie Renard joue en défense.

2 Répondez aux questions.

1. Qu'est-ce que l'Institut du radium ?
2. Pour quelles raisons Joséphine Baker est-elle une femme engagée ?
3. Comment est considérée Wendie Renard ?
@ 4. Qu'est-ce que le Panthéon ? Que veut dire « entrer au Panthéon » ?
@ 5. Audrey Tautou, Marion Cottillard, Annie Ernaux sont trois autres femmes françaises célèbres. Qui sont-elles ?

3 ET DANS VOTRE PAYS ?

Présentez brièvement une femme célèbre que vous admirez particulièrement.

Initiatives : banlieue !

4

1 **À VOUS !**

Répondez.

1. À quoi associez-vous le mot « banlieue » ?
2. Dans quels domaines peut-on agir comme bénévole ?
3. Quelles associations de bénévoles connaissez-vous ?
4. Est-ce que vous ou un membre de votre famille faites du bénévolat ? Où ?

2 ▶ **41** **Vers le DELF** **Écoutez et répondez.**

1. De quel genre d'émission s'agit-il ?
2. Quel est le thème de l'émission ?
3. Quels problèmes évoque Virginie ? (en citer deux).
4. Djamel a une vision de la banlieue :
   a. plutôt optimiste.
   b. vraiment négative.
   c. ambivalente.
5. Quelle est l'activité de Démos ?
   a. Le cinéma.
   b. La musique.
   c. La radio.
6. De quelle façon les auditeurs peuvent-ils donner leur avis ?

3 **Maintenant lisez la transcription de l'émission de radio et répondez.**

Tanguy Bonjour, aujourd'hui dans notre émission, nous poserons la question « Si je te dis banlieue, tu me réponds quoi ? ». Nous recevons Virginie, présidente de l'association Métropop' pour parler du projet *Viens dans mon quartier*. Virginie, si je vous dis banlieue, vous me répondez quoi ?

Virginie Bonjour Tanguy, pour moi c'est un lieu de mixité, de mélanges et de diversité. Avec le projet *Viens dans mon quartier*, nous aidons les habitants des banlieues à valoriser leur quartier. Les personnes ont parfois honte de dire où elles habitent, c'est inadmissible ! Oui, la banlieue, ce sont bien sûr des quartiers difficiles, des cités avec des problèmes de délinquance et de chômage. Mais il faut dépasser ces images : des associations caritatives et des bénévoles s'engagent pour lutter contre les inégalités et la pauvreté.

Tanguy Écoutons la réponse de Djamel de Grigny : « La banlieue c'est la solidarité et la jeunesse en mouvement. » et celle de Sandra de Drancy : « La banlieue, c'est l'exclusion, l'injustice. » Qu'en pensez-vous, Virginie ?

Virginie Ces deux réponses résument assez bien la situation, mais il faut sortir des clichés sur la violence et la dégradation qui sont présentés dans les médias. Les habitants n'y sont pour rien. Ils sont en colère contre ces préjugés et se battent pour faire bouger les représentations de la banlieue. On peut aussi citer des expériences positives qui favorisent l'accès à la culture dans les quartiers prioritaires.

Tanguy Comme à Saint-Denis ?

Virginie Oui, Saint-Denis, c'est la ville du Stade de France, c'est aussi la ville où sont enterrés les rois de France. Montrer aux jeunes qu'on peut s'en sortir grâce à la culture, c'est fondamental !

Tanguy On connaît tous Kourtrajmé, grâce au film *Les Misérables* de Ladj Ly. Dites-nous-en un peu plus.

Virginie Kourtrajmé, c'est au départ un collectif d'artistes, créé en 1994, avec Vincent Cassel, Mathieu Kassovitz ou encore Oxmo Puccino, JR puis une école de cinéma depuis 2018 qui propose des formations gratuites aux métiers du cinéma. On trouve aussi l'association La Cassette qui organise des ateliers sur les savoir-faire des métiers de la radio. Elle est accessible à tous, sans distinction de formation, de bagage culturel. Je peux encore citer le projet social Démos créé par la Philharmonie de Paris. C'est un dispositif d'éducation musicale. Le concept : encourager les enfants des quartier défavorisés à apprendre la musique et à jouer d'un instrument dans un orchestre.

Tanguy Merci Virginie. Rappelons que ces initiatives se développent aussi à Lyon, Marseille ou Dijon. Si vous avez des questions, envoyez-les-nous sur Twitter, Instagram et Facebook.

- -

1. Repérez les mots utilisés pour parler de la banlieue et classez les aspects positifs et négatifs. Quelle image se dégage ?
2. Pourquoi les habitants ont honte de leur quartier ?
3. Que font les bénévoles ?
4. Quelle est l'attitude des médias vis-à-vis de la banlieue ?
5. Quelles sont les conditions d'accès aux ateliers de La Cassette ?
6. Quel rôle peut jouer la culture auprès des jeunes ?

Je découvre

4 **Vers le DELF** **Lisez le texte et répondez par vrai ou faux.**

JR, UN ARTISTE ENGAGÉ

1 Des lunettes noires et un chapeau qu'il porte été comme hiver. Ses initiales ont fait le tour du monde et sont associées à des œuvres 5 monumentales et engagées. L'artiste français JR est né en 1983 dans la banlieue ouest de Paris où il habite avec sa famille dans une HLM. À 18 ans, il part vivre à Paris 10 dans un quartier populaire.

Il découvre une culture urbaine, le street art. Il rencontre des artistes qui dessinent la nuit sur les murs de Paris. À cette époque, les graffitis 15 sont synonymes de vandalisme et non d'œuvres d'art.

JR raconte qu'il a trouvé son premier appareil photo sur un quai de RER.

C'est le déclic ! Il décide de faire 20 sortir de l'ombre les personnes qu'on ne remarque pas.

En 2004, un projet le conduit à Montfermeil, une banlieue dé-favorisée du Nord de Paris où la 25 violence, l'exclusion et le chô-mage sont le quotidien d'une cité HLM. JR rencontre tout d'abord les habitants et les prend en photo. Il colle ensuite leurs portraits en 30 noir et blanc dans Paris. JR offre ainsi un visage à la banlieue et montre aux parisiens une autre réalité, loin de la vision négative des cités diffusée par les médias. 35 Ses projets se multiplient. Il explique qu'à travers ses œuvres,

il exprime son engagement contre le racisme, la violence faite aux femmes.

40 En 2017, JR retourne à Montfermeil pour réaliser une fresque gigan-tesque de... 150 m² ! Il confiait alors qu'il avait souhaité faire le portrait de ceux qui s'efforcent de remettre 45 de la poésie dans le ciment.

Son talent est reconnu dans le monde entier. JR transforme les villes en musées où l'art s'invite dans la vie des gens qui ne 50 vont pas toujours au musée. En 2019, le musée du Louvre lui commande une œuvre pour célé-brer les 30 ans de la Pyramide. Amis, bénévoles, JR lui-même, plus de 55 400 personnes participent au collage de cet immense trompe-l'œil.

1. L'artiste JR a passé son enfance à Paris.
2. En France, le street art a toujours été apprécié.
3. Avec son premier appareil photo, JR photographie des célébrités.
4. À travers son travail, il donne la parole aux exclus.
5. JR rend l'art accessible à tous.
6. Le street-artiste JR contribue à réduire les clichés sur la banlieue.

5 **GRAMMAIRE**

1. Observez les phrases suivantes au discours indirect :
   JR raconte qu'il a trouvé son premier appareil photo sur un quai de RER. Il confiait alors qu'il avait souhaité faire le portrait de ceux qui s'efforcent de remettre de la poésie dans le ciment.
2. Quels mots ont été prononcés par JR (discours direct) ?
   JR raconte : « ... ».
   Il confiait : « ... ».
3. Comparez les phrases au discours direct et les phrases au discours indirect.
   Qu'est-ce qui change ?
   a. Les pronoms personnels, les adjectifs possessifs.
   b. Les temps verbaux.
   c. Les expressions de temps.
4. Pourquoi la phrase change en passant du discours direct au discours indirect ?

→ Le discours indirect, p. 70

Mots et expressions

▶ 42 LA SOLIDARITÉ

- une personne démunie / en difficulté / sans ressource(s)
- un(e) sans-abri, un(e) SDF (sans domicile fixe)
- l'injustice [f.]
- la pauvreté
- discriminer / la discrimination
- exclure / l'exclusion [f.]
- s'engager / l'engagement [m.]
- se mobiliser / la mobilisation

- lutter / la lutte contre les inégalités
- l'égalité [f.] des chances
- la (ré)insertion
- une association (de bénévoles / caritative)
- un(e) bénévole / le bénévolat
- la solidarité
- une collecte
- des subventions [f.]
- le soutien (matériel, éducatif, psychologique...)

- les services (médico-)sociaux
- un centre / une structure / un foyer d'accueil
- les aides sociales
- les logements sociaux
- un(e) assistant(e) social(e)
- un(e) éducateur / éducatrice
- la prise en charge

▶ 43 LES MIGRATIONS

- le flux migratoire
- un(e) migrant(e) (environnemental(e), économique)
- un(e) immigré(e)
- des clandestins, des sans-papiers
- un(e) réfugié(e)
- la politique migratoire

- la politique d'accueil
- le droit / la demande / un demandeur d'asile
- le permis de séjour / de travail
- le visa humanitaire
- la nationalité / la citoyenneté
- l'intégration

- expulser / l'expulsion
- naturaliser / la naturalisation
- le racisme

▶ 44 LA BANLIEUE ET LES MÉDIAS

- les quartiers pavillonnaires difficiles / sensibles / défavorisés
- le quartier prioritaire
- une cité-dortoir
- la cité

- un(e) HLM (habitation à loyer modéré)
- une tour
- un graffiti
- une bande de jeunes
- la dégradation
- le vandalisme

- la déscolarisation
- la délinquance
- le chômage
- une émeute
- les affrontements
- la violence

1 Complétez avec les mots proposés (il y a 2 intrus).

asile · bénévoles · centres d'accueil · association caritative ·
migrantes · migratoires · SDF · permis de séjour · réfugiés · cité

Depuis des années, les politiques (**1**) … européennes ont pour effet d'amener à Calais des (**2**) … , qui souhaitent s'établir en France ou aller en Grande-Bretagne. Après un parcours souvent périlleux et traumatisant, ils vivent dans la pauvreté pendant des mois.
Depuis le début des années 1990, les (**3**) … et les salariés de la délégation du Secours Catholique du Nord vont quotidiennement à leur rencontre pour leur apporter du réconfort matériel et moral. Ils aident ceux qui souhaitent obtenir l'(**4**) … en France à demander leur (**5**) … et les accompagnent dans chaque étape de la procédure. Cette (**6**) … agit auprès des pouvoirs publics pour les convaincre d'organiser à Calais des (**7**) … pour les personnes (**8**) … .

2 Choisissez l'option correcte.

1. Au journal télévisé, on a annoncé que 35 migrants ont été [expulsés / engagés].
2. Il y a beaucoup d'associations de bénévoles qui [luttent / naturalisent] contre les inégalités sociales.
3. Hier, dans toutes les villes françaises, un grand nombre de jeunes [ont été exclus / se sont mobilisés] contre le chômage.
4. Les jeunes du monde entier [s'engagent / discriminent] dans des actions en faveur des plus démunis.
5. Personne ne devrait être [démuni / discriminé] à cause de sa nationalité.

3 Associez les définitions aux mots correspondants.

1. engagement
2. prise en charge
3. aides sociales
4. sans-abri
5. sans-papiers
6. tour
7. émeute

a. soulèvement populaire caractérisé par des épisodes de violence
b. personne qui n'a pas reçu la permission de rester dans un pays ou qui est restée au-delà de la période de validité de son visa
c. personne qui n'a pas ou qui n'a plus de logement
d. un immeuble haut, souvent de taille imposante
e. participation active à la vie sociale et/ou politique de son temps
f. fait d'assumer une responsabilité vis-à-vis de quelqu'un
g. sommes versées aux personnes en difficulté

4 Observez les images et complétez (plusieurs réponses possibles).

1. Des jeunes se mobilisent contre le … .

2. Une … prend en charge les personnes en difficulté.

3. Des … se construisent près du centre-ville.

4. Une … de vêtements est organisée samedi.

5. Certains pensent qu'un … est une forme d'art.

6. La ville a subi de nombreux actes de … .

5 Complétez la grille de mots croisés.

Verticalement

1. Le contraire de l'exclusion est l'…
2. Des associations proposent des activités culturelles dans un quartier …
3. On agit par … quand on aide des personnes en difficulté.

Horizontalement

4. Quand on lutte contre les inégalités sociales, on se …
5. Un … est une personne qui travaille gratuitement dans une association.
6. Une … participe à l'éducation de jeunes enfants ou d'adolescents.
7. Un … est un lieu qui accueille des personnes sans ressources.

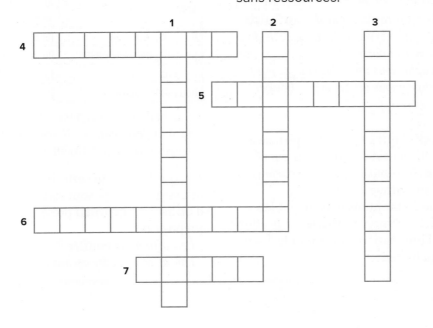

Grammaire

LE DISCOURS INDIRECT

> JR **raconte** qu'il a trouvé son premier appareil photo sur un quai de RER.

Au présent

- Le **discours direct** rapporte les paroles prononcées par une personne ; à l'écrit, les paroles prononcées sont placées entre guillemets :
  - *Kévin affirme : « Je rentre chez moi parce que mes parents m'attendent ».*

- Dans le **discours indirect** (ou *rapporté*), la phrase d'origine se transforme en **subordonnée** introduite par un **verbe introducteur** (*dire, affirmer, ajouter, annoncer, avouer, constater, déclarer, expliquer, préciser, promettre, raconter, répondre*, etc.), suivi de la conjonction **que** :
  - *Kévin **affirme qu'**il rentre chez lui parce que ses parents l'attendent.*

- Le passage du discours direct au discours indirect nécessite des **modifications grammaticales** : les pronoms personnels, les possessifs, les démonstratifs et les indications de lieu doivent être adaptés :
  - *« Nous sommes venus ici avec notre voiture pour essayer ce restaurant ». › Ils expliquent qu'ils sont allés là-bas avec leur voiture pour essayer ce restaurant-là.*

- L'**impératif** est remplacé par **de** + **infinitif** :
  - *Elle dit à Véro : « Ferme la porte ! » › Elle dit à Véro **de fermer** la porte.*
  - *Le photographe nous dit : « Ne bougez pas ! » › Le photographe nous dit **de ne pas bouger**.*

Au passé

- Quand le **verbe** qui introduit la phrase au discours indirect est conjugué au **passé** (*imparfait, passé composé, plus-que-parfait*), dans la subordonnée :
  - on modifie les pronoms personnels, les possessifs, les démonstratifs, les indications de lieu et l'impératif comme pour le discours indirect au présent ;

- on modifie aussi **les indications de temps** (adverbes, temps verbaux) :

discours direct	discours indirect
indicatif présent	indicatif imparfait
indicatif passé composé	indicatif plus-que-parfait
indicatif futur	futur dans le passé = conditionnel présent
indicatif futur antérieur	futur antérieur dans le passé = conditionnel passé
imparfait, plus-que-parfait, conditionnel, subjonctif, infinitif	*Pas de changements.*
maintenant / en ce moment	à ce moment-là, alors
aujourd'hui	ce jour-là, le jour-même
ce [soir]	ce [soir]-là
hier	la veille, le jour précédent / d'avant
hier [soir]	la veille au [soir]
avant-hier	l'avant-veille, deux jours plus tôt / avant / auparavant
demain	le lendemain, le jour suivant / d'après
demain [soir]	le lendemain [soir]
après-demain	le surlendemain, deux jours plus tard / après
[le mois] prochain	[le mois] suivant / d'après
[le mois] dernier / passé	[le mois] précédent / d'avant
il y a [une heure]	[une heure] plus tôt
dans [une heure]	[une heure] plus tard

- *Il avait prévu : « Les températures baisseront à partir de demain ». › Il avait prévu que les températures baisseraient à partir du lendemain.*

Lorsque le sujet du verbe introducteur et celui de la subordonnée sont les mêmes, il est possible d'utiliser un **infinitif** présent ou passé, sans préposition.
- *Loïc affirme **connaître** l'identité du voleur.*
- *Loïc affirme **avoir reconnu** le voleur.*

1 Transformez au discours indirect.

0. « Un jour je serai célèbre ». → Daniel affirme *qu'un jour il sera célèbre*.

1. « Le président de notre association a démissionné la semaine dernière ». → Violette annonce ... .

2. « Dépêchez-vous et suivez-moi ! » → Xavier nous suggère ... .

3. « Helmut était dans cette pièce il y a 5 minutes ». → Sarah confirme ... .

4. « J'ignore ce que je ferai demain matin ». → Hélène avoue ... .

5. « En ce moment j'aimerais bien être à la plage ! » → Cécilia déclare ... .

6. « Le bus vient de passer ; le prochain va arriver dans dix minutes ». → Un passant me dit ... .

7. « Il faut que vous me répondiez aujourd'hui parce que demain ce sera trop tard ». → Mme Perrin nous explique ... .

2 Choisissez l'option correcte.

1. Valérie a reconnu avoir rencontré Amel le week-end [précédent / passé / suivant].

2. Fred a admis [avoir menti / d'avoir menti / mentir] à ses parents.

3. Florian m'a prié [ne pas le déranger / de ne lui déranger pas / de ne pas le déranger].

4. Elle a confirmé que [maintenant / à ce moment-là / ce matin] le directeur était occupé.

5. Le suspect avait caché aux policiers qu'il était rentré à Paris [hier / la veille / il y a un jour].

6. Zhen m'a assuré que Clément était passé chez lui [cet après-midi / cet après-midi-ci / cet après-midi-là].

7. Louise m'avait promis qu'elle m'[aidait / aiderait / aurait aidé] à organiser une vente de charité.

8. Léo m'avait annoncé que le comité se réunirait [hier soir / la veille au soir / le lendemain soir] à 21 heures.

3 Reformulez les phrases de l'exercice 1 au passé.

0. Daniel avait affirmé *qu'un jour il serait célèbre*.

1. Violette a annoncé ... .

2. Xavier nous avait suggéré ... .

3. Sarah a confirmé ... .

4. Hélène a avoué ... .

5. Cécilia avait déclaré ... .

6. Un passant m'a dit ... .

7. Mme Perrin nous a expliqué ... .

4 Reformulez ces phrases avec un infinitif présent ou passé.

0. Il affirme qu'il parle cinq langues. → *Il affirme parler cinq langues.*

1. Notre professeur a dit qu'il était très fier de nous.

2. Nous admettons que nous ne connaissons pas bien les problèmes des banlieues.

3. Il déclare qu'il a travaillé dans un foyer d'accueil.

4. Ils nient qu'ils sont les responsables des dégradations.

5. Vous reconnaissez que vous vous êtes trompés ?

L'ORDRE DES DOUBLES PRONOMS

> Si vous avez des questions,
> **envoyez-les-nous !**

■ Dans une même phrase, il est possible de trouver **deux pronoms personels compléments** :
  • *J'ai déjà parlé à M. Dulac de cette affaire.*
  › *Je lui en ai déjà parlé.*

■ Les deux pronoms occupent **leur position habituelle** dans les cas suivants :
  – devant un verbe, un auxiliaire, un infinitif ;
  – après un impératif affirmatif.

■ Dans les phrases **énonciatives**, **interrogatives** et avec **l'impératif négatif** :

  – le pronom **COD précède** le pronom **COI** quand **les deux pronoms** sont à la **troisième personne** (*le, la, les, lui, leur*) et qu'il ne s'agit pas de pronoms réfléchis :

COD		COI	
le la les	+	lui leur	Je **les lui** prête volontiers. Tu **la leur** as racontée ? Ne **le lui** dites pas !

– dans les autres cas, le **pronom COI précède le pronom COD** :

COI		COD	
me te se nous vous	+	l' le la les	**Me le** confirmez-vous ? Elles ne **se l'**expliquent pas. On **vous l'**a déjà présentée. Je vais **te les** envoyer par e-mail. Ne **nous le** demandez pas !

– les pronoms *en* et *y* occupent toujours la **deuxième position** :
  • *Je **leur en** ai parlé hier.*
  • *Tu ne **m'y** invites pas ?*
  • *Il **y en** a plusieurs.*
  • *Ne **leur en** parle pas !*

■ Dans les **phrases à l'impératif affirmatif**, les pronoms suivent le verbe (auquel ils sont unis par deux traits d'union) selon l'ordre **COD-COI** ; dans ce cas aussi, les pronoms *en* et *y* occupent la deuxième position :
  • *Envoyez-**les-leur** immédiatement !*
  • *Décris-**la-moi** !*
  • *Allez-**vous-en** d'ici !*

⚠ Les pronoms *moi* et *toi* deviennent *m'* et *t'* devant *en* et *y* :
  • *Donne-moi **m'en** encore une !*

---

5 Associez les phrases qui ont la même signification.

1. J'offre cette cravate à Thomas.
2. J'offre cette trottinette à mes petits-enfants.
3. J'offre ces fleurs à Olivia.
4. J'offre ces bonbons à mes amies.
5. J'offre ce cadeau à mes parents.
6. J'offre cet appareil photo à Samuel.

a. Je la leur offre.
b. Je la lui offre.
c. Je le leur offre.
d. Je le lui offre.
e. Je les leur offre.
f. Je les lui offre.

6 Remettez les mots dans le bon ordre.

1. le / demain. / révélera / On / vous
2. accompagnerons / vous / Nous / volontiers. / y
3. la / ne / On / pas / refuser. / te / va
4. compte. / en / Ils / ne / pas / rendu / s' / étaient
5. dizaine. / Je / en / lui / proposé / ai / une
6. encore / -les / une / Montrez / fois. / -moi
7. envoyer ? / tu / est-ce que / les / peux / Quand / me
8. -le / Ramène / tout de suite ! / -moi
9. pas / On / en / encore / m' / ne / parlé. / avait
10. prêtez / les / pas ! / Ne / lui

7 **Remplacez les mots soulignés par les pronoms correspondants.**

1. On peut envoyer <u>ce produit</u> <u>à nos clients</u> dès demain.
2. Décrivez-nous <u>cette femme</u>.
3. Aurélie présente trois <u>solutions</u> <u>à ses collaborateurs</u>.
4. La professeure nous a déjà expliqué <u>ce texte</u>.
5. Montre-moi encore deux ou trois <u>modèles</u>.
6. N'autorisez pas <u>vos enfants</u> <u>à sortir tous seuls</u> !
7. Tu as bien dit <u>à Ibrahim</u> <u>qu'il faudra se lever tôt</u> ?
8. Nous ne vous recommandons pas <u>ces recettes</u>.
9. Les participants doivent se procurer <u>ces documents</u> aussitôt que possible.

LE PLURIEL DES NOMS COMPOSÉS

> L'association organise des ateliers sur les **savoir-faire** des métiers de la radio.

- On trouve des graphies variées pour les mots composés (avec un trait d'union, avec deux traits d'union, sans trait d'union, mot unique comprenant deux mots) :
  - *un portefeuille* • *un porte-monnaie*

- Si les éléments s'écrivent en un **seul mot**, on suit les règles générales de la formation du pluriel :
  - *un portemanteau* › *des portemanteaux*

  MAIS Il existe des exceptions, par exemple : *madame* › *mesdames* • *mademoiselle* › *mesdemoiselles* • *monsieur* › *messieurs* • *gentilhomme* › *gentilshommes*

- Si le mot composé est formé de **deux mots** séparés ou bien unis par un trait d'union, seuls les **adjectifs** et les **noms** feront l'accord **au pluriel**, alors que les autres éléments sont invariables.

nom + nom	une porte-fenêtre › des portes-fenêtres
nom + adjectif	un compte-rendu › des comptes-rendus
nom + complément	un passage à niveau › des passages à niveau
adjectif + nom	un grand-père › des grands-pères

adjectif + adjectif	un premier-né › des premiers-nés
verbe + nom	un taille-crayon › des taille-crayons
nom + préposition + nom	un arc-en-ciel › des arcs-en-ciel
verbe + adverbe	un / des passe-partout
verbe + verbe	un / des va-et-vient
nom d'origine étrangère	un week-end › des week-ends

⚠
- Le premier élément ne change pas lorsqu'il se termine en -*é*, -*i* ou -*o* :
  - *des ciné-clubs*
  - *des tragi-comiques*
- L'adjectif *demi* ne change pas lorsqu'il est suivi d'un nom :
  - *des demi-heures*
- Dans certains cas, le sens indique qu'il n'est pas possible de mettre au pluriel :
  - *des chasse-neige* (il n'est pas logique de mettre au pluriel *neige*).
- De la même manière, la forme au singulier de certains mots composés comporte un élément logiquement au pluriel :
  - *un sèche-cheveux, un porte-avions, un porte-clés*

4 Je fais le point

8 **Transformez ces mots au pluriel.**

1. un auteur-compositeur
2. le savoir-vivre
3. un couche-tard
4. une année-lumière
5. un court-métrage
6. un grand-parent
7. une arrière-pensée
8. une demi-bouteille
9. un cerf-volant
10. une sauce aigre-douce
11. un lave-vaisselle

▶ **45 LES VERBES *VALOIR*, *CONCLURE* ET *SUFFIRE***

valoir	conclure	suffire
je vaux	je conclus	je suffis
tu vaux	tu conclus	tu suffis
il/elle/on vaut	il/elle/on conclut	il/elle/on suffit
nous valons	nous concluons	nous suffisons
vous valez	vous concluez	vous suffisez
ils/elles valent	ils/elles concluent	ils/elles suffisent
futur : je vaudrai	*futur* : je conclurai	*futur* : je suffirai
participe passé : valu	*participe passé* : conclu	*participe passé* : suffi

- Le *subjonctif* de *valoir* est : *que je vaille, que tu vailles, qu'il / elle / on vaille, que nous valions, que vous valiez, qu'ils / elles vaillent.* On conjugue comme *valoir* ses composés *équivaloir* et *prévaloir.*
- Les verbes *exclure* et *inclure* se conjuguent comme *conclure* ; leurs participes passés sont *exclu* et *inclus.*
- Le verbe *suffire* est surtout utilisé à la troisième personne et à la forme impersonnelle (*il suffit de...*).

9 **Conjuguez les verbes entre parenthèses au temps et au mode indiqués.**

1. 100 grammes de salade ... [équivaloir • indicatif présent] à 13 calories.
2. Est-ce que ce forfait ... [inclure • présent] les appels en illimité ?
3. Quelques milliers d'euros ... [suffire • conditionnel présent] pour ouvrir un centre d'accueil.
4. J'avais compris que le prix du repas ... [inclure • imparfait] les boissons !
5. Il ... [suffire • passé composé] d'une semaine pour organiser notre manifestation contre le racisme.
6. Quelques heures de votre temps ... [suffire • indicatif présent] pour devenir bénévole.
7. La prochaine journée pour la solidarité ... [se conclure • futur] avec un concert gratuit.
8. Si tu vas en Inde, il ... [valoir • futur] mieux éviter la période des moussons.

Communication

▶ **46** **EXPRIMER L'INDIGNATION ET LA COLÈRE**

L'INDIGNATION	LA COLÈRE
• Je suis indigné(e) / scandalisé(e) / outré(e) par son attitude. • Son comportement m'exaspère / m'écœure. • C'est inadmissible / révoltant / incroyable ! • Ce n'est pas tolérable ! • Ce qu'il a fait est inacceptable. • Vous n'avez pas honte ?	• Je suis en colère à cause de son comportement. • Je suis furieux/furieuse contre lui. • Je suis agacé(e) par cette situation. • Il ne cesse de pester contre les injustices. • Elle est rouge de colère / verte de rage.

LE FRANÇAIS QUI SE CAUSE
- être furax
- piquer une colère
- l'avoir mauvaise (contre quelqu'un)
- monter sur ses grands chevaux

1 ▶ **47** Écoutez et trouvez le sentiment exprimé par les sept personnages : indignation ou colère ?

2 ▶ Regardez la vidéo *Annette se venge* et répondez.

1. Qu'est-ce qui est arrivé à Nicolas ?
2. Pour quelle raison Léo n'est-il pas encore arrivé ?
3. Pourquoi Annette se met-elle en colère ?
4. Quelle solution Léo envisage-t-il ?
5. Comment Annette se « venge »-t-elle ?
6. Quelle remarque fait Léo à propos du caractère d'Annette ?

3 Décrivez les photos en utilisant les expressions de l'indignation et de la colère.

4 **EN GROUPE** Qu'est-ce qui vous indigne le plus ou vous met en colère ? Faites un sondage dans votre classe, puis rédigez un bref article (150 mots).

4 Je m'exprime

▶ 🔊48 S'EXCUSER, REJETER LA RESPONSABILITÉ, ACCEPTER / REFUSER DES EXCUSES

S'EXCUSER	REJETER LA RESPONSABILITÉ
• Excusez-moi (d'être en retard). • Je vous demande pardon (pour mon retard). • Je suis vraiment désolé(e) / navré(e). • Je vous présente mes excuses. • Je vous prie de m'excuser. • Ça ne se reproduira plus. • J'ai eu tort, je m'excuse.	• Ce n'est pas (de) ma faute. • Je ne suis pas responsable. • Je n'y suis pour rien. • Je ne l'ai pas fait exprès. • Ça ne dépend pas de moi.

ACCEPTER LES EXCUSES	REFUSER LES EXCUSES
• J'accepte vos excuses. • Ce n'est rien. • Ce n'est pas grave. • Ça ne fait rien. • N'y pensons plus. • D'accord, on oublie tout ça. • Pas de soucis. • Finalement, ce n'est pas si grave, ne t'en fais pas. • Pour cette fois, c'est bon.	• Je ne peux pas accepter vos excuses. • Arrête de t'excuser : ça ne sert à rien. • Je ne te pardonnerai jamais ! • Vous êtes impardonnable ! • C'est hors de question ! • Des excuses, encore des excuses ! • Je n'ai que faire de vos excuses !

5 ▶ 🔊49 **Écoutez et trouvez les bonnes réponses.**

				expressions utilisées
1	Tom	**a.**	s'excuse.	...
		b.	rejette la responsabilité.	
2	L'employée	**a.**	rejette la responsabilité.	...
		b.	accepte les excuses.	
3	Aaron	**a.**	s'excuse.	...
		b.	rejette la responsabilité.	
	M. Gauthier	**a.**	accepte les excuses.	...
		b.	refuse les excuses.	
4	Claire	**a.**	s'excuse.	...
		b.	rejette la responsabilité.	
	Le directeur	**a.**	rejette la responsabilité.	...
		b.	refuse les excuses.	

6 À DEUX **Jouez le dialogue en suivant les indications.**

- Deux personnes (**A** et **B**) se plaignent de la dégradation de leur quartier et de la présence de bandes de jeunes (deux motivations pour chaque problème).
- **A** est très en colère ; **B** est plus nuancé(e) (expliquer pourquoi).
- **A** n'est pas d'accord et accuse tous les jeunes.
- **B** se met en colère et défend son fils / sa fille.
- **A** s'excuse.
- **B** accepte les excuses mais invite **A** à éviter les préjugés.

▶ 50 ARTICULER SON DISCOURS : LES CONNECTEURS

L'ÉNUMÉRATION		LA CAUSE		L'ALTERNATIVE	
• (tout) d'abord	• après	• parce que	• car	• d'un côté / d'une part... de l'autre...	• d'autre part
• premièrement	• en outre	• puisque	• en effet		• ou bien
• en premier lieu	• de plus	**LA CONSÉQUENCE**		**L'OPPOSITION**	
• ensuite	• enfin	• car	• par conséquent	• cependant	• par contre
• puis	• en dernier lieu	• c'est pourquoi	• en conséquence	• toutefois	• au contraire
	• pour finir	**LA SYNTHÈSE**		• pourtant	• en revanche
		• bref • en somme • en définitive			

7 Choisissez l'option correcte.

1. Le professeur est malade, [par conséquent / bref] la leçon a été annulée.
2. Elle a 85 ans, [cependant / puis] elle fait encore du bénévolat.
3. Inaya adore le rap, [donc / par contre] son frère adore la musique classique.
4. La voiture pollue, [pourtant / donc] privilégiez le vélo.
5. Cet enfant ne trouve plus sa maman, [c'est pourquoi / toutefois] il pleure.

8 Complétez avec les connecteurs logiques (plusieurs réponses possibles).

POURQUOI ÊTRE BÉNÉVOLE ?

(1) ... , pour faire partie de ceux qui travaillent pour améliorer la vie des autres ; (2) ... , pour renforcer son estime personnelle parce que si (3) ... aider les autres, c'est participer à la vie de la collectivité, (4) ... c'est aussi avoir du plaisir. (5) ... , faire du bénévolat sert à se préparer au monde du travail.

(6) ... , faire du bien contribue à améliorer sa vie et celle de la collectivité.

9 Complétez cette phrase en utilisant les connecteurs proposés.

Votre conduite est inexcusable, ...

1. en premier lieu _____
2. pourtant _____
3. car _____
4. c'est pourquoi _____
5. en revanche _____
6. d'une part _____

10 À DEUX Relisez le texte p. 64-65 et écrivez l'intervention d'un(e) auditeur/auditrice qui pense que les initiatives culturelles dans les banlieues sont positives et celle d'un(e) auditeur/auditrice qui a une opinion contraire. Utilisez les connecteurs proposés. Puis jouez-la.

d'abord · ensuite · enfin · pourtant · bref · d'une part, de l'autre · c'est pourquoi · par contre

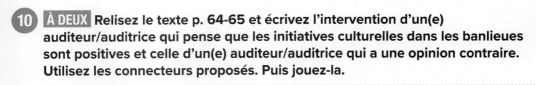

Profession : journaliste !

VIDÉO [02.42]

1 Regardez les photos ci-dessus. Quel est le sujet de la vidéo, selon vous ? Faites des hypothèses.

2 Avant de regarder la vidéo, répondez aux questions.

1. Est-ce que vous écoutez la radio ? Si oui, quel type d'émissions ?
2. Connaissez-vous des radios françaises ou francophones ?
3. Est-ce que vous suivez les programmes de ces radios ?
4. Est-ce que vous écoutez des podcasts ? Pourquoi ?

3 Regardez la vidéo et répondez par vrai ou faux.

1. L'émission s'appelle *France Inter*.
2. Augustin Trapenard est journaliste politique.
3. Son émission commence à 9 h 10.
4. Augustin Trapenard reçoit des invités différents chaque jour.
5. Il prépare l'émission chez lui.

4 Répondez aux questions.

1. Quelle est la définition d'une « bonne émission » selon Augustin Trapenard ?
2. Qu'est-ce qu'un conducteur ? À quoi sert-il ?
3. Qu'est-ce qu'une « bonne cliente » en journalisme ?
4. Quelle définition Augustin Trapenard donne-t-il de son métier ?
5. Comment Augustin Trapenard connaît-il le travail d'un(e) artiste ?

5 **Sélectionnez les compétences et les qualités qui vous semblent indispensables au métier de journaliste culturel(le) et complétez la liste si nécessaire.**

1. passionné(e)
2. curieux, curieuse
3. goût du risque
4. capacités managériales
5. rigueur
6. esprit critique
7. capacité d'écoute

8. capacités rédactionnelles
9. maîtrise de la langue française
10. maîtrise des langues étrangères
11. souriant
12. perfectionniste
13. timide

6 **EN GROUPE** **Formez des groupes de deux ou trois.**

1. Vous êtes journalistes culturel(le)s (groupe 1). Vous choisissez un(e) artiste et préparez des questions pour l'émission culturelle que vous animez.
2. En parallèle, le groupe 2 fait des recherches sur Internet sur l'artiste choisi(e). Un(e) participant(e) jouera le rôle de l'artiste et répondra aux questions des journalistes.
3. Les journalistes (groupe 1) interviewent l'artiste.
4. Le groupe 3 écoute l'interview et pose des questions à l'artiste et/ou donne son avis sur l'interview.

L'INFO EN ➕

France Inter est une station de radio généraliste nationale publique française lancée en 1947. En 2019, elle devient, pour la première fois, la radio la plus écoutée de France avec 6 348 000 auditeurs quotidiens.

Le jeu des 1 000 euros ou l'émission culturelle *Le Masque et la plume* qui existe depuis 50 ans sont des émissions emblématiques de France Inter. La radio a su aussi diversifier ses programmes et attirer un public plus jeune avec l'émission d'Augustin Trapenard, par exemple.

Le siège de France Inter est situé à la Maison de la Radio à Paris, dans un bâtiment que l'on appelle *La maison ronde.*

AGENDA 2030

10 INÉGALITÉS RÉDUITES

Des mots pour faire tomber les préjugés

De l'expérience d'un banlieusard...

1 La pauvreté du langage peut être synonyme d'exclusion sociale. Ce constat, Stéphane de Freitas l'a fait à partir de son expérience personnelle. Écrivain, réalisateur et entrepreneur, il est né dans une famille 5 modeste d'origine portugaise à Aubervilliers, une commune de la banlieue parisienne où le taux de pauvreté est très élevé. Pendant son adolescence, il révèle son talent de basketteur et intègre un cursus sport-études renommé, dans un quartier chic de 10 la capitale. Là, le décalage social est immense. Il se retrouve pointé du doigt parce qu'il n'est pas comme les autres, et surtout, parce qu'il ne s'exprime pas comme les autres. Il comprend vite qu'il existe deux langages parallèles dans deux univers parallèles, 15 séparés de seulement quelques kilomètres. Ce choc culturel provoque un changement en lui : il commence à lire, à se cultiver, et apprend à s'exprimer de manière appropriée.

Plus tard, il fera de cette nouvelle passion son métier.

20 ... à un projet ambitieux pour les banlieues

Stéphane de Freitas est en effet le créateur du concours Eloquentia et le réalisateur du documentaire *À voix haute, la force de la parole*. Né en 2012, ce projet prévoit des formations dispensées dans onze ville en France, 25 en Belgique et en Algérie. L'objectif ? Montrer que l'art oratoire n'est pas réservé à une élite mais à la portée de tous. Pour les jeunes des quartiers populaires, apprendre à parler en public est synonyme de prise en main de leur destin. Car la parole peut les 30 aider à dialoguer, à exprimer leurs idées, à combattre les préjugés, et à construire leurs parcours professionnels. En effet, à partir de l'entretien d'embauche, jusqu'aux présentations et aux réunions sur le lieu de travail, les compétences orales sont essentielles.

banlieusard (*fam.*) = personne qui habite la banlieue
slam = poésie orale, déclamée dans un lieu public
93 (*ou neuf trois*) = département de la Seine-Saint-Denis, situé au nord de Paris

35 Le programme Eloquentia

Les formations Eloquentia sont centrées autour de cinq matières : rhétorique classique, expression scénique, slam et poésie, technique vocale et respiration, aspiration personnelle et professionnelle. Des avocats, 40 des slameurs et des metteurs en scène interviennent pour proposer divers types d'activités pratiques : rédaction de discours et de poèmes, improvisations théâtrales, jeux de rôle ou encore exercices liés à la gestuelle et à la voix. Les participants s'approprient 45 ainsi les outils nécessaires pour devenir de bons orateurs et pour affronter le concours de prise de parole final. Avec près de 800 jeunes initiés chaque année, Eloquentia a acquis une renommée nationale.

L'INFO EN ➕

À voix haute, la force de la parole suit, pendant six semaines, le parcours d'une trentaine d'étudiants de Seine-Saint-Denis qui se préparent au concours Eloquentia. Leïla, Elhadj, Eddy et les autres, s'affrontent et tentent de devenir « le meilleur orateur du 93 ».

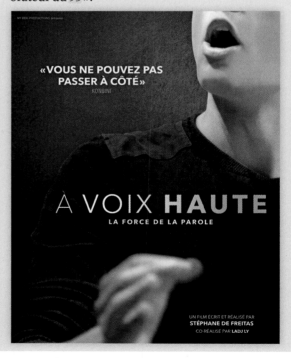

« VOUS NE POUVEZ PAS PASSER À CÔTÉ »
KONBINI

À VOIX HAUTE
LA FORCE DE LA PAROLE

UN FILM ÉCRIT ET RÉALISÉ PAR
STÉPHANE DE FREITAS
CO-RÉALISÉ PAR LADJ LY

Source : www.fondationdefrance.org/fr ; www.lci.fr/podcast/impact-positif ; eloquentia.world

COMPRÉHENSION ÉCRITE

1. Où Stéphane de Freitas est-il né ? Quelle est la particularité de ce lieu ?
2. Qu'a-t-il affronté et éprouvé durant ses études ?
3. Qu'est-ce que *À voix haute, la force de la parole* ?
4. Quel est l'objectif de la formation Eloquentia ? Résumez-le en quelques mots.
5. Quels sont les principaux enseignements de cette formation ?

---

6. Êtes-vous timides ou extraverti(e)s, troublé(e)s ou à l'aise quand vous devez parler en public ?
7. Pensez-vous que la maîtrise de la prise de parole soit importante dans la vie ?

- -

JE M'ENGAGE

En groupe, choisissez un thème controversé et préparez des arguments opposés pour mettre en scène un débat. Travaillez le fond (raisonnement appuyé sur des preuves et exemples concrets) mais aussi la forme (la prononciation, l'articulation, le ton, l'emphase, les silences).
Exemples de thèmes :
• La langue est-elle un facteur d'intégration ou d'exclusion sociale ?
• La façon de parler peut-elle être la cause de préjugés ou de discrimination ?

STRATÉGIES : l'exposé oral

1 LIRE LES QUESTIONS AVANT L'ÉCOUTE
Cela est utile pour deviner la nature de l'enregistrement et pour se focaliser ensuite sur les informations importantes pendant l'écoute.

À VOUS ! **À partir de ces questions, devinez le type de document que vous allez entendre.**
1. Quel est le nom de la chaîne ?
2. Qui est l'invité ?
3. Quelle est la première question du journaliste ?
4. En quelle année l'invité a-t-il gagné le concours Eloquentia ?

2 S'AIDER DES IMAGES
À VOUS ! **Regardez le début de la vidéo *Eddy Moniot, vainqueur du Concours Éloquence 2015* (https://e-didier.com/code/ngb1000) sans le son, et dites ce que vous avez compris grâce aux images :**
• **personnages,**
• **lieu,**
• **situation, etc.**

3 PRENDRE DES NOTES PENDANT L'ÉCOUTE
Exercez-vous à prendre des notes sous forme de mots-clés, et non de phrases complètes.

À VOUS ! **Regardez le début de la vidéo (jusqu'à 00:45) et choisissez parmi les mots proposés ceux que vous entendez.**
Eddy Moniot = [chanteur / comédien]
➜ [baccalauréat / concours] en [2005 / 2015]
➜ [La Réunion / Guadeloupe] pour présenter son [spectacle / film]
➜ [mariage / anniversaire] hier : [20 / 25] ans

4 RAPPORTER LES PAROLES
Certaines questions de compréhension nécessitent la reformulation au style indirect des propos entendus.
À VOUS ! **Reformulez au discours indirect.**
1. « J'ai toujours rêvé d'être comédien. »
2. « Édouard Baer m'a donné un petit rôle dans son film. »
3. « Elle m'a aidé à écrire mon premier spectacle. »
4. « C'est surtout mon histoire. »

Citoyens et justice

5

1 À VOUS !

Répondez.

1. Connaissez-vous les noms du président de la République française et de son Premier ministre ?
2. Vous informez-vous sur les politiques menées par votre mairie ? Si oui, quels domaines vous intéressent le plus ?
   a. L'éducation.
   b. La santé.
   c. La jeunesse et le sport.
   d. L'écologie.
   e. Autre.
3. Avez-vous déjà écrit une lettre à un journal ou à une institution publique ? Si oui, à quelle occasion ?

2 **Identifiez les parties de la lettre formelle.**

1. Corps de la lettre
2. Coordonnées de l'expéditeur (nom, prénom, adresse, etc.)
3. Coordonnées du destinataire (nom, prénom, adresse, etc.)
4. Formule d'appel
5. Objet (but de la lettre)
6. Formule de politesse (avec reprise de la formule d'appel)
7. Lieu et date
8. Signature

a ⊳ Nathan Maalaoui
4, rue Fortuné Jourdan
13003 Marseille
Courriel : nmaalaoui@yahoo.fr

Monsieur le Maire
Mairie de Marseille
Place Daviel
13002 Marseille ⊳ **b**

Marseille, le 31 janvier 20** ⊳ **c**

d ⊲ OBJET : OUVERTURE D'UN CENTRE DE LOISIRS ÉDUCATIF

e ⊲ Monsieur le Maire,

Je me permets de vous écrire aujourd'hui pour attirer votre attention sur un problème qui touche notre arrondissement : le manque d'activités culturelles et sportives pour les enfants et les adolescents.

f ⊲ L'ouverture d'un centre de loisirs éducatif gratuit serait une solution pratique pour les parents qui travaillent et qui n'ont pas les moyens financiers de faire garder leurs enfants par une assistante maternelle.

En outre, cela pourrait représenter une aide précieuse contre l'échec scolaire et permettrait aux adolescents de pratiquer une activité artistique ou sportive pendant leur temps libre.

g ⊲ Dans l'espoir que ma requête sera entendue, je vous prie de croire, Monsieur le Maire, à l'assurance de mes respectueuses salutations.

h ⊲ *Nathan Maalaoui*

> **centre de loisirs** = un centre de loisirs éducatif accueille les enfants et les adolescents après les cours ou en dehors des jours d'école et propose des activités ludiques, culturelles, manuelles, sportives…

3 Vers le DELF **Lisez la réponse du maire et répondez aux questions.**

Mairie de Marseille
Place Daviel
13002 Marseille

M. Nathan Maalaoui
4, rue Fortuné Jourdan
13003 Marseille

Marseille, le 15 février 20**

OBJET : VOTRE COURRIER DU 31 JANVIER 20**

Monsieur,

1 Par la présente, je fais suite à votre courrier du 31 janvier dernier dans lequel vous m'interpellez
sur la nécessité de construire un centre de loisirs éducatif dans votre arrondissement.

La lutte contre l'échec scolaire et ma volonté de faire entrer la culture et le sport dans le
quotidien de tous les jeunes sont au cœur de mes préoccupations de maire et des engagements
5 du conseil municipal auprès des électeurs.
C'est pourquoi je suis heureux de vous faire part de la décision prise par le conseil régional de
Provence-Alpes-Côte d'Azur le 22 novembre dernier de destiner 400 000 € à la construction
d'un centre de loisirs éducatif.

Cependant, comme les fonds ne seront débloqués qu'à la fin du printemps prochain, il sera
10 nécessaire de patienter encore quelque temps avant de pouvoir lancer les travaux de construction.
Je m'engage personnellement à poser la première pierre du centre, mi-mai au plus tard.

Je vous prie de croire, Monsieur, à l'assurance de mes sentiments distingués.

Le Maire

1. À quoi l'objet se réfère-t-il ?
2. Qu'est-ce qui s'est passé le 22 novembre ?
3. Quelle motivation est à la base de cette décision ?
4. Pourquoi la construction du centre ne peut-elle
   pas commencer immédiatement ?
5. Que promet le maire ?

- -

4 ▶ 51 Vers le DELF **Écoutez et répondez.**

1. Qui sont les trois personnes qui parlent ?
2. Qu'est-ce que l'EMC ?
   a. Enseignement Musical et Choral.
   b. Enseignement Moral et Civique.
   c. Enseignement Managérial et Comptable.
3. Qui est Sara ?
4. Quel est le thème de la conversation ?
5. Comment se termine le dialogue ?

5 **Maintenant lisez le dialogue et répondez.**

Théo Salut ! Alors, qu'est-ce que j'ai raté au cours d'EMC hier ?

Noé Ah te voilà, enfin ! Deux jours à la maison à cause d'un rhume ! T'as pas honte ? En plus, t'as raté une super leçon hier avec Mme Nabert. On a parlé de laïcité.

Léa Tu veux dire « On aurait dû parler de laïcité », parce qu'à un moment la prof a demandé à la fille italienne… Tu sais… Sara, la correspondante d'Océane… Bref, elle lui a demandé quelle était la situation en Italie. Du coup, on a tous commencé à lui poser un tas de questions sur le gouvernement, les ministres, les lois…

Théo Du genre ?

Noé Par exemple, moi, je voulais savoir si en Italie le peuple élit directement le président de la République comme en France et elle m'a répondu que non, vu que l'Italie est une République parlementaire et non présidentielle comme la nôtre.

Léa Moi, je voulais savoir à quel âge on peut voter et elle m'a répondu que le droit de vote est fixé à 18 ans comme en France.

Noé Et Mme Nabert nous a expliqué qu'en Italie, les grands électeurs n'élisent pas les sénateurs comme en France. Voilà comment on a découvert que Sara est férue de politique et de droit.

Théo Tu lui as demandé pourquoi elle a cette passion ?

Léa Oui, elle a une tante qui est magistrate au tribunal de Milan. Elle s'occupe surtout des droits des femmes.

Théo Alors, on a pas mal de points communs, Sara et moi, puisque je souhaite devenir avocat. Les tribunaux, les procès, le Code civil… C'est mon avenir ! Je vais lui demander si elle a envie d'en discuter cet aprèm à la cafet'…

Noé Gros malin, va ! Tu aurais mieux fait de venir au cours hier : c'était l'occasion idéale pour briser la glace !

----

1. Pourquoi Théo a-t-il raté la leçon d'EMC ?
2. À la leçon d'EMC, on a parlé :
   a. du concept de laïcité en France et en Italie.
   b. des professions liées à la justice.
   c. des différences entre les systèmes politiques français et italien.
3. Quelles différences y a-t-il entre la France et l'Italie en matière d'élections ?
4. De quoi Sara est-elle passionnée ? D'où lui vient cette passion ?
5. Que signifie la dernière réplique ?
   a. Noé pense que Théo est trop ambitieux.
   b. Noé soupçonne Théo d'être amoureux de Sara.
   c. Noé croit que Théo a raconté des mensonges.

6 **GRAMMAIRE**

1. Soulignez les questions indirectes dans le dialogue et répondez aux questions.
   a. Quelle conjonction sert à introduire une question indirecte totale ?
   b. Quels mots interrogatifs introduisent les questions indirectes partielles ?
   c. Quelles structures sont supprimées quand on passe d'une question directe à une question indirecte ?

→ L'interrogation indirecte, p. 88

Mots et expressions

▶ `52` **LES INSTITUTIONS**

- l'État
- le citoyen, la citoyenne
- la loi
- la démocratie

- -

- la République présidentielle / parlementaire
- le/la président(e) de la République
- le Premier ministre, la Première ministre
- le pouvoir législatif / exécutif / judiciaire
- le Parlement
- les Chambres
- l'Assemblée nationale → le/la député(e)
- le Sénat → le sénateur, la sénatrice
- le Gouvernement → le/la ministre
- le ministère de l'Intérieur, de l'Europe et des Affaires étrangères, des Solidarités et de la Santé, de l'Éducation nationale et de la Jeunesse, de la Justice, des Armées, de l'Économie et des Finances, du Travail…
- la région → le conseil régional
- le département → le conseil départemental
- les métropoles → le conseil métropolitain
- la commune → le/la maire / le conseil municipal
- le conseiller, la conseillère
- l'adjoint(e)
- l'ambassade
- le consulat

L'INFO EN ✚

Les journalistes désignent souvent les institutions par le lieu où elles siègent :
- **l'Élysée** = le président de la République ;
- **Matignon** = le Premier ministre ;
- **le quai d'Orsay** = le ministère des Affaires étrangères ;
- **Bercy** = le ministère des Finances ;
- **la rue de Valois** = le ministère de la Culture ;
- **la place Beauvau** = le ministère de l'Intérieur.

1 **Complétez avec les mots qui conviennent.**

le pouvoir (1) … (le Gouvernement)
=
le (2) …
+
le Premier (3) …
+
les ministres

le pouvoir (4) …
=
l'Assemblée Nationale : les (5) …
+
le (6) … (les sénateurs)

le pouvoir (7) … est exercé par les magistrats

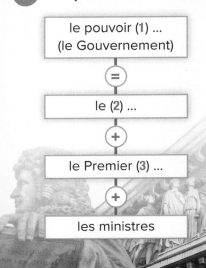

2 Associez les fonctions aux ministères correspondants.

1. Le ministère de la Culture
2. Le ministère de l'Éducation nationale et de la Jeunesse
3. Le ministère de l'Enseignement supérieur, de la Recherche et de l'Innovation
4. Le ministère des Outre-Mer
5. Le ministère des Solidarités et de la Santé
6. Le ministère de la Transition écologique et solidaire

S'OCCUPE

a. de l'école, du collège et du lycée.
b. de l'université.
c. des questions liées à l'environnement.
d. du système médico-social.
e. des questions concernant la France non métropolitaine.
f. de la création artistique.

▶ **53** LES ÉLECTIONS

- présidentielles / législatives / municipales / européennes
- le droit de vote / le vote
- la carte d'électeur/trice / la carte électorale
- le bulletin de vote
- les listes électorales
- la campagne électorale
- le parti politique
- le sondage
- le suffrage universel
- le taux d'abstention
- l'électeur/trice
- le/la candidat(e)
- l'élu(e) / élire
- les représentants politiques

3 Choisissez l'option correcte.

Pour pouvoir voter, il faut être inscrit sur les [listes électorales / cartes d'électeur] et pour avoir le [bulletin / droit] de vote, il faut être majeur, posséder la nationalité française et jouir de ses droits civils et politiques. Ce droit permet de participer au choix des [maires / sénateurs] lors des élections municipales, ou des [conseillers / députés] lors des élections nationales et européennes. En cas de changement de domicile, les [électeurs / candidats] doivent s'inscrire [au Parlement / à la mairie] de leur nouvelle commune.

▶ **54** **LA JUSTICE**

- le droit
- le Code civil / pénal
- un tribunal
- un(e) juge / un(e) magistrat(e)
- un(e) avocat(e)
- un(e) accusé(e)
- le/la témoin / témoigner
- subir un préjudice moral / physique
- commettre un crime / un délit
- le vol (à main armée), le cambriolage, le hold-up
- la fraude, l'escroquerie [f.]
- l'agression [f.]
- engager un procès
- être coupable ≠ innocent(e)
- être condamné(e) ≠ acquitté(e)
- la condamnation ≠ l'acquittement
- encourir une peine
- une contravention, une amende
- une prison, l'emprisonnement / la détention
- résoudre un contentieux / un litige
- porter plainte contre quelqu'un

L'INFO EN ✚

Les infractions sanctionnées pénalement se répartissent en trois catégories :
- la **contravention** (stationnement interdit, menaces de violences...) ne comporte pas d'emprisonnement ;
- le **délit** (vol, discrimination, harcèlement moral...) est puni avec une peine de prison de 2 mois à 10 ans ;
- le **crime** (meurtre, vol avec violences graves...) comporte une peine de prison de 15 ans à la perpétuité (prison à vie).

4 **Complétez avec les mots proposés.**

accusés · avocate · Code · coupables · crimes · innocents · juge · prison · procès · résoudre · témoins

Moi, le soir, j'adore regarder une série policière. Ma préférée, c'est *Alice Nevers* dont la protagoniste est une (1) … d'instruction qui enquête avec la police judiciaire pour découvrir des preuves et engager des (2) … contre les (3) … .

J'adore aussi la série *Section de recherches*.
C'est une unité spéciale de la gendarmerie nationale qui s'occupe de (4) … comme les enlèvements d'enfants.
Ils recherchent des (5) … et ils font le maximum pour envoyer en (6) … les (7) … .
Enfin, sur France 2, je craque pour *Chérif*.
C'est une série où le capitaine Kader Chérif, arrive souvent à (8) … les cas sans suivre le (9) … pénal à la lettre. Son ex-femme, Déborah, (10) … , l'aide parfois à faire acquitter les (11) … .

Grammaire

L'INTERROGATION INDIRECTE

> Je **voulais savoir** à quel âge on peut voter.

- La **phrase interrogative indirecte** est une proposition subordonnée introduite, en général, par des verbes comme (*se*) *demander* ou *vouloir savoir, dire, comprendre*, etc.

- On ne fait jamais **l'inversion du pronom sujet** ; *est-ce que* n'est jamais utilisé et il n'y a jamais de point d'interrogation à la fin de la phrase.
  - *Ou vont-ils ?* › *Devine où ils vont.*
  - *Est-ce qu'il fume ?* › *Dis-moi s'il fume.*
  - *Tu pars quand ?* › *J'ignore quand tu pars.*

- Les pronoms personnels, possessifs, démonstratifs, les indications spatio-temporelles et les temps verbaux subissent les **mêmes variations** qu'au **discours indirect**. (→ Unité 4, Le discours indirect, p. 70).
  - *« Pourquoi tu as été absent hier ? »*
  - › *Je lui avais demandé pourquoi il avait été absent la veille.*

L'interrogation indirecte totale

- Elle est **introduite** par *si*.
- Le **sujet précède** toujours le **verbe**.

- *Il / André habite à Caen ?*
- *Est-ce qu'il / André habite à Caen ?*
- *(André) Habite-t-il à Caen ?*

  → *Je veux savoir s'il / si André habite à Caen.*

L'interrogation indirecte partielle

- Elle est **introduite** par le même **mot interrogatif** que celui utilisé dans la question directe.

- *Où il habite ?*
- *Où est-ce qu'il habite ?*
- *Où habite-t-il ?*
- *Il habite où ?*

  → *Je veux savoir où il habite.*

question directe	question indirecte
qui... ?	
qui est-ce qui... ?	qui
qui est-ce que... ?	
qu'est-ce qui... ?	ce qui
que... ? / ... quoi ?	ce que / qu'
qu'est-ce que... ?	
préposition + quoi... ?	**préposition** + quoi

- *« Avec qui Inès est-elle sortie ? »*
  › *J'ignore avec **qui** Inès est sortie.*

- *« Qu'est-ce qui s'est passé ? »*
  › *Je voulais comprendre **ce qui** s'était passé.*

---

1 Choisissez l'option correcte.

1. Je ne m'explique pas comment [est-ce qu'ils ont / ont-ils / ils ont] obtenu un tel succès auprès des électeurs.
2. On nous a souvent demandé pourquoi [nous avions / nous ayons / ayons-nous] voté contre.
3. Je me demande si quelqu'un a compris [ce qui / qu'est-ce qui / qui] va changer avec la réforme du Code pénal.
4. Je voudrais savoir à quelle heure [commence le procès / le procès commence-t-il / est-ce que le procès commence].
5. Tout le monde se demande [quoi / ce qu' / qu'est-ce qu'] elle peut faire pour gagner les élections.

2 Transformez à la forme indirecte.

1. « Les membres du conseil municipal sont-ils tous d'accord ? » ➔ Le journaliste cherche à savoir...
2. « Pourquoi plusieurs députés sont-ils absents ? » ➔ Les citoyens ne comprennent pas...
3. « Qu'est-ce qu'ils vont dire au magistrat ? » ➔ J'ignore...
4. « Quelle est ton opinion sur ce projet de loi ? » ➔ José aimerait bien savoir...
5. « Sur quoi allez-vous débattre aujourd'hui ? » ➔ Expliquez-nous...
6. « Est-ce que le Premier ministre est arrivé ? » ➔ Elles demandent...
7. « Qui est-ce qu'ils ont finalement nommé à la présidence du parti ? » ➔ Dites-moi...

3 Transformez au discours direct.

1. Le journaliste a demandé si le projet de loi serait examiné le lendemain ou la semaine suivante.
   Le journaliste a demandé : « ... ? »
2. Le juge a insisté pour savoir ce que l'accusé avait fait la veille au soir.   Le juge a insisté : « ... ? »
3. Personne ne sait pourquoi ce jour-là Ludivine n'était pas là. « ... ? » Personne ne le sait.
4. Ils n'ont jamais voulu dire ce qui les avait poussés à témoigner contre leur frère. « ... ? »
   Ils ne l'ont jamais dit.

LA CAUSE

> Elle m'a répondu que non, **vu que** l'Italie est une République parlementaire.

■ Les **structures principales** pour exprimer la cause sont les suivantes :

avec l'indicatif	exemples
parce que	*Les sondages sont peu fiables **parce que** / **car** les indécis sont nombreux.*
car	
puisque	***Puisque** les élections approchent, les candidats multiplient les meetings politiques.*
comme	***Comme** le maire est occupé, vous serez reçu par son adjointe.*
vu que / étant donné que / du moment que	***Vu que** / **Étant donné que** / **Du moment que** les sénateurs sont élus de manière indirecte, ils ont moins de contacts avec les électeurs.*
en effet	*Il n'a pas été élu ; **en effet**, ses idées sont loin de faire l'unanimité.*

⚠ ■ *Car* ne peut pas être utilisé pour répondre à la question *pourquoi ?*
   ■ *Car* ne peut pas se placer au début de phrase et est surtout utilisé à l'écrit.

avec un infinitif / un nom	exemples
à cause de	*Il n'a pas été sélectionné **à cause de** / **en raison de** son CV insuffisant.*
en raison de	
grâce à	*Le parti écologiste a obtenu un excellent résultat **grâce au** vote des jeunes.*
à force de	***À force d'**insister, ils ont obtenu justice.*
faute de	***Faute de** preuves, le suspect a été remis en liberté.*
pour + infinitif passé	*L'adjoint a été félicité **pour** avoir participé à la collecte alimentaire.*
pour	*Le maire a démissionné **pour** des raisons obscures.*

4 **Complétez avec les connecteurs proposés.**

à cause de · à force de · car · comme · en effet · faute de · grâce à · pour

1. Ils risquent jusqu'à 30 ans de prison … le crime dont ils sont accusés est très grave.
2. … persévérer, nous avons été reçus par le maire.
3. On dit qu'il a été acquitté … preuves.
4. … elle n'a pas 18 ans, Marlène n'a pas encore sa carte électorale.
5. Le métro est bloqué … la grève.
6. … toi, j'ai pu m'inscrire sur les listes électorales.
7. M. Cellier ne sera probablement pas élu ; les sondages, … , le créditent de 3,5 % des votes.
8. Il encourt une peine de trois ans de prison … fraude fiscale.

5 **Reformulez les phrases avec les éléments entre parenthèses.**

0. Ils doivent se présenter au tribunal ; en effet, leurs voisins ont porté plainte contre eux. [vu que]
   → *Vu que leurs voisins ont porté plainte contre eux, ils doivent se présenter au tribunal.*
1. Lise s'est rendue au commissariat de police parce qu'elle s'est fait voler sa carte électorale. [comme]
2. Gaétan a reçu un PV pour avoir garé sa voiture sur un emplacement réservé aux handicapés. [puisque]
3. Le journaliste a été suspendu parce qu'il a reçu une condamnation pénale. [pour]
4. Le conseil départemental n'a pas encore voté le budget et les travaux ne peuvent pas commencer. [étant donné que]
5. Les élus locaux connaissent mieux le territoire ; c'est pourquoi il vaut mieux s'adresser à eux. [en effet]
6. Le taux d'abstention a atteint 63 % et le projet de loi n'a pas pu être validé. [en raison de]

LA CONSÉQUENCE

Du coup, on a tous commencé à lui poser un tas de questions sur le gouvernement...

■ Les **structures principales** pour exprimer la **conséquence** sont les suivantes :

avec l'indicatif	exemples
si bien que	Le maire a inauguré le centre de loisirs, **si bien que / de sorte que** maintenant, les jeunes ont un lieu où se retrouver.
de (telle) manière / sorte / façon que	
un tel, une telle, de tels, de telles + **nom** + que	Damien a **de telles** responsabilités **qu'**il n'en dort pas la nuit.
tellement / si + **adjectif** / **adverbe** + que	Les preuves étaient **tellement / si** accablantes, **que** le juge n'a pas hésité une seconde.

tellement de / tant de + **nom** + que	Il a fait **tellement de / tant de** promesses électorales **que** je doute de sa sincérité.
verbe + tellement / tant que	L'avocat a **tellement / tant** parlé **qu'**il a perdu sa voix !
donc	La grève des agriculteurs dure depuis quatre jours ; **donc / par conséquent / du coup / c'est pourquoi** le ministre a convoqué les syndicats.
ainsi	
alors	
par conséquent / en conséquence	
du coup	
c'est pourquoi / c'est pour ça que	

6 Reformulez les phrases avec les éléments entre parenthèses.

0. Il a été élu au premier tour parce qu'il a obtenu 54 % des voix. [de sorte que]
   → *Il a obtenu 54 % des voix, de sorte qu'il a été élu au premier tour.*

1. Comme il a refusé de rencontrer les électeurs, il a chuté dans les sondages. [du coup]

2. Elle est très nerveuse vu que dans quelques secondes on va annoncer les résultats des élections. [c'est pourquoi]

3. Étant donné qu'il y a un très grand nombre de témoins, le procès risque de durer des mois, sinon des années. [tellement de… que]

4. Le juge a suspendu la séance puisque l'accusé a eu un malaise. [si bien que]

5. Mme Leblanc a retiré sa candidature car ses propos ont provoqué une très grande polémique. [une telle… que]

6. On n'a pas entendu son discours, parce que les cris des manifestants étaient très forts. [si… que]

7. Puisqu'en France une loi est votée en 1944, les femmes obtiennent le droit de vote en 1945. [par conséquent]

7 Complétez avec *si*, *tant* ou *tant de*.

1. L'auditoire a … perturbé le procès que le juge a expulsé dix personnes de la salle.

2. M. Dumont a eu de … mauvais résultats aux dernières élections qu'il s'est retiré de la scène politique.

3. La politique me passionne … que je compte faire Sciences Po après le lycée.

4. Ses promesses électorales sont … absurdes que personne ne la croit plus.

5. Il y a … partis politiques que je ne sais pas pour qui voter !

6. Julie parle … vite que personne ne la comprend.

7. Tu possèdes … qualités que tu seras toujours entouré d'amis.

8 Utilisez les éléments entre parenthèses pour former deux phrases qui expriment la cause et la conséquence.

1. Clara a arrêté le droit ; elle veut étudier la littérature. [parce que / par conséquent]

2. Ils ont eu peu de temps ; ils n'ont pas encore terminé les travaux. [faute de / du coup]

3. Elle ne peut pas encore voter ; elle a 16 ans. [comme / c'est pourquoi]

4. Enzo n'est pas allé travailler ; il était malade. [car / si bien que]

5. On trie les déchets ; on préserve l'environnement. [grâce à / ainsi]

Communication

▶ **55 FORMULER UN SOUHAIT OU UNE INTENTION**

- Je voudrais / J'aimerais bien / Je souhaite devenir magistrate.
- Je voudrais / J'aimerais bien / Je souhaite qu'il y ait plus de femmes ministres.
- J'espère être élu(e) au conseil municipal.
- J'espère que notre parti remportera les élections.
- J'aurais envie / Ça me plairait d'assister à un procès.
- J'aurais envie / Ça me plairait que vous m'accompagniez.
- Je ne veux / demande rien d'autre qu'un peu de justice.
- Ce serait génial / formidable si les partis trouvaient un accord.
- Ah ! Si seulement il me regardait !
- Tout ce que je souhaite, c'est que tu sois heureuse.
- Vivement qu'on finisse ce travail !
- Pourvu qu'il ne pleuve pas demain !

- J'ai l'intention d'écrire au maire.
- J'ai pris la décision / résolution de porter plainte contre mon voisin.
- J'ai décidé / résolu de renoncer à mon poste d'adjoint.
- Je tiens à faire une carrière diplomatique.
- Je compte (bien) terminer cette traduction avant samedi.

1 Observez les images et imaginez le souhait exprimé par ces personnes. Variez les expressions.

2 C'est le 31 décembre. Vous allez exprimer vos meilleures intentions sur ces thèmes :

- apprendre à jouer d'un instrument ;
- faire du sport ;
- faire quelque chose d'utile pour l'environnement ;
- moins utiliser le portable ;
- manger de manière plus saine ;
- mettre de l'ordre dans les dossiers de votre ordinateur.

3 EN GROUPE Vous formez un parti politique (4 personnes) et les élections approchent. Exprimez vos intentions à propos de l'environnement, la jeunesse et l'action sociale. Puis réalisez un tract électoral pour présenter votre programme.

Nous avons l'intention de sanctionner ceux qui jettent les mégots par terre...

► **56 JUSTIFIER SES CHOIX, SES OPINIONS**

- Attendu qu' / Étant donné qu'en politique le look compte beaucoup, je fais toujours attention à mon style.
- J'estime qu'il faudrait fermer les stades, vu que / du moment que le foot incite à la violence.
- Je suis contre Internet car / parce que cela éloigne les gens du monde réel.
- J'estime que ma condamnation est injuste : j'ai donc choisi de faire appel.
- Je connais son agressivité : voilà pourquoi / c'est pourquoi j'ai préféré me taire.
- Puisque / Comme je suis fasciné(e) par l'univers des tribunaux, j'adore les thrillers juridiques.

4 ► **57 Écoutez et trouvez les bonnes réponses.**

sujet	numéro du dialogue	justification(s)
Le permis de conduire à 17 ans	1	• *les jeunes sont plus prudents* • *le nombre d'accidents va diminuer*
La nécessité du smartphone	...	...
L'importance des amis	...	...
Le danger des jeux vidéo	...	...
Les devoirs pendant les vacances	...	...
Un groupe WhatsApp de classe	...	...

5 ► **Regardez la vidéo *Le vote à 16 ans* et répondez par vrai ou faux.**

1. Léa et Adam discutent du droit de vote des étrangers.
2. Adam s'intéresse à la politique mais il est contre cette mesure.
3. Adam estime que les jeunes ont rarement des opinions personnelles.
4. Léa cite l'exemple d'autres pays où cette mesure est déjà appliquée.
5. Léa se sent assez mûre pour voter.
6. Adam et Léa sont d'accord pour que l'on discute davantage de politique au lycée.

6 **À DEUX Choisissez l'une des deux options et justifiez votre choix avec les expressions proposées.**

1. c'est pourquoi

2. comme

3. donc

4. puisque

▶ **58 PROMETTRE**

• Je (te) promets que je ferai / de faire tout mon possible.	• C'est promis.
• Je m'engage à témoigner au procès.	• Promis, juré !
• Je t'assure / te jure / te garantis que je ne vais pas oublier.	• Ne vous inquiétez pas, votre combat est le mien.
• Tu peux compter sur moi.	• Soyez sans crainte.
• Je vous donne ma parole (d'honneur).	• Chose promise, chose due.
• Je t'en fais la promesse.	• Le maire (n') a (pas) tenu sa parole.

7 **À DEUX** Écrivez les mini-dialogues en suivant les indications, puis jouez-les.

1. Un(e) journaliste pose une question à un(e) candidat(e) sur son programme politique. Le/La candidat(e) répond et s'engage sur un point précis.
2. Vous demandez un service à un(e) camarade. Celui-ci/Celle-ci consent mais il/elle impose une condition. Vous promettez de respecter cette condition.
3. Il y a un problème qui inquiète toute la classe. Le/La professeur(e) vous fait une promesse.
4. Vous appelez la police pour un problème qui se passe près de chez vous. Le/La policier/policière s'engage à résoudre le litige.

8 Vous venez d'assister à un débat politique entre deux candidat(e)s. Vous racontez à votre ami(e) ce qu'ils/elles ont promis concernant l'école, l'environnement, les jeunes et les familles (150 mots).

9 **EN GROUPE** Partagez la classe en deux : le parti au pouvoir (la majorité) et l'opposition. Mettez en scène le débat au sein du conseil municipal autour des thèmes proposés (vous pouvez en ajouter d'autres). Attention ! Les propositions des deux partis doivent être justifiées.

la majorité
• Multiplier les espaces verts
• Développer les transports publics
• Augmenter les pistes cyclables
• Ouvrir de nouveaux centres de loisirs
• Construire un nouvel hôpital
• Renforcer la sécurité

l'opposition
• Multiplier la construction d'immeubles
• Interdire les voitures dans le centre-ville
• Réparer les rues et les trottoirs
• Ouvrir de nouvelles maisons de retraite
• Agrandir l'hôpital
• Réduire les coûts de la police municipale

10 Vous présentez votre candidature aux élections des délégué(e)s de classe. Écrivez le discours que vous allez prononcer devant vos camarades : vous vous présentez, vous annoncez votre programme (avec quelques promesses) et vous faites une conclusion. Lisez les discours à voix haute et votez pour le meilleur.

▶ 59 **ÉCRIRE UNE LETTRE FORMELLE**

LES FORMULES D'APPEL	À QUI
Madame, Monsieur,	Vous ne savez pas à qui vous écrivez précisément.
Madame, *ou* Monsieur,	Vous connaissez l'identité du destinataire.
Monsieur le Proviseur, *ou* Madame la Juge,	Vous connaissez la fonction du destinataire.
Cher Monsieur, *ou* Chère Madame,	Vous connaissez bien la personne.

LES FORMULES DE POLITESSE (TRÈS FORMELLES)			
Dans l'attente de votre réponse, ...	je vous prie d'agréer, ...		... mes sincères / respectueuses salutations.
Me tenant à votre disposition pour un prochain entretien, ... ➕	veuillez recevoir / agréer... ➕	reprendre exactement les termes de la formule d'appel ➕	... l'expression de mes sentiments distingués.
Dans l'espoir que ma requête sera entendue, ...	je vous prie de croire, ... à		... mes sentiments les meilleurs.

LES FORMULES DE POLITESSE (MOINS FORMELLES / POUR UN E-MAIL)			
(Bien) cordialement, ...	Sincèrement, ...	Sincères salutations, ...	Bien à vous, ...

11 Écrivez les formules d'appel et les formules de politesse pour les situations proposées.
- Au P.-D.G (président-directeur général) d'une multinationale.
- Au président de la République.
- Au président – dont vous ne connaissez ni le nom ni le sexe – d'une association.
- À la directrice de votre école de danse / de judo (e-mail).

12 En tant que délégué(e)s de classe, vous écrivez une lettre formelle au proviseur de votre lycée pour lui faire part du souhait de votre classe de partir en séjour linguistique en France. Vous justifiez votre choix.

L'Union européenne

En mai, on fête l'Europe ! Le 9 mai 1950, le ministre français Robert Schuman propose la création d'une organisation européenne. Son discours devient le texte fondateur de l'Union européenne (UE). La **Journée de l'Europe** se fête donc le 9 mai dans les pays de l'UE.

LES INSTITUTIONS EUROPÉENNES

Chaque pays qui entre dans cette organisation doit prendre des décisions partagées par tous et respecter les règles de l'UE.

● Qui vote les lois et représente les citoyens européens ?

Les députés européens du Parlement votent les lois de la Commission européenne. Ils sont élus par les électeurs des 28 membres de l'Union européenne, tous les cinq ans.

● Où se prennent les décisions ?

Les décisions sont prises par la Commission européenne, qui se trouve en Belgique et au Luxembourg. Elle suit les priorités fixées par le Conseil européen qui réunit les présidents des 28 pays. Le Parlement européen, situé à Strasbourg et le Conseil de l'UE votent et, si nécessaire, modifient ces lois.

● Qui gère l'euro ?

La Banque centrale européenne, installée à Francfort (Allemagne), émet l'euro.

CONSEIL EUROPÉEN (Bruxelles)

COMPOSITION Chefs d'État et de gouvernement.
FONCTIONS fixe les grands objectifs et les priorités de l'Europe.

COMMISSION EUROPÉENNE
(Bruxelles, Luxembourg)

FONCTIONS
● À partir des directives du Conseil européen, propose des lois.
● Vérifie que les lois sont appliquées.

LE TRIANGLE INSTITUTIONNEL

CONSEIL DE L'UE
(ou DES MINISTRES)
(Bruxelles, Belgique)

FONCTIONS
Avec le Parlement européen, décide et adopte les lois proposées par la Commission européenne.

PARLEMENT EUROPÉEN
(Strasbourg, France)

FONCTIONS
Avec le Conseil de l'UE, examine, modifie et vote les lois proposées par la Commission européenne.

LES ÉTAPES DE LA CONSTRUCTION DE L'UE

En 1957, six pays – la France, l'Allemagne, l'Italie, la Belgique, les Pays-Bas et le Luxembourg – signent **deux traités** pour créer un grand marché commun. On les appelle « **les traités de Rome** ». C'est le début de la Communauté économique européenne (**CEE**).

D'autres États rejoignent peu à peu les six pays fondateurs. En 1992, la CEE compte 12 pays membres et devient l'**Union européenne** (UE). En 1995, l'UE a son drapeau. Le cercle de 12 étoiles symbolisent l'unité et la solidarité.

En 1993, quatre libertés fondamentales permettent aux personnes, aux marchandises, aux services et aux capitaux de circuler librement dans l'UE. C'est **le marché unique**. En 1995, les accords de Schengen suppriment les frontières. Les citoyens européens peuvent voyager sans contrôle des passeports.

L'UE met en place une monnaie commune à tous les pays : l'**euro**, qui remplace les monnaies nationales à partir du 1er janvier 2002. Aujourd'hui, 20 pays utilisent aussi cette monnaie. Ils font partie de la « **zone euro** ».

1957   **1992**   **1993-1995**   **2002**

1957 Les six membres fondateurs
1973 Irlande, Royaume-Uni, Danemark
1981 Grèce
1986 Espagne, Portugal (CEE à 12)
1990 La République Démocratique Allemande rejoint l'Union
1995 Autriche, Finlande, Suède (Union à 15)
2004 Estonie, Hongrie, Lettonie, Lituanie, Pologne, République tchèque, Slovaquie, Slovénie (Union à 25)
2007 Roumanie, Bulgarie (Union à 27)
2013 Croatie (Union à 28)
/// Pays de la zone euro

CURIOSITÉ
Des envies de voyager ?
Profitez du **Pass Interrail**. C'est un billet de train valable dans une trentaine de pays de l'UE qui permet aux jeunes de 18 ans de découvrir l'Europe avec un petit budget.

GÉNÉRATION ERASMUS+

Tout commence en 1987, avec la création d'un programme européen de mobilité étudiante ; le célèbre **Erasmus+**. Aujourd'hui, près de 9 millions d'étudiants ont eu l'occasion d'étudier à l'étranger dans le cadre de ce programme.

En 2012, l'Union européenne reçoit à Oslo **le prix Nobel de la paix**. Ce prix récompense sa contribution à la paix, à la démocratie et aux droits de l'homme au cours des soixante dernières années.

Depuis 2013, l'UE compte 28 pays membres et environ 500 millions d'habitants. Le dernier pays à y entrer en 2013 est la Croatie.

En 2020, la Grande-Bretagne quitte l'UE. Le 23 juin 2016, les Britanniques ont en effet voté majoritairement en faveur du **Brexit**.

12   2013   2020

1 Vrai ou faux ?
1. Les premiers traités européens ont été signés en Italie.
2. Les traités de Rome ont introduit un système monétaire commun en Europe.
3. L'UE naît officiellement avec les accords de Schengen.
4. La Croatie est entrée en 2014 dans l'UE.
5. Depuis 2013, les pays membres de l'Union européenne sont 28.

2 Répondez aux questions.
1. Observez la carte de l'Europe et la légende et dites quels sont les pays fondateurs de l'UE.
2. Que s'est-il passé en 2012 ?
3. Aimeriez-vous participer au programme Erasmus+ ? Pourquoi ?

6

1 **À VOUS !**

Répondez.

1. Est-ce que vous pensez partir étudier à l'étranger pendant le lycée ou l'université ? Si oui, où et pourquoi ? Si non, qu'est-ce qui vous retient ?
2. Avez-vous déjà fait un petit boulot (serveur, animateur dans un centre aéré, baby-sitter, etc.) ?
3. Dans quel domaine voudriez-vous travailler ?

2 (▶) **60** **Vers le DELF** **Écoutez et répondez.**

1. Qui est Romy ?
2. Avec qui Lenny a-t-il besoin de parler et pourquoi ?
3. Est-ce que Lenny arrive à parler à cette personne ? Pourquoi ?
4. Qu'est-ce que Romy lui propose ?

3 **Maintenant lisez le dialogue et choisissez la bonne réponse.**

La secrétaire	CIDJ Paris, bonjour. Romy à l'appareil. Qu'est-ce que je peux faire pour vous ?
Lenny	Bonjour. J'aurais besoin de parler avec M. Rousseau.
La secrétaire	C'est de la part de qui ?
Lenny	Je m'appelle Lenny Faure. C'est à propos de mon rendez-vous de demain.
La secrétaire	Ne quittez pas, je vous passe le bureau des conseillers. Désolée, M. Faure, la ligne est occupée. Vous voulez laisser un message ?
Lenny	Oui, bien sûr. Pourriez-vous demander à M. Rousseau s'il est possible de décaler mon rendez-vous d'une heure ? Je vous laisse mon numéro de téléphone ?
La secrétaire	Non, je crois qu'on a déjà vos coordonnées. Voilà. C'est bien le 06 38 98 14 12 ?
Lenny	Oui.
La secrétaire	C'est noté, M. Faure. M. Rousseau va vous rappeler dès que possible. Bonne journée.
Lenny	Merci. À vous aussi. Au revoir.

> **CIDJ** = Centre d'Information et de Documentation Jeunesse

1. Lenny veut :
   a. annuler son rendez-vous.
   b. déplacer son rendez-vous.
   c. demander des renseignements sur la possibilité d'avoir un entretien.
2. Pourquoi Lenny n'a pas besoin de laisser son numéro de téléphone ?
   a. Parce que le CIDJ a déjà ses coordonnées.
   b. Parce que la secrétaire voit son numéro sur l'écran du téléphone.
   c. Parce que personne ne doit le rappeler.

4 ▶ **61** Vers le DELF **Écoutez et répondez.**

1. De quoi parlent les trois jeunes ?
2. Quel est le point commun entre les projets de Clément et Lenny ? Et la différence ?
3. Quelles démarches Lenny doit-il suivre pour réussir son projet ?

5 **Maintenant lisez le dialogue et répondez.**

Clément   Pff ! Je viens de parler à une conseillère d'orientation du CIDJ et je suis un peu démotivé...

Adèle   Pourquoi ?

Clément   Parce qu'elle m'a fait comprendre qu'on ne peut être admis aux grandes écoles internationales qu'à condition d'avoir des super notes au bac. Je ferais peut-être mieux d'opter pour une prépa ou une université... Je ne sais pas... Celle de Bordeaux, par exemple.

Adèle   Mais tu as toujours dit que ton but, c'était d'aller étudier à l'étranger !

Clément   Tu as raison, Adèle, mais au cas où je voudrais avoir une expérience internationale, je pourrais choisir un cursus international à Bordeaux.

Lenny   Cool ! Moi, je me suis mis en tête de chercher coûte que coûte un boulot à l'étranger. La fac, c'est pas pour moi. Avec mon bac hôtellerie-restauration, je vais postuler un emploi de serveur ou de cuistot à Bruxelles ou... à Montréal, ce serait mon rêve ! Les salaires ne sont pas top, mais c'est l'expérience qui m'intéresse.

Adèle   Mais tu seras embauché en CDD ?

Lenny   Oui, si je travaille en Belgique. Je me suis renseigné au CIDJ : il y a plein de boulots saisonniers qui me permettraient de rentrer en France après un an de travail maximum. Au fait, on m'a demandé de préparer un CV et une lettre de motivation pour qu'on puisse me fixer un entretien. J'ai du mal à rédiger ma lettre de motivation. Qu'est-ce que je dois écrire ?

Adèle   D'abord, il faut parler de tes expériences dans l'hôtellerie et la restauration, des stages que tu as faits, par exemple. Et donner des références, pourvu que tu en aies, bien sûr. Ensuite, essaie d'expliquer ce qui te motive à travailler à l'étranger.

Clément   Surtout, n'oublie pas de mettre en évidence tes qualités...

> CDD = contrat à durée déterminée

----

1. Pour quelle raison Clément n'est-il pas satisfait de son entretien avec la conseillère d'orientation ?
2. En quoi le nouveau projet de Clément est-il surprenant, selon Adèle ?
3. Pourquoi l'université de Bordeaux pourrait-elle intéresser Clément ?
4. Lenny cherche un travail comme :
   a. cuisinier.
   b. vendeur.
   c. traducteur ou interprète.
5. Lenny envisage-t-il de s'installer définitivement à l'étranger ?
6. Que faut-il écrire dans une lettre de motivation ?

6 **GRAMMAIRE**

1. Cherchez dans le dialogue les trois phrases qui expriment une hypothèse ou une condition et complétez les phrases ci-dessous.
   a. La conjonction ... est suivie de l'*infinitif*.
   b. La conjonction ... est suivie du *conditionnel*.
   c. La conjonction ... est suivie du *subjonctif*.
2. Reformulez les trois phrases en utilisant la conjonction *si*.

→ **L'hypothèse et la condition (2), p. 105**

7 Vers le DELF **Lisez et choisissez la bonne réponse.**

1 **LA RÉFORME DU LYCÉE** s'est mise en place à la rentrée 2019.
L'idée principale, c'est de renforcer l'autonomie des lycéens dans leur parcours
d'orientation, à travers un accompagnement le plus personnalisé possible.
En conséquence, des changements radicaux sont intervenus.

5 En ce qui concerne le lycée général, c'est la fin des filières **S** (série scientifique), **ES** (série
économique et sociale) et **L** (série littéraire) : tous les élèves de **Première** et de **Terminale**
sont censés étudier des « enseignements communs » :

■ français (uniquement en classe de Première)
■ histoire-géographie
10 ■ enseignement moral et civique
■ langues vivantes 1 et 2
■ éducation physique et sportive
■ enseignement scientifique
■ philosophie (uniquement en classe de Terminale)

15 Les élèves de Première ont la possibilité de choisir trois « enseignements de spécialité »
sur les douze proposés (par exemple arts, biologie-écologie, sciences économiques
et sociales...) et, une fois en classe de Terminale, ils ne doivent en garder que deux.
Les lycées technologiques et professionnels sont également concernés par cette réforme.

UN NOUVEAU BAC !

LES ÉPREUVES DU
NOUVEAU BACCALAURÉAT

CONTRÔLE CONTINU

10 % de la note finale
bulletins scolaires
de Première et de Terminale

30 % de la note finale
épreuves communes
2 sessions en Première
1 session en Terminale

40 % de la note finale

60 % de la note finale

ÉPREUVES FINALES

1 épreuve anticipée
en Première
Français écrit et oral

4 épreuves en Terminale
Enseignements de spécialité (2)
Philosophie
Grand Oral

1. La réforme du lycée a pour but de :
   a. réduire les échecs au bac.
   b. mieux cibler l'orientation post-bac.
   c. approfondir les disciplines scientifiques.

2. Les anciennes filières L, S, et ES :
   a. sont conservées uniquement en Terminale.
   b. ont changé de nom.
   c. ont été supprimées.

3. Avec cette réforme, les élèves étudient :
   a. des matières communes en Première et des matières de spécialité en Terminale.
   b. des matières de spécialité en Première et des matières communes en Terminale.
   c. des matières obligatoires et des matières de leur choix.

4. Les épreuves du bac sont constituées :
   a. d'une épreuve anticipée de français, de trois épreuves écrites et d'une épreuve orale.
   b. d'épreuves écrites, orales et pratiques.
   c. de trois épreuves écrites et d'une épreuve orale au choix des candidats.

5. La note finale tient compte :
   a. des épreuves du bac et des appréciations du conseil de classe.
   b. des épreuves du bac et du parcours scolaire.
   c. de la moyenne entre épreuves du bac, épreuves communes et bulletins scolaires.

Mots et expression

▶ 62 LE SYSTÈME SCOLAIRE

- l'établissement [*m.*] (scolaire)
- l'école maternelle
- l'école élémentaire
  > l'écolier/ière • le/la directeur/trice
- le collège
  > le/la collégien(ne) • le/la principal(e)
- le lycée général, technologique, professionnel
  > le/la lycéen(ne) • le/la proviseur(e)
- l'université, la faculté
  > l'étudiant(e) • le/la recteur/trice
- le système LMD (licence, master, doctorat)

- les classes préparatoires
- les grandes écoles

- -

- le devoir à la maison (DM) / surveillé (DS)
- le contrôle (continu)
- les notes (1-20)
- la moyenne (10/20)
- le bulletin scolaire
- le brevet des collèges
- le bac(calauréat)
- le diplôme
- réussir ≠ redoubler

- -

- le/la surveillant(e)
- le/la remplaçant(e)
- le conseil de classe
- le/la délégué(e)
- la cantine, le restaurant universitaire

LE FRANÇAIS QUI SE CAUSE

- le bahut → le collège, le lycée
- la fac → la faculté, l'université
- la prépa → les classes préparatoires
- la perm → une heure sans cours dans l'emploi du temps scolaire
- la dissert' → la dissertation
- bachoter → étudier d'une manière intensive pour le bac

---

1 Choisissez l'option correcte.

1. Dans un mois, je passe [ma note / mon brevet]. Il faut que je révise.
2. Après ma licence, je m'oriente vers [un master / un bac].
3. En début d'année, [le proviseur / le recteur] de la faculté de droit a fait un très beau discours.

2 Qui suis-je ?

1. Je dirige un collège : je suis un … .
2. Je représente ma classe aux conseils de classe : je suis un … .
3. Je fréquente le lycée : je suis une … .
4. Je suis chargé de la discipline en dehors des heures de cours : je suis un … .
5. Je prends la place d'un enseignant, par exemple quand il est malade : je suis une … .
6. Je fréquente l'université ou une grande école : je suis un … .

3 Trouvez l'intrus et justifiez votre réponse.

1. l'université • la cantine • le collège • le lycée
2. le baccalauréat • le brevet • le diplôme • la moyenne
3. le conseil de classe • les grandes écoles • les classes préparatoires • l'université
4. la déléguée • le bulletin • la moyenne • la note

▶ 63 LE MONDE DU TRAVAIL

- une entreprise, une société, une compagnie
- le P.-D.G. (président-directeur général)
- un(e) patron(ne)
- un(e) employeur/yeuse
- un(e) cadre
- un(e) employé(e), un(e) salarié(e)
- un(e) fonctionnaire
- un(e) professionnel(le)
- les ressources humaines (RH)
- le personnel
- un(e) recruteur/teuse

- - - - - - - - - - - - - - - - - - -

- une offre d'emploi
- postuler un emploi / un poste
- soumettre / poser sa candidature
- le CV (*curriculum vitae*)
- la lettre de motivation
- les qualifications [*f.*]
- les références [*f.*]

- la sélection
- passer un entretien (d'embauche)
- la formation
- l'expérience professionnelle [*f.*]
- engager, embaucher ≠ licencier
- l'embauche [*f.*] ≠ le licenciement
- la carrière
- avoir / obtenir une promotion
- démissionner, présenter sa démission
- prendre sa retraite

- - - - - - - - - - - - - - - - - - -

- le contrat à durée indéterminée (CDI)
- le contrat à durée déterminée (CDD)
- le contrat de travail temporaire, le contrat d'intérim
- un stage / un(e) stagiaire

- un apprentissage [*m.*] / un(e) apprenti(e)
- un emploi saisonnier / un job (d'été)
- travailler à temps partiel ≠ à plein temps
- une profession libérale
- un(e) autoentrepreneur/neuse

- - - - - - - - - - - - - - - - - - -

- toucher un salaire, une paie / paye / rémunération
- la fiche de paie
- les congés payés
- les congés (de) maternité / (de) paternité / parental

- - - - - - - - - - - - - - - - - - -

- le chômage / un(e) chômeur/meuse
- être sans emploi
- la précarité
- Pôle emploi
- le syndicat
- la grève

LE FRANÇAIS QUI SE CAUSE

- le boulot, le taf → le travail
- bosser, taffer → travailler
- un bosseur → un grand travailleur
- décrocher (un emploi / un entretien) → obtenir

4 Complétez avec les expressions proposées.

offres d'emploi · chômage · CV · recruteurs · entretiens · expérience professionnelle ·
licencier · poste · soumets ta candidature

Mathys J'ai une mauvaise nouvelle : je viens de me faire **(1)** ... .

Alexis Oh, mince, je suis désolé pour toi ! C'est terrible. Mais je suis sûr que tu vas facilement
retrouver un nouveau **(2)** ... .

Mathys Je ne sais pas. J'ai regardé quelques sites d' **(3)** ... et il n'y a pas grand-chose.

Alexis Mon pauvre, se retrouver au **(4)** ... , c'est terrible.
Mais tu as une grande **(5)** ... et un super **(6)** ... . Si tu l'envoies à quelques **(7)** ... ,
tu recevras bientôt des réponses positives.

Mathys J'espère passer rapidement des **(8)** ... .

Alexis Alors **(9)** ... dès que possible.

5 Associez les définitions aux mots correspondants.

1. un apprenti
2. un CDD
3. le P.-D.G.
4. Pôle emploi
5. prendre sa retraite
6. le salaire

a. service public qui aide les chômeurs à trouver un travail
b. la somme perçue comme rémunération d'un travail
c. celui qui s'initie à un métier
d. arrêter définitivement de travailler
e. le dirigeant d'une société
f. contrat de travail qui a une durée limitée

6 Complétez avec les verbes proposés.

démissionner · suivre · obtenir · poser · postuler

1. Yasmine a écrit une lettre de motivation pour ... un emploi de traductrice.
2. Camille voudrait ... une formation pour enrichir son expérience professionnelle.
3. Kaïs vient de ... sa candidature pour le poste de conseiller RH.
4. Il faut avoir de bonnes raisons pour ... d'un CDI !
5. Ce soir, Luc nous invite au restaurant pour fêter la promotion qu'il vient d'... .

7 ▶ 64 **Vers le DELF** Écoutez et choisissez la bonne réponse.

1. Les personnes qui parlent sont :
   a. un conseiller Pôle emploi et une personne sans emploi.
   b. un recruteur et une candidate.

2. On parle d'un :
   a. contrat à temps déterminé.
   b. emploi à temps partiel.

3. Patricia n'a pas encore :
   a. de qualifications.
   b. de références.

Grammaire

LE BUT

> On m'a demandé de préparer un CV **pour qu'**on puisse me fixer un entretien.

avec l'infinitif	exemples
afin de	
pour	*Valérie a changé de travail **afin d' / pour / de manière à** être moins stressée.*
de manière à	
dans le but de / dans l'intention de	*Nous avons traduit nos CV en anglais **dans le but de / en vue de** travailler aux USA.*
en vue de	

avec le subjonctif	exemples
afin que	
pour que	*Il a soigné sa lettre de motivation **afin que / pour que / de sorte que** sa candidature soit retenue.*
de manière que / de sorte que	

avec un nom	exemples
pour	*Peux-tu me donner des conseils **pour / en vue de** mon entretien d'embauche ?*
en vue de	

1 **Choisissez l'option correcte.**

1. Philippe va faire un stage à Vienne [pour que / pour] perfectionner son allemand.
2. Ils font une sélection très stricte, [afin qu' / afin d'] embaucher le meilleur candidat.
3. Le gouvernement espère trouver un accord avec les syndicats [de manière que / de manière à] éviter la grève.
4. Hélène suit une formation en informatique, [dans le but de / pour que] relancer sa carrière.
5. Voici 5 trucs infaillibles [pour que / en vue de] votre lettre de motivation soit lue.

2 **Formulez une seule phrase avec les éléments entre parenthèses.**

0. Je fais des économies ; je voudrais faire un stage à l'étranger. [pour]
   → *Je fais des économies pour faire un stage à l'étranger.*
1. José révise ; son concours d'entrée à Polytechnique est dans quatre jours. [en vue de]
2. Le propriétaire a tout essayé ; il veut éviter que son usine ferme. [afin de]
3. Zhen prépare ses documents ; elle veut continuer ses études au Canada. [dans le but de]
4. J'ai préparé ce compte rendu : tout le monde va savoir quelles sont les problématiques les plus urgentes. [afin que]
5. Léa a consulté le conseiller d'orientation ; elle cherche à mieux comprendre ses aptitudes. [de manière à]
6. Ils ont pris des mesures particulières : en effet ils veulent garantir le bon déroulement des épreuves. [en vue de]
7. Je vais trouver des financements, ainsi tu mettras en œuvre ton projet. [pour que]

3 Complétez librement.

Je veux apprendre le français :
1. pour… ;
2. pour que… ;
3. afin de… ;
4. afin que… .

L'HYPOTHÈSE ET LA CONDITION (2)

> On ne peut être admis qu'à **condition d**'avoir des super notes.

avec l'infinitif	exemples
à condition de	*On peut intégrer une grande école **à condition de** réussir le concours d'entrée.*
à moins de	*Il est inutile de postuler un poste **à moins de** posséder le profil recherché.*

avec le conditionnel	exemples
au cas où	***Au cas où** ta candidature ne serait pas retenue, qu'est-ce que tu comptes faire ?*

avec le subjonctif	exemples
à condition que	*Vous pourrez visiter certains pays **à condition que** / **pourvu que** vous obteniez un visa.*
pourvu que	
pour peu que	*Tu pourras remplir le formulaire en ligne, **pour peu que** tu aies un accès Internet.*
à moins que + (ne **explétif**)	*Je devrais passer mon entretien dans 5 minutes, **à moins que** le recruteur (**ne**) soit en retard.*

avec un nom	exemples
en cas de	***En cas d'**échec au test, le candidat devra attendre trois mois avant de pouvoir se représenter.*

4 Complétez avec les expressions proposées.

à condition d' · à condition que · à moins d' · au cas où · en cas de

1. Le patron est disposé à négocier, … nous reprenions le travail.
2. On ne peut pas prendre de photos ici, … avoir une autorisation.
3. L'entrée à la bibliothèque et l'emprunt de livres sont gratuits … être étudiant.
4. … grève des transports, il n'est pas facile de se rendre sur son lieu de travail.
5. … vous n'auriez pas reçu votre convocation appelez le 01 99 00 75 70.

5 Complétez librement.

1. Samuel va faire un stage au Canada, à condition que … .
2. Béa prépare son CV au cas où … .
3. Je compte m'inscrire à la fac de médecine, à moins que … .
4. Tu vas décrocher cet emploi, à condition de … .
5. Ta candidature peut intéresser un recruteur, pour peu que … .

LES PRÉPOSITIONS

prépositions	exemples
envers	*Être respectueux **envers** les personnes âgées*
sur	*Je n'ai pas mes documents **sur** moi.*
à (+ **infinitif**)	*Un document **à** signer*
à (**but, fonction**)	*Une tasse **à** thé*
à (+ **prix**)	*Un polo **à** 15 euros*

prépositions	exemples
au / à la / aux	*Un garçon **aux** cheveux roux / La fille **à la** jupe bleue*
chez	*Le thème de la nature **chez** Le Clézio*
par	*Un dossier **par** personne Répondre **par** e-mail / Payer **par** bancaire / Passer **par** le centre-ville*
dans (**à l'intérieur de**)	***Dans** le train*

■ Des expressions avec **à**
  • **à l'**avenir
  • **à l'**occasion de
  • **au** cours de

■ Des expressions avec **de**
  • **de** nos jours
  • **de** toute façon

■ Des expressions avec **en**
  • **en** ce qui concerne
  • **en** dessous (de)

■ Des verbes suivis de **à**
  • *chercher **à** (+ infinitif)*
  • *s'intéresser **à** qqch*

■ Des verbes suivis de **de**
  • *s'occuper **de** qqch*
  • *empêcher qqn **de** (+ infinitif)*
  • *essayer / tenter **de** (+ infinitif)*

■ Des verbes suivis de **par**
  • *commencer **par** qqn / qqch*
  • *finir **par** (+ infinitif)*

⚠ L'infinitif n'est pas précédé d'une préposition quand il dépend d'un verbe :
– déclaratif (*dire, affirmer...*)
  • *Il **affirme être** en contact avec le P.-D.G.*
– qui exprime la pensée (*penser, croire, estimer...*)
  • *Ils **estiment avoir** été bien formés.*
– qui exprime un souhait (*souhaiter, espérer...*)
  • *Nous **espérons partir** demain.*
– de mouvement (*aller, venir, passer...*)
  • *Je **viens te chercher** à 20 heures.*

6 Choisissez l'option correcte. Le signe Ø indique l'absence de préposition.

1. [À / Dans / Pour] l'avenir, il faudra chercher [comme / de / à] rédiger un CV.
2. [Avec / Dans / De] quelle manière vont-ils sélectionner les candidats ?
3. Mme Laurent s'occupe [du / par / au] recrutement pour ce poste.
4. [À / En / Avec] l'occasion de la remise des diplômes, elle a fait un discours.
5. Tu devrais essayer [à / d' / Ø] être moins arrogant [chez / envers / pour] tes collègues.
6. Je suis sûr que tu finiras [avec / par / pour] diriger cette entreprise !
7. Simon a déclaré [à / d' / Ø] avoir accepté les clauses du contrat.

7 **Complétez avec les prépositions qui conviennent.**

1. Cherche ... le dictionnaire la signification d'« abasourdi ».
2. Il faut absolument empêcher ... les élèves de se démotiver !
3. Je n'ai pas mon portefeuille ... moi : tu peux payer, s'il te plaît ?
4. Le professeur a distribué un dossier ... élève.
5. Il est facile de constater que, ... ce qui concerne le monde du travail, des réformes sont nécessaires.
6. Ma décision est prise ! Ne cherchez pas ... me convaincre de rester !
7. Mlle Dumont est descendue ... chercher le courrier et elle n'est pas encore rentrée.
8. Toute le monde considère Lucie ... la meilleure employée de la société.
9. On trouve le personnage de Faust ... de nombreux auteurs : Marlowe, Goethe, Balzac...
10. Pour s'inscrire à l'université, il y a plein de formulaires ... remplir !

LA MISE EN RELIEF

> La fac, c'est pas pour moi.

■ La mise en relief sert à mettre en évidence une information. Il y a deux manières pour mettre en **relief** un élément dans une phrase :

1. L'élément mis en relief est placé **au début** (ou **à la fin**) de la phrase et est **repris** (ou annoncé) par un **pronom personnel** (sujet ou complément, selon la fonction de l'élément dans la phrase) :

- *Ces postes sont très convoités !*
  - › *Ces postes, **ils** sont très convoités !*
  - › ***Ils** sont très convoités, ces postes !*
- *On n'a pas encore parlé au directeur.*
  - › *Au directeur, on ne **lui** a pas encore parlé.*
  - › *On ne **lui** a pas encore parlé, au directeur.*

⚠ Quand on met en relief un **concept** ou une **proposition**, on utilise le pronom de reprise **ça** (ou **ce** avec le verbe **être**) :

- *Les recruteurs apprécient les expériences à l'étranger.* › *Les expériences à l'étranger, les recruteurs apprécient **ça**.*
- *Il est essentiel que vous ayez le DELF B1.*
  - › *Que vous ayez le DELF B1, **c'est** essentiel.*

2. L'élément mis en relief est **précédé de c'est, ce sont, voici, voilà** suivi d'un pronom **relatif** correspondant à la fonction de l'élément dans la phrase :

- *Les syndicats / Ils ont protesté.*
  - › *Ce sont les syndicats / eux **qui** ont protesté.*

- *J'ai choisi cette faculté.*
  - › *Voici la faculté **que** j'ai choisie.*
- *On vous a parlé de cette collègue hier.*
  - › *C'est la collègue **dont** on vous a parlé hier.*
- *Elle a travaillé dans ce bureau.*
  - › *C'est le bureau **où** elle a travaillé.*

Cas particuliers

■ Pour mettre en relief des compléments prépositionnels, des adverbes ou des propositions, l'élément est précédé de *c'est* et suivi de *que* :

- *Nous leur avons offert une chance.*
  - › *C'est à eux **que** nous avons offert une chance.*
- *L'entretien se déroulera en anglais.*
  - › *C'est en anglais **que** se déroulera l'entretien.*
- *Je commence mon nouveau job demain.*
  - › *C'est demain **que** je commence mon nouveau job.*
- *Il n'a pas été retenu parce que son CV était plein de fautes.*
  - › *C'est parce que son CV était plein de fautes **qu'**il n'a pas été retenu.*

⚠ Quand on met en relief un sujet à la 1ʳᵉ ou à la 2ᵉ personne, le verbe s'accorde avec ce dernier :

- *Je suis le patron, ici !*
  - › *C'est moi qui **suis** le patron, ici !*
- *Vous avez appelé tout à l'heure ?*
  - › *C'est vous qui **avez** appelé tout à l'heure ?*

Je fais le point

8 **Mettez en relief les mots soulignés, comme dans l'exemple.**

    0. Tu as lu <u>cette annonce</u> ?

       → *Cette annonce, tu l'as lue ?*

    1. <u>Cette lettre de motivation</u> est bien écrite.

    2. Il est impossible <u>qu'il obtienne ce poste</u>.

    3. Réfléchis <u>aux conséquences de tes actions</u> !

    4. J'ai choisi <u>ce lycée</u> parce qu'il est prestigieux.

    5. Nous n'avons jamais entendu <u>des excuses aussi invraisemblables</u> !

    6. <u>Avoir de bonnes références</u> aide beaucoup dans la recherche d'un emploi.

    7. Tu as téléphoné <u>à tes collègues</u> ?

    8. Elle a obtenu <u>ces résultats</u> grâce à sa ténacité.

9 **Mettez en relief les mots soulignés, comme dans l'exemple.**

    0. Je vais m'inscrire à <u>la fac de droit</u>.

       → *C'est à la fac de droit que je vais m'inscrire.*

    1. Il faut entrer <u>par ici</u>.

    2. Ils ont travaillé <u>dans cette usine</u>.

    3. J'ai décidé que <u>tu</u> seras le chef de l'équipe.

    4. Nous nous sommes adressés <u>à cet employé</u>.

    5. Je suis allé dans le bureau du directeur <u>pour donner ma démission</u>.

    6. On a besoin <u>de ces documents</u>.

    7. Hugo va changer de métier <u>sans regrets</u>.

    8. Tu as rencontré <u>cette fille</u> à l'occasion de l'entretien d'embauche ?

Communication

▶ **65 PARLER DE SES PROJETS POUR L'AVENIR**

• Quels sont tes projets / objectifs ?	• Qu'est-ce que tu veux devenir (plus tard) ?
• Je pense / espère / veux / voudrais devenir pilote. • Je compte (bien) faire un stage. • Je me suis mis en tête d'apprendre le chinois. • Je me donne pour / comme but de réaliser mon projet en un an. • J'envisage / J'ai envie de changer de travail.	• Finalement, j'ai décidé de quitter mon boulot. • Mon objectif / but / rêve, c'est d'ouvrir un restaurant. • Je vais, sans (aucun) doute, poursuivre mes études à l'université. • Un jour, je serai P.-D.G. • Je suis indécis(e), je n'ai pas encore de projets précis.

1 ▶ **66 Écoutez et complétez les informations.**

	projet(s)	motivation(s)	expression(s) utilisée(s)
1	…	…	…
2	…	…	…
3	…	…	…
4	…	…	…

2 **À DEUX** Observez les images et, à tour de rôle, imaginez le projet lié à chaque photo. Puis, complétez ensemble l'histoire de chaque personnage. Vous pouvez inventer tous les détails nécessaires.

1. Lucas

2. Élise

3. Zoé

4. Charlotte et Antoine

3 Vers le DELF Lisez et répondez.

À VOS PLUMES !

Voilà la question posée la semaine dernière : « Quels sont vos projets pour les prochaines vacances ? ».
On a sélectionné les trois meilleures réponses parmi celles qu'on a reçues.

Nina Vincent
59 ans
Commerçante – Amiens

Pour fêter ma promotion, mon mari a décidé de m'offrir un beau voyage. Nous comptons bien rendre visite à notre fils, qui habite en Martinique, et à notre fille au Canada. On part le 23, destination Fort-de-France ; nous envisageons d'y rester une bonne semaine. Ensuite, on va prendre un deuxième avion pour rejoindre Montréal. C'est la première fois que je prends un congé aussi long !

Clémence Garcia
22 ans
Étudiante – Aix-en-Provence

Normalement, je passe mes vacances allongée sur mon canapé, en compagnie de quelques bons romans policiers. Mais cette année, je me suis mis en tête de réaliser un rêve d'enfant : assister à une aurore boréale.
Pour avoir l'argent nécessaire, je voudrais trouver un travail à temps partiel ou un petit boulot en intérim. Norvège, attends-moi : j'arrive !

Assia Blanchard
36 ans
Cadre – Saint-Malo

Moi, mon but, c'est de rechercher mes racines. Je suis née au Sénégal, mes parents biologiques sont morts dans un accident et j'ai grandi en Bretagne, dans une famille adoptive. L'Afrique, c'est ma terre et je sens qu'elle m'appelle. Qu'est-ce que je vais faire exactement une fois que je serai arrivée là-bas ? Je n'en sais rien. Pour le moment, mon objectif, c'est de partir. Et puis on verra.

1. Quel est le projet de Nina ? À quelle occasion fait-il suite ?
2. Quel est le projet de Clémence ? Comment envisage-t-elle de le réaliser ?
3. Quel est le but d'Assia ?
4. Écrivez les expressions utilisées par les trois femmes pour formuler leurs projets.

4 Écrivez votre réponse à ce magazine (100 mots).

5 À DEUX Interviewez votre camarade à propos de ses projets d'avenir (études, vie professionnelle, vie familiale...) puis échangez vos rôles.

6 EN GROUPE En classe, faites le relevé des projets formulés dans l'activité précédente ; classez-les par catégories et réalisez une affiche.

▶ 67 **LA CONVERSATION TÉLÉPHONIQUE FORMELLE**

PRENDRE CONTACT	INTERAGIR
• Allô ?	• Est-ce que je pourrais parler à ... ?
• Allô, bonjour, je suis bien chez M. Meunier ?	• Je voudrais parler à ..., s'il vous plaît.
• C'est bien l'Hôtel Beaurivage ?	• Je vous appelle pour...
• Je suis bien au 01 19 41 12 20 ?	• Je vous appelle au sujet...
• Vous êtes bien Monsieur Dupontel ?	
• Société La Bénévole, j'écoute.	• C'est de la part de qui ?
• M. Brun à l'appareil.	• Ne quittez pas, je vous le passe.
• Désolé, vous faites erreur. / Vous vous êtes trompé de numéro.	• Restez en ligne.
	• Ne raccrochez pas.
	• Veuillez patienter un instant, s'il vous plaît.

	CONCLURE
	• Je vous laisse mes coordonnées.
	• Vous voulez laisser un message ?
	• C'est noté.

7 ▶ **Regardez la vidéo *Léa à l'appareil* et répondez par vrai ou faux.**

1. Léa appelle Pôle emploi.
2. Léa cherche Mme Piquet.
3. Mme Piquet est absente.
4. Léa va rappeler dans l'après-midi.
5. La secrétaire demande à Léa ses coordonnées.
6. Léa n'explique pas la raison de son appel.

8 **Complétez avec les expressions proposées.**

c'est de la part de qui · Alexis à l'appareil · laisser un message · bonjour, monsieur ·
je rappellerai plus tard · veuillez patienter un instant

Le secrétaire	Société La Merveilleuse bonjour. **(1)** ... .
Mme Fontaine	**(2)** ... . Je voudrais parler au responsable des ventes, s'il vous plaît.
Le secrétaire	**(3)** ... ?
Mme Fontaine	Madame Fontaine, du magazine *L'Officiel*.
Le secrétaire	**(4)** ... , je vérifie s'il est là. [...] Désolée madame, M. Muller est sorti. Souhaitez-vous **(5)** ... ?
Mme Fontaine	Non, merci, **(6)** ... .
Le secrétaire	D'accord. Au revoir, madame.
Mme Fontaine	Au revoir, monsieur.

9 **À DEUX Jouez le dialogue en suivant les indications.**

- **A** répond au téléphone.
- **B** salue et demande à parler à **C**.
- **A** demande l'identité de **B**.
- **B** se présente.
- **A** demande à **B** d'attendre.
- **C** est occupé.
- **A** propose une solution.
- **B** réagit et salue.

10 ▶ **68 Écoutez l'appel et remplissez la fiche.**

⚖ *Cabinet Segard*
Avocats Associés

Pour _____
Date _____ Heure _____
☐ M. ☐ Mme ☐ Mlle _____

Téléphone _____
E-mail _____

☐ a téléphoné
☐ à rappeler à _____ heures
☐ rappelle à _____ heures
☐ urgent

Objet / Message
_____

Appel reçu par _____

11 **À DEUX Lisez la fiche remplie par le secrétaire et écrivez l'appel téléphonique. Puis jouez-le.**

⚖ *Cabinet Segard*
Avocats Associés

Pour *Maître Peyrot*
Date *22/01* Heure *9h48*
☑ M. ☐ Mme ☐ Mlle *Maury*

Téléphone *06 57 09 92 81*
E-mail *3mmaury-gamail.com*

☐ a téléphoné
☑ à rappeler *après 14* heures
☐ rappelle à _____ heures
☑ urgent

Objet / Message
rendez-vous (licenciement abusif)

Appel reçu par *Sohan*

Révisez avec le test de fin d'unité.

Un stage à la ferme

VIDÉO [01.17]

1 Regardez les photos ci-dessus. Selon vous, quel sujet le reportage va-t-il aborder ? Faites des hypothèses.

2 Avant de regarder la vidéo, répondez aux questions.

1. Quel métier souhaiteriez-vous exercer ?
2. Avez-vous eu l'occasion de découvrir un secteur professionnel qui vous intéresse ou vous fait rêver ? Si oui, comment ? Si non, comment pourriez-vous rencontrer des professionnels ou visiter une entreprise ?
3. Selon vous, est-ce qu'on peut trouver un emploi saisonnier ou un job d'été dans une ferme ? Expliquez pourquoi.

3 Regardez la vidéo et répondez par vrai ou faux. Justifiez vos réponses.

1. Pierre-Henri est le père de Thomas.
2. Thomas a 14 ans.
3. Pendant son stage, Thomas est très attentif.
4. Le stage à la ferme dure deux jours.
5. Les agriculteurs peuvent facilement vendre leur ferme.
6. En Corrèze, toutes les fermes participent à l'initiative.

4 **Regardez encore une fois la vidéo et répondez aux questions.**

1. Quel est l'objectif du dispositif dont parle le reportage ?
2. Que pense Pierre-Henri du stage ?
3. Que signifie l'expression « l'enjeu est de taille » ?
4. Quel âge a la majorité des agriculteurs en Corrèze ?
5. Quels pourraient être les « préjugés » dont parle la jeune femme à la fin du reportage ?

L'INFO EN ➕

Le stage de 3ᵉ

En France, en classe de 3ᵉ, les collégiens font un stage obligatoire en entreprise.

L'objectif ? Découvrir le monde professionnel et préciser son projet professionnel.

Comment ça marche ?

1. L'enseignant responsable aide les collégiens à chercher des informations sur les secteurs d'activité qui les intéressent et à trouver un stage.
2. Pendant leur stage d'observation, les collégiens prennent des notes sur leurs activités quotidiennes et sur le fonctionnement de l'entreprise. Ils posent des questions aux salariés pour connaître leur parcours scolaire et professionnel.
3. Ensuite, ils rédigent un rapport de stage à partir de la documentation fournie par l'entreprise et des entretiens menés durant leur stage.

Pass' métiers

Les collégiens ou les lycéens, encore indécis dans leur orientation, peuvent effectuer un « mini-stage » pour découvrir un métier. Ces stages ne sont pas obligatoires. Ils doivent avoir lieu pendant les vacances scolaires. Il est possible d'en faire plusieurs.

5 **EN GROUPE** En groupe de trois ou quatre, créez une affiche pour inciter les jeunes à faire un stage dans une ferme. Vous devrez trouver un slogan et présenter les avantages d'un stage avec un agriculteur.

6 Thomas vient de finir son stage. Il écrit un mail à son/sa meilleur(e) ami(e). Il lui parle de ses projets pour son avenir professionnel et de son rêve de travailler dans la ferme de Pierre-Henri (160 mots).

La scolarisation au Burkina Faso, entre difficultés et espoirs

1 En Afrique, c'est dans la région subsaharienne que le taux d'enfants et de jeunes non scolarisés est le plus élevé. Un cinquième des enfants de 6 à 11 ans n'est pas scolarisé. C'est aussi le cas pour un tiers des enfants de 12 à 14 ans.

mise = compte

Des obstacles matériels

5 Au Burkina Faso, comme dans les autres pays de la région subsaharienne, les difficultés sont avant tout matérielles. La forte croissance démographique entraîne chaque année un besoin supplémentaire d'établissements scolaires, mais il y a trop peu 10 d'enseignants disponibles et trop peu de moyens pour construire des écoles dans tous les villages. Les élèves doivent donc souvent faire une dizaine de kilomètres à pied, jusqu'à l'école la plus proche.

Des inégalités

15 Malgré les progrès spectaculaires qui ont été accomplis au cours des vingt dernières années, les filles continuent à être moins scolarisées que les garçons. Pour elles, la route de l'école est dangereuse car le risque d'enlèvement est élevé. De plus, les mariages précoces 20 entraînent leur déscolarisation. Résultat : dans ce pays, moins de 15 % des filles accèdent à l'école secondaire.

Quelques initiatives en faveur de l'éducation des filles

Des initiatives locales, nationales et internationales 25 cherchent à améliorer la situation. Wahabou est un jeune activiste de 18 ans, qui participe à des campagnes de sensibilisation sous forme de sketchs, pour sensibiliser sa communauté aux inégalités scolaires entre les filles et les garçons. Son credo : défendre le 30 droit à l'égalité et à une éducation de qualité pour tous. Son message passe bien auprès des jeunes, mais les personnes âgées se montrent réticentes au nom des traditions. Malgré tout, Wahabou reste optimiste et mise sur les garçons de sa génération pour faire changer les mentalités. 35 Puisque la déscolarisation des filles est souvent liée à des problèmes d'argent, une loi de 2007 a rendu l'école gratuite pour tous les enfants du pays. Elle est aussi devenue obligatoire de 6 à 16 ans.

Pour aider ce pays très pauvre à mettre en place une 40 telle politique éducative, l'Unicef et différentes ONG internationales ont développé des programmes de soutien spécifiques.

Toutes ces initiatives ont permis de résorber progressivement le retard dans l'éducation des filles à l'école 45 primaire, mais un grand effort est encore nécessaire pour inverser la tendance dans le secondaire.

Le maître qui fait des miracles

Dans ce contexte, la réussite de la scolarisation dépend beaucoup des enseignants. Maxime Sou, le maître 50 d'école de Bobo-Dioulasso (deuxième ville du Burkina Faso), réussit à faire des miracles. En vingt ans de carrière, ce Burkinabé n'est jamais descendu au-dessous des 88 % de taux de réussite de ses élèves au certificat d'études primaires (CEP), l'examen d'entrée 55 au collège.

Les clés de son succès sont l'autorité et la discipline bien sûr, mais aussi l'attitude théâtrale pour capter l'attention des 130 enfants qui composent sa classe, le jeu et le travail de groupe pour stimuler la 60 réflexion, l'attention portée aux élèves en difficulté, l'implication des parents dans le parcours d'apprentissage... Sans oublier quelques sacrifices personnels : il se lève généralement à l'aube pour corriger les – nombreux – devoirs de ses élèves, et il leur donne des 65 cours de soutien le soir.

Sources : www.unicef.org ; lefaso.net

COMPRÉHENSION ÉCRITE

1. Quelle est la situation de la région subsaharienne en ce qui concerne l'accès à l'éducation ?
2. Au Burkina Faso, quel est le facteur démographique qui accentue les problèmes de scolarisation ?
3. Pourquoi les filles burkinabées sont-elles moins scolarisées que les garçons ?
4. Quelles sont les réticences dont Wahabou est témoin lors de ses campagnes de sensibilisation ?
5. Au Burkina Faso, quelle politique éducative a été introduite en 2007 ?
6. Quel succès l'enseignant Maxime Sou a-t-il à son actif ?

JE M'ENGAGE

Pour Nelson Mandela, l'éducation était « l'arme la plus puissante qu'on puisse utiliser pour changer le monde ». Êtes-vous d'accord avec cette citation ? Pourquoi, ou pourquoi pas ?
Réalisez un sondage dans votre classe puis formulez des propositions pour favoriser l'accès à l'éducation.

STRATÉGIES : l'exposé oral

Un exposé oral a beaucoup de points en commun avec l'exposé écrit (p. 47). La présentation en public requiert quelques conseils supplémentaires.

1 SOIGNER LA PRÉSENCE SCÉNIQUE
Pensez à travailler votre gestuelle et vos déplacements. Vous devez aussi apprendre à gérer (et à transmettre) vos émotions.

2 BIEN ARTICULER
Faites attention à votre diction : elle doit être claire et lente. Pour l'améliorer, vous pouvez faire des exercices appelés « virelangues ».

▶ **69** À VOUS ! **Écoutez ces virelangues et répétez-les. Enregistrez-vous pour contrôler votre prononciation.**

3 PRÉPARER DES AIDE-MÉMOIRE
Pour ne pas lire son exposé ou le réciter par cœur, il est indispensable d'en maîtriser les contenus. Vous pouvez vous aider de fiches synthétiques ou de cartes mentales.

À VOUS ! **Relisez les deux premiers paragraphes du texte et faites la liste des concepts et des mots-clés.**

À VOUS ! **Relisez la fin du texte, puis préparez une carte mentale sur les inégalités scolaires au Burkina Faso, articulée autour de deux mots-clés : *problèmes* et *solutions*.**

4 RÉALISER DES SUPPORTS DIDACTIQUES
Ces fiches et cartes mentales peuvent vous aider aussi à créer une présentation PowerPoint. Attention : limitez le nombre de diapositives et des informations par diapositive.

Votre présentation ne devra pas contenir des textes complets et articulés, mais seulement les données importantes (noms propres, nombres et dates, termes compliqués...), les mots-clés et quelques éléments visuels pertinents (vidéo, photo, carte, schéma, infographie...).

À VOUS ! **Créez une présentation PowerPoint sur le thème de l'article : « La scolarisation au Burkina Faso, entre difficultés et espoirs ».**

5 RESPECTER LE TEMPS À DISPOSITION
Apprenez à gérer la vitesse de votre discours : vous ne devez ni parler trop lentement, ni accélérer le rythme dans les dernières minutes afin de terminer dans les temps !

Sons et couleurs

1 **À VOUS !**

Répondez.

1. Y a-t-il une œuvre théâtrale, musicale ou artistique qui vous a particulièrement plu ou à laquelle vous associez un souvenir heureux ou triste ?
2. Pensez-vous que l'art soit un élément essentiel ou accessoire dans la vie ?
3. Suivez-vous des cours de danse, de chant, de musique, de théâtre, de cirque… ?

2 **Observez le tableau et répondez.**

1. La scène se déroule :
   a. dans un jardin public parisien.
   b. dans un paysage exotique.
   c. le long de la Seine.

2. Que voyez-vous :
   – au premier plan,
   – au second plan,
   – à l'arrière-plan.
3. Quelles sont les couleurs dominantes ?
4. S'agit-il d'un tableau réaliste ? Justifiez votre réponse.

Paul Gauguin (1848-1903), *Nafea faa ipoipo* dit aussi *Quand te maries-tu ?*, 1892, Collection Rudolf Staechelin, Bâle, Suisse.

3 Vers le DELF **Lisez la présentation de l'œuvre et répondez.**

1 **Gauguin** effectue un premier séjour à Tahiti à partir d'avril 1891. Là-bas, il peint des scènes imaginaires inspirées de ce qu'il voit, mais également de contes locaux et d'anciennes traditions religieuses. **Nafea faa ipoipo** (qui signifie *Quand te maries-tu ?* en langue maori) est un exemple de ces œuvres où rêve et réalité se côtoient.

5 Le premier plan est occupé par deux jeunes Tahitiennes assises sur le sol dans un paysage aux couleurs vives. C'est un un motif récurrent dans les toiles de Gauguin de cette période. Au second plan, on peut voir un petit étang et un arbre. À l'arrière-plan, on aperçoit deux personnages dans un champ et une montagne. Cette scène a été complètement inventée par Gauguin.

Le peintre ne reproduit pas la réalité : la montagne est bleue, la perspective
10 et les nuances sont quasiment absentes. L'ensemble évoque un univers d'enchantement harmonieux, où les hommes vivent sous la protection des dieux au milieu d'une nature luxuriante, dans une Polynésie primitive et idéalisée.

Nafea faa ipoipo fait partie d'un ensemble de quarante-quatre œuvres que Gauguin a exposées à son retour de Tahiti à la galerie Durand-Ruel à Paris,
15 en 1893. L'exposition n'a pas été appréciée de tout le monde et n'a pas provoqué l'enthousiasme que l'artiste avait espéré. Il considérait pourtant ces œuvres comme ses meilleures toiles. En 1895, Gauguin quitte définitivement l'Europe.

1. À quelle occasion cette œuvre a-t-elle été peinte ?
2. Quelles sont ses sources d'inspiration ?
3. Quels éléments de ce tableau se retrouvent aussi dans d'autres tableaux de Gauguin ?
4. Gauguin a-t-il reproduit une scène à laquelle il a assisté ? Justifiez votre réponse.
5. En quoi Gauguin s'éloigne-t-il de la peinture réaliste ?
6. Quelle image de la Polynésie ce tableau présente-t-il ?
7. Est-ce que ce tableau a été apprécié de la critique ? Pourquoi ?
8. Qu'est-ce qui s'est passé en 1895 ?

4 GRAMMAIRE

1. Observez ces deux phrases et complétez les affirmations.
   Gauguin a complètement inventé cette scène.
   Cette scène a été complètement inventée par Gauguin.
   a. Dans la première phrase (à la forme active), le sujet est … et le complément d'objet est … .
   b. Dans la deuxième phrase (à la forme passive), le sujet est … alors que … est devenu complément d'agent.

2. Choisissez la réponse correcte.
   Pour passer de la forme active à la forme passive, on utilise l'auxiliaire [*être / avoir*] suivi [du participe passé / de l'infinitif] du verbe.

3. Cherchez dans le texte d'autres phrases à la forme passive et répondez par vrai ou faux.
   a. À la forme passive, l'auxiliaire *être* reste au temps du verbe de la forme active.
   b. Le complément d'agent est obligatoire.
   c. Le complément d'agent est toujours introduit par la préposition *par*.

→ **Le passif, p. 123**

Je découvre

5 ▶ **70** | Vers le DELF | **Écoutez et répondez.**

1. Romane et Sofia viennent de voir une œuvre tirée :
   a. d'un roman.
   b. d'un vieux film.
   c. d'une histoire vraie.
2. Les deux filles :
   a. ont aimé le spectacle.
   b. n'ont rien apprécié.
   c. n'ont pas tout apprécié.
3. Que vont faire Romane et Sofia après le spectacle ?

6 **Maintenant lisez le dialogue et répondez.**

Romane	Qu'est-ce que c'était beau ! Jamais je n'aurais pensé me passionner autant pour Stendhal ! Quand je pense qu'au lycée, on nous avait obligés à lire *Le Rouge et le Noir* et que je l'avais trouvé rasoir… Mais cette comédie musicale, c'est un vrai chef-d'œuvre !
Sofia	Tu trouves ? Moi, je t'avoue que je suis globalement déçue. C'est du déjà-vu, banal et même ennuyeux parfois. La seule chose que j'ai vraiment appréciée, c'est le travail du scénographe : ce rouge et ce noir partout… Et les panneaux géants au fond de la scène aussi. Les décors qui se succèdent les uns après les autres et dans lesquels évoluent les personnages, ça, c'est original.
Romane	À vrai dire, niveau mise en scène, moi je m'attendais à autre chose. Cependant, l'histoire a été bien racontée et les chansons écrites par Zazie se fondent parfaitement avec l'intrigue.
Sofia	Bof… Je ne suis pas fan de Zazie, ses textes ne me disent pas grand-chose ; par contre, je dois avouer qu'en Julien Sorel, Côme a été meilleur que ce à quoi je m'attendais.
Romane	Tu n'aimes pas Zazie ? Et pourtant je t'ai vue chanter *La gloire à mes genoux*. Tu connaissais les paroles par cœur…
Sofia	Parlons plutôt des costumes : vraiment pas terribles.
Romane	Comment ça, pas terribles ? Moi, je les ai trouvés parfaits, avec ce contraste entre les silhouettes toutes noires de l'orchestre et les costumes d'époque des personnages. Tu sais quoi ? Ton problème, c'est que toi, quand tu vas au théâtre, tu voudrais voir seulement des pièces classiques : Molière, Shakespeare, Hugo…
Sofia	C'est vrai, mais j'aime bien expérimenter quand même, parfois. J'adore la danse-théâtre, par exemple.
Romane	En tout cas, vu que tu apprécies les beaux mecs, viens avec moi. On va attendre Côme à la sortie des artistes et on va lui demander un selfie !

1. Qui a le plus apprécié le spectacle ?
2. Pourquoi Romane est-elle surprise ?
3. Qu'est-ce qu'a apprécié Sofia ? Pourquoi ?
4. Romane et Sofia partagent-elles la même opinion à propos des chansons de Zazie ?
5. Pourquoi Romane doute-t-elle de la sincérité de Sofia ?
6. Quel choix a fait le costumier ?
7. Quel genre de spectacles Sofia aime-t-elle ?
8. Repérez :
   a. le nom de l'auteure des chansons ;
   b. le nom du chanteur principal ;
   c. le titre d'une chanson ;
   d. le nom d'un romancier ;
   e. le nom de dramaturges célèbres.

Mots et expressions

▶ 71 LES BEAUX-ARTS

- une œuvre d'art
- un chef-d'œuvre
- la peinture
- la sculpture
- le dessin
- la gravure
- l'art [m.] abstrait / non figuratif
- une galerie d'art
- une exposition
- un(e) artiste
- un(e) galeriste

▶ 72 LA SCULPTURE

- le/la sculpteur/trice
- sculpter
- une statue en bronze / marbre
- le ciseau

▶ 73 LA PEINTURE

- le/la peintre
- peindre
- un tableau
- un cadre
- la toile
- le pinceau
- l'huile [f.]
- la gouache
- l'aquarelle [f.]
- le pastel
- la fresque
- la mosaïque
- le premier plan, le second plan, l'arrière-plan
- la perspective
- les couleurs chaudes ≠ froides
- le clair-obscur
- le trompe-l'œil
- le paysage
- la nature morte
- le portrait
- l'autoportrait
- une ébauche
- une esquisse
- le format

---

1 **Associez les mots aux images correspondantes.**

un pastel · un dessin · une fresque · une mosaïque · une nature morte · un tableau abstrait

1

2

3

4

5

6

2 Observez les œuvres d'art, lisez les descriptions et choisissez l'option correcte.

1. La *Victoire de Samothrace* est un monument de la [gouache / sculpture] grecque de l'époque hellénistique.
Trouvée sur l'île de Samothrace, la [gravure / statue] en [bronze / marbre] blanc représente la déesse *Niké* (la Victoire), sous les traits d'une femme ailée à laquelle il manque aujourd'hui la tête et les bras.
Ce [chef-d'œuvre / trompe-l'œil], qui mesure 5,12 mètres de haut, est exposé au musée du Louvre, au sommet de l'escalier principal.

2. *Les Coquelicots* (1873) est [un portrait / un tableau] de Claude Monet, présenté à la première [galerie / exposition] impressionniste. [Au premier plan / Au second plan] figure une femme avec une ombrelle et un chapeau de paille, accompagnée d'un enfant. Un couple similaire apparaît dans le fond et forme une diagonale, brisée [à l'arrière-plan / au pastel] par la ligne horizontale de la rangée d'arbres, au-dessus de laquelle s'étend un ciel voilé de grand nuages blancs.

3. *Le Désespéré* (1845) est un célèbre [autoportrait / dessin] de Gustave Courbet.
Le [cadre / format] choisi par le peintre, horizontal et rectangulaire, est très original. La lumière accentue le jeu de [clair-obscur / pinceau] entre le blanc de la chemise et la noirceur des cheveux et de la barbe. L'expression est très frappante, et donne l'impression que le visage va se projeter hors de la [perspective / toile].

▶ **74** **LES SPECTACLES**

- le théâtre
- l'opéra [*m.*]
- le concert
- la comédie musicale
- le ballet, la danse
- le/la chorégraphe
- les marionnettes [*f.*]
- le cirque

▶ **75** **LA MUSIQUE**

- le/la compositeur/trice
- un orchestre
- un(e) chef(fe) d'orchestre
- un concerto
- une symphonie
- un tube [*fam.*], une chanson à grand succès

▶ `76` **LE THÉÂTRE**

- le/la dramaturge
- la troupe, la compagnie
- la distribution (des rôles)
- le/la scénographe
- le/la metteur/teuse en scène
- le/la costumier/mière
- la pièce
- la tragédie
- la comédie
- le drame
- la farce
- un succès ≠ un échec
- jouer le rôle de…
- les répétitions
- le décor
- les costumes [m.]
- la scène
- le rideau
- les coulisses [f.]
- les loges [f.]

3 Retrouvez le nom des éléments numérotés sur l'image.

1. …
2. …
3. …
4. …
5. …

4 Trouvez l'intrus et justifiez votre réponse.

1. la distribution • un orchestre • les répétitions • une troupe
2. un concerto • un drame • un opéra • une symphonie
3. le cirque • la pièce • le drame • la farce
4. un costumier • un dramaturge • un metteur en scène • une scénographe

5 ▶ `77` Écoutez et dites à quels spectacles ont assisté les personnes qui parlent (il y a 2 intrus).

a. opéra
b. concert
c. comédie musicale
d. ballet
e. comédie
f. cirque
g. tragédie
h. théâtre de marionnettes

6 Qui fait quoi ? Associez les éléments des deux colonnes.

1. Le chef d'orchestre
2. La chorégraphe
3. Le compositeur
4. Le costumier
5. La galeriste
6. Le metteur en scène
7. Le peintre
8. Le sculpteur

a. réalise une œuvre artistique avec des couleurs.
b. dirige un ensemble de musiciens qui exécutent une œuvre.
c. conçoit les habits pour un spectacle.
d. dirige la représentation théâtrale d'une œuvre.
e. règle les pas de danse dans un ballet.
f. taille, modèle ou assemble divers matériaux pour créer une œuvre en trois dimensions.
g. écrit des œuvres musicales.
h. tient un lieu, ouvert au public, qui présente une collection d'art.

Grammaire

LES PRONOMS RELATIFS COMPOSÉS

> Les décors dans **lesquels** les personnages évoluent, ça, c'est original.

■ On utilise les **pronoms relatifs composés**, principalement dans le **registre formel**. Ils s'accordent **en genre et en nombre** avec **le nom** auquel ils se réfèrent.

	singulier	pluriel
masculin	lequel	lesquels
feminin	laquelle	lesquelles

■ Généralement, on utilise les pronoms relatifs composés :
– **précédés d'une préposition** :
• *La pièce **dans laquelle** je joue est un vieux succès des années 60.*
– pour **éviter une ambiguïté**.
*La mère de Ludovic, **qui** arrivera demain, est une célèbre pianiste* n'est pas claire : on ne sait pas si *qui* se réfère à Ludovic ou à sa mère. Pour être précis : *La mère de Ludovic, **laquelle** arrivera demain, est une célèbre pianiste. Et La mère de Ludovic, **lequel** arrivera demain, est une célèbre pianiste.*

MAIS Avec les prépositions **à** et **de**, on utilise les **formes contractées** *auquel, à laquelle, auxquels, auxquelles, duquel, de laquelle, desquels, desquelles.*
• *C'est un ouvrage **auquel** il a travaillé toute sa vie.*
• *La fontaine est entourée de douze statues, chacune **desquelles** représente un mois de l'année.*

⚠ ■ Après une préposition, on utilise généralement la forme simple *qui* :
• *Juliette Armaneto est une chanteuse pour **qui** j'ai une affection particulière.*
■ On utilise le pronom relatif *quoi* quand l'**antécédent** est « **neutre** » ou indéfini (*quelque chose, rien, ce, cela*) :
• *Demain nous allons à l'opéra, après **quoi** nous irons dîner tous ensemble.*

---

1 Complétez avec les pronoms relatifs composés qui conviennent. Attention aux formes contractées avec *à* ou *de*.

1. Il y a des œuvres d'art devant … je pourrais passer des heures et des heures.
2. Le tableau représente un totem autour … dansent 12 personnages.
3. Nous sommes en train de mettre en scène une farce … vont participer tous les élèves.
4. Sauriez-vous comment nettoyer des pinceaux sur … la peinture a durci ?
5. Le sol est constitué d'une grande mosaïque au centre … figure une tête de Méduse.
6. Quel est le courant artistique … appartiennent Monet et Degas ?
7. Ses concertos pour violon, … on peut ajouter une sonate pour violoncelle, sont les seules œuvres qu'il ait composées.
8. Vivaldi a composé des dizaines d'opéras, la plupart … sont tombés dans l'oubli.
9. Cette galerie expose quelques natures mortes de Thierry Lefort, grâce … il est devenu célèbre.

2 **Complétez avec *qui*, *quoi* ou un pronom relatif composé.**

1. Je possède une belle gravure pour … ma grand-mère avait servi de modèle.
2. Calmez-vous : il n'y a pas de … s'inquiéter.
3. J'aimerais bien revoir la dame chez … j'ai logé quand j'étais en Belgique.
4. Ce sont des amis sur … je peux compter.
5. Elle a créé une série de tableaux sur … on peut voir les membres de sa famille.
6. Les équipes contre … on va se battre sont très fortes.
7. Ce pour … nous luttons, c'est l'accès à la culture pour tous.
8. Présentez-moi les principes à partir … vous allez élaborer votre projet.
9. Sur scène, Jennifer Decker retrouve Laurent Lafitte, avec … elle avait déjà joué dans une comédie.
10. Le tableau face … nous nous trouvons maintenant est sans doute un faux.

LE PASSIF

> Le premier plan **est occupé** par deux jeunes Tahitiennes assises sur le sol…

■ Pour passer d'une phrase active (avec un verbe transitif) à une phrase passive, il faut effectuer les transformations suivantes :
  – le **complément d'objet** direct de la phrase active devient le **sujet** de la phrase passive ;
  – le verbe se met à la **forme passive** (auxiliaire *être* suivi du participe passé du verbe). L'auxiliaire *être* se conjugue au **même mode** et **temps** que le **verbe de la phrase active**. Le **participe passé** s'accorde avec le sujet.
  – le **sujet** de la phrase active devient le **complément d'agent**, généralement introduit par la préposition *par*.

• *Mozart a composé le Requiem.*
› *Le Requiem a été composé* **par** *Mozart.*
• *Le maire va inaugurer la nouvelle salle de concert.*
› *La nouvelle salle de concert va être inaugurée* **par** *le maire.*

■ Le **complément d'agent n'est pas exprimé** quand il est **superflu** ou quand le sujet de la phrase active est **indéfini** (*quelqu'un, on, les gens…*) :
› *On expose ses tableaux dans tous les musées du monde.* › *Ses tableaux sont exposés dans tous les musées du monde.*

› *C'est incroyable qu'on n'ait plus représenté cet opéra.* › *C'est incroyable que cet opéra n'ait plus été représenté.*

⚠ Le complément d'agent est introduit par la préposition *de* :

  – avec les verbes qui expriment un **sentiment** (*aimer, adorer, chérir, détester, respecter…*) :
  • *Ce chef d'orchestre* **est apprécié de** *tous les spectateurs.*

  – avec les verbes qui expriment une **activité intellectuelle** (*connaître, ignorer, oublier…*) :
  • *Après avoir connu un grand succès, il* **a été oublié de** *tous.*

  – avec certains verbes ayant une **valeur descriptive** (*accompagner, suivre, précéder, entourer, couvrir, accabler, encombrer, composer, décorer*)

  – quand le **complément d'agent** est **inanimé** :
  • *Le concert sera précédé* **d'**une présentation du compositeur.*

MAIS
• *Le groupe de visiteurs était précédé* **par** *le guide.*

3 **Transformez les phrases à la forme passive. Attention : le complément d'agent n'est pas toujours nécessaire.**

1. De son vivant, on n'appréciait pas les toiles de Van Gogh.
2. À leur première représentation, le public avait décrié *Le Barbier de Séville*, *La Traviata* et *Carmen*.
3. En 2016, l'UNESCO inscrit l'œuvre architecturale de Le Corbusier au patrimoine mondial.
4. Il est possible que Rembrandt ait réalisé cet autoportrait vers 1630.
5. Stromae a écrit la chanson *Alors on danse*.
6. La troupe, en désaccord avec le metteur en scène, vient d'interrompre les répétitions.
7. On restaurera bientôt les sculptures du parc municipal.
8. Selon les experts, Michel-Ange aurait peint ce tableau à 12 ou 13 ans !

4 **Complétez avec *par* ou *de*.**

1. Adoré … spectateurs, le célèbre acteur Jean-Paul Belmondo est décédé à l'âge de 88 ans.
2. La *Symphonie n° 9* de Beethoven est composée … quatre mouvements.
3. Le catalogue de l'exposition est accompagné … nombreuses illustrations.
4. Les *Couplets du toréador* sont connus … tout le monde.
5. Le premier opéra composé … Mozart est *Apollo et Hyacinthus* : il a alors onze ans.
6. La diva était accompagnée … son mari et ses deux enfants.

5 **Transformez les phrases à la forme active.**

0. Le théâtre a dû être fermé pour des raisons de sécurité.
   → *On a dû fermer le théâtre pour des raisons de sécurité.*
1. Deux peintures sont en train d'être restaurées au musée d'Orsay.
2. En 2019, la cathédrale Notre-Dame de Paris a été abîmée par un incendie.
3. Il est de coutume que la première représentation soit suivie d'un dîner de gala.
4. La scénographie et les costumes de cette comédie musicale sont signés par l'auteur lui-même.
5. Le catalogue de l'exposition avait été retiré des ventes parce que de nombreuses images avaient été mal imprimées.
6. Le nouveau spectacle de Fabrice Luchini sera mis en scène par Emmanuelle Garassino.
7. On murmure que le nouveau musée d'art contemporain ne serait pas encore terminé.
8. Ces œuvres ont pu être exposées grâce aux financements des sponsors.

L'OPPOSITION ET LA CONCESSION

> Ses chansons ne me disent rien ; **par contre**, je dois avouer que...
> Gauguin considérait **pourtant** ces œuvres comme ses meilleures toiles.

■ **L'opposition** exprime un **contraste**, une **contradiction** ; les structures principales sont :

avec l'indicatif	exemples
alors que	*Sophie aime la musique de variété, **alors que** / **tandis que** son mari préfère le jazz.*
tandis que	
mais	*Les costumes sont banals, **mais** / **par contre** / **en revanche** la mise en scène est plutôt originale.*
au contraire* * ne s'utilise pas en début de phrase	
par contre	
en revanche* * introduit en général une idée positive	

avec l'infinitif / un nom	exemples
au lieu de	*Les acteurs sont très mauvais : **au lieu de** / **loin de** m'émouvoir, je n'ai qu'envie de rire.*
loin de	
contrairement à	***Contrairement aux** apparences, ce morceau est très difficile à jouer.*

■ **La concession** introduit une idée **contraire** à celle prévue par les circonstances. Les principales structures sont les suivantes :

avec le subjonctif	exemples
bien que	***Bien que** / **Quoique** les critiques aient été sévères, les spectateurs ont adoré cette comédie musicale.*
quoique	
(aus)si + **adjectif** / **adverbe** + que	***Si** célèbres **qu'**ils soient, ce sont des acteurs médiocres.*

avec l'indicatif	exemples
même si	*J'adore travailler avec ce metteur en scène, **même s'**il est très exigeant.*
(et) pourtant	*Ce n'est qu'une esquisse, **et pourtant** / **toutefois** c'est déjà un chef-d'œuvre !*
cependant	
néanmoins	
toutefois	
(mais...) quand même* * suit le verbe	*Il n'est pas très connu mais c'est **quand même** / **tout de même** un sculpteur intéressant.*
tout de même* * suit le verbe	

avec l'infinitif	exemples
avoir beau	*Elle **a beau** prendre des cours de chant, elle chante faux !*

avec un nom	exemples
en dépit de	***En dépit du** / **Malgré le** prix des billets, la salle était pleine à craquer.*
malgré	

6 **Choisissez l'option correcte.**

1. [Au lieu d' / Loin d' / En dépit] être un chef-d'œuvre, cette comédie est un simple divertissement.
2. Je n'aime pas trop les dessins au pastel. [En revanche / Même si / Quoique], j'adore les aquarelles.
3. [Contrairement à / Au lieu de / Loin de] toi, je n'aime pas les comédies musicales.
4. On va acheter cette nature morte, [cependant / alors que / bien que] le cadre soit un peu abîmé.
5. Tout le monde adore cette pièce. [Par contre / En revanche / Malgré] moi, je la trouve nulle !

7 **Complétez avec les expressions proposées.**

au lieu d' · néanmoins · en revanche · par contre · quand même · tandis que

1. Gauguin et Van Gogh ont des styles différents, … je les aime tous les deux.
2. Il a pris des cours de théâtre, mais il continue … à mal jouer !
3. Les garçons se chargeront du décor … les filles s'occuperont des costumes.
4. … aller au cinéma, ne pourrait-on pas aller voir un ballet, pour une fois ?
5. Ses portraits sont vraiment étonnants ; ses paysages, … , sont assez médiocres.
6. Léon ne sait pas danser ; … il chante merveilleusement bien.

8 **Remplacez *même si* par *bien que* et vice-versa.**

0. Même si les acteurs sont bons, le spectacle est un échec.
   ↔ *Bien que les acteurs soient bons, le spectacle est un échec.*
1. Il reste un dramaturge très populaire, bien qu'il n'écrive plus depuis longtemps.
2. Même s'il s'agit d'une œuvre de jeunesse, cette symphonie est remarquable.
3. Bien qu'elle ait beaucoup de talent, elle n'a pas obtenu le rôle principal.
4. Nous sommes prêts, même si les répétitions ont été peu nombreuses.
5. Bien que vous le considériez comme un chef-d'œuvre, pour moi ce tableau n'a pas d'intérêt !
6. J'ai apprécié la mise en scène, même si ce type de spectacle n'est pas à mon goût.

9 **Reformulez les phrases avec les éléments entre parenthèses et faites tous les changements nécessaires.**

0. Il est jeune et néanmoins il joue du piano comme un professionnel. [si… que]
   → *Si jeune qu'il soit, il joue du piano comme un professionnel.*
1. Arrête de jouer avec ton smartphone et aide-moi à accrocher ces tableaux ! [au lieu de]
2. Bien que je connaisse cet opéra par cœur, dimanche j'irai voir encore une fois *Aïda*. [avoir beau]
3. Ce spectacle est un succès, bien qu'il n'y ait pas d'acteurs célèbres. [même si]
4. Je me demande pourquoi elle a obtenu le rôle, bien qu'elle ne sache pas jouer. [alors que]
5. Ma femme aime beaucoup l'art contemporain, moi non. [contrairement à]
6. Malgré les travaux de rénovation, le musée restera ouvert au public. [et pourtant]
7. Même si tu penses le contraire, tu as fait d'énormes progrès en chant. [tout de même]

Communication

78 EXPRIMER L'INTÉRÊT ET LE DÉSINTÉRÊT

L'INTÉRÊT	LE DÉSINTÉRÊT
• Le cirque, ça m'intéresse / ça me tente / ça m'attire / ça me passionne. • Je trouve ça intéressant / passionnant / captivant. • Je m'intéresse à... • Je suis fan de... • Je suis curieux, curieuse / impatient(e) de... • J'admire énormément / J'ai de l'admiration pour...	• L'opéra, ça ne me dit rien. • Il / Ça ne sert à rien de visiter des villes d'art. • Je peux m'en passer. • Bof, si tu veux... • Ça m'est complètement égal. • Je ne vois pas l'intérêt. • Ça ne me fait ni chaud ni froid.

LE FRANÇAIS QUI SE CAUSE

- Je craque pour cette actrice !
  → J'adore cette actrice !
- Je suis partant !
  → Je suis intéressé.

1 ▶ **79** Écoutez et indiquez si les personnes qui parlent expriment leur intérêt ou leur désintérêt. Notez dans votre cahier l'expression qu'elles utilisent.

	intérêt	désintérêt
1		
2		
3		
4		
5		
6		
7		
8		

2 Observez les images et réagissez en exprimant votre intérêt ou votre désintérêt.

3 EN GROUPE **Écrivez sur des papiers ces mots :**

la sculpture grecque · les trompe-l'œil · les tragédies · les concerts en plein air ·
l'art abstrait · la danse classique · le rap

Tirez au sort un des papiers : ce sera le sujet de la discussion. Sur trois autres papiers, écrivez
intéressé(e) · désintéressé(e) · partagé(e) : **on tire au sort l'opinion qu'on devra exprimer.**
Créez un petit dialogue et jouez-le.

▶ 80 **FORMULER DES ÉLOGES OU DES CRITIQUES**

ÉLOGES	CRITIQUES
• J'ai beaucoup aimé.	• Je n'ai pas aimé.
• J'ai adoré.	• C'est décevant / banal / sans intérêt / lamentable.
• Ça m'a beaucoup plu.	• C'est d'un kitsch !
• J'ai trouvé que les costumes étaient magnifiques.	• Ça manque d'originalité.
• C'est amusant / drôle.	• C'est du déjà-vu.
• J'ai ri aux larmes.	• Je me suis ennuyé à mourir.
• C'est émouvant / touchant / bouleversant.	• Qu'est-ce que c'est ennuyeux !
• Ça transmet des émotions profondes.	• Quel ennui !
• C'est original.	• Cela est sans (aucun) intérêt.
• Rien à redire.	• Ce n'est pas intéressant !
• C'est un chef-d'œuvre.	• Je n'ai pas trouvé l'exposition si intéressante que ça.
• C'est du grand art.	• Ça ne vaut pas la peine de faire la queue pour ça.
• J'ai trouvé ça épatant / formidable / merveilleux / sensationnel / époustouflant !	• Je m'attendais à autre chose.
• C'est à couper le souffle !	• J'ai vu mieux.
• C'est encore mieux que je ne pensais.	
• J'ai passé un bon moment.	

LE FRANÇAIS QUI SE CAUSE

- J'ai rigolé.
- C'est rigolo / marrant.
- C'est génial / top / chouette !

- C'est moche !
- C'est pas terrible.
  → Ce n'est pas beau.

- Quel navet ! → Œuvre sans valeur.
- C'est rasoir / barbant !

4 ▶ 81 **Trois personnes ont été interviewées à la sortie d'une pièce de théâtre. Pour chaque élément du spectacle, dites si leur réaction exprime un éloge ou une critique.**

		Anaïs	Damien	Lya
mise en scène	éloge	...	...	...
	critique	...	...	...
décor	éloge	...	...	...
	critique	...	...	...
costumes	éloge	...	...	...
	critique	...	...	...
jeu des acteurs	éloge	...	...	...
	critique	...	...	...

5 ▶ 81 Écoutez encore une fois le dialogue et, à l'aide de la grille de l'exercice précédent, rédigez un compte rendu du spectacle (120 mots).

6 À DEUX Deux ami(e)s ont assisté à un spectacle. À la sortie, ils/elles expriment leurs réactions. Écrivez le dialogue en suivant les indications, puis jouez-le.

- **A** a adoré le spectacle et en fait l'éloge.
- **B** n'est pas d'accord et exprime sa déception.
- **A** demande à **B** s'il/si elle a quand même apprécié certains éléments du spectacle.
- **B** cite un élément et justifie son opinion.
- **A** explique pourquoi il/elle s'est ému(e) et met en évidence quelques moments que tout le public a sembé apprécier.

7 À DEUX Vous venez d'assister à une de ces manifestations culturelles. Imaginez trois aspects positifs et deux négatifs, puis écrivez le dialogue et jouez-le.

1

Une pièce de théâtre

2

Un ballet

3

Une comédie musicale

8 Choisissez une des manifestations culturelles que vous n'avez pas utilisées dans l'exercice précédent et écrivez un e-mail à votre correspondant(e) français(e) pour lui faire part de vos réactions et de vos opinions après y avoir assisté.

9 Choisissez une de ces œuvres d'art et présentez-la comme si vous étiez un guide du Louvre.

Georges de La Tour (1593-1652), *Le Tricheur à l'as de carreau* (1635-1636).

Ivoire Barberini (Antiquité tardive).

Statue en marbre d'Athéna Mattéi, dite Athéna Pacifique

Révisez avec le test de fin d'unité.

Le siècle d'or de la peinture française

Le XIXe siècle a vu naître de nombreux mouvements artistiques. De grands artistes français ont marqué l'histoire de la peinture : **David**, **Géricault**, **Delacroix**, **Courbet**, **Cézanne**, **Renoir**, **Monet**, la production picturale française est riche et très variée.

DU NÉO-CLASSICISME À L'IMPRESSIONNISME

Le siècle s'ouvre avec un mouvement né au milieu du XVIIIe siècle, le **néo-classicisme**.
Ce mouvement européen s'inspire du mythe de la grandeur de Rome. Il recherche la rigueur et la perfection dans l'art, dans la nature et dans l'homme.
Dans le tableau de David, *Madame Récamier*, la jeune femme est habillée et coiffée comme une femme de l'Antiquité. La simplicité du décor met en valeur la beauté de madame Récamier. Ce tableau est d'une grande originalité : le format horizontal pour un portrait est très rare à cette époque. De la perfection de la nature, on passe au monde plein de contrastes du **romantisme**.
Le peintre Théodore Géricault est connu pour son célèbre *Radeau de la Méduse*, mais aussi pour ses représentations de chevaux qui ont l'air d'être vivants dans ses tableaux.

Le **réalisme** accentue la recherche du réel et de l'objectivité historique, pour représenter la vie des plus pauvres, le quotidien des campagnes et des villes. Par exemple, Gustave Courbet peint un enterrement, d'autres artistes représentent des paysans qui travaillent dans les champs.

Ces mêmes thèmes restent au centre du mouvement **impressionniste**, mais, cette fois-ci, c'est la technique qui change : les couleurs et les lignes se superposent, le bleu – comme le disait Renoir – remplace le noir et les nombreuses petites touches qui forment le tableau donnent « l'impression » que le monde est flou, impalpable, imprécis. Les artistes commencent à peindre en plein air pour bénéficier de la lumière naturelle et pour étudier les changements des couleurs suivant les heures de la journée. Ils veulent capturer l'instant et le fixer sur la toile.

◀ **Pierre-Auguste Renoir**, *Le Déjeuner des canotiers* (1881), Washington, Phillips Collection

▼ **Théodore Géricault**, *Course de chevaux libres à Rome* (1817), musée du Louvre

▼ **Jacques-Louis David**, *Madame Récamier* (1800), musée du Louvre

CLAUDE MONET (1840-1926)
LA NAISSANCE DE L'IMPRESSIONNISME

Pourquoi Claude Monet est considéré comme le père de l'impressionnisme ?

En 1874, son tableau *Impression, soleil levant* est présenté à Paris lors de la première exposition d'un groupe d'artistes au style innovant. Dans ce tableau, le peintre veut représenter la poésie de l'aube sur le port du Havre. Avec une technique particulière : en quelques coups de pinceaux, il cherche non pas à réaliser une représentation réaliste, mais à donner une *impression* fugitive de réalité, basée sur une perception subjective.

À l'occasion de cette exposition, le journaliste Louis Leroy écrit un article ironique et critique, intitulé *L'exposition des impressionnistes*. C'est ce titre qui a donné son nom au nouveau mouvement artistique.

◄ **Claude Monet**, *Impression, soleil levant* (1872), musée Marmottan

CURIOSITÉ

Monet a réalisé plusieurs séries de peintures similaires, centrées sur un même sujet, selon le moment de la journée et les variations de la lumière.

La série la plus importante est celle des *Nymphéas* : elle compte environ 250 peintures ! Dans ces tableaux, Monet a représenté les fleurs de son jardin à Giverny, en Normandie. Il peignait depuis un petit pont japonais au-dessus du bassin aux nymphéas, ou directement sur l'eau à bord d'une barque.

▲ **Claude Monet**, *Nymphéas* (1916-19), musée Marmottan

---

1 Vrai ou faux ?

1. Le néo-classicisme est né au XIXe siècle.
2. Les personnages des tableaux réalistes sont souvent des paysans.
3. La révolution impressionniste concerne la technique et non les thématiques.
4. L'impressionnisme est basé sur la représentation objective et fidèle de la réalité.
5. Claude Monet a inventé lui-même le terme « impressionnistes » pour désigner les artistes de son courant.

2 Répondez aux questions.

1. De quoi s'inspire le néo-classicisme ?
2. En quoi le néo-classicisme et le réalisme se différencient-ils ?

3. Quelle nouvelle pratique les peintres impressionnistes introduisent-ils ? Pourquoi ?
@ 4. Comparez deux versions des *Nymphéas* et mettez en évidence les différences (couleurs, formes, etc.).
@ 5. Décrivez un tableau d'un artiste cité dans le texte (courant artistique, thématique, couleurs, technique, etc.).

3 ET DANS VOTRE PAYS ?

@ Quels peintres sont célèbres dans votre pays ? Présentez-les brièvement.

Du papier à l'écran

1 À VOUS !

Répondez.

1. Quels genres de films aimez-vous particulièrement ? Quels aspects attirent votre attention dans le choix d'un film à voir ?
2. Préférez-vous aller au cinéma, regarder un DVD ou un film en ligne ?
3. Combien de livres lisez-vous par mois / an ? Quels sont vos genres préférés ?
4. Aimez-vous lire les livres en papier ou les e-books ?

2 ▶ 82 Vers le DELF Écoutez et sélectionnez la bonne réponse.

1. Qui a aimé le film ?
   a. Elsa.   b. Lily.   c. Les deux.
2. Comment ont-elles trouvé *Fahim* ?
   a. Amusant et émouvant à la fois.
   b. Léger et parfois banal.
   c. Triste et mal joué.
3. Qu'est-ce qui se passe à la sortie du cinéma ?
   a. Elles rencontrent un ami.
   b. Elles vont acheter le roman *Le Roi clandestin*.
   c. Elles ont la possibilité de rencontrer l'auteur du roman dont a été tiré le film.

3 **Maintenant lisez le dialogue et répondez aux questions.**

Elsa Ce film est génial, Lily ! Et puis l'histoire de ce gamin, elle est vraiment surprenante !

Lily Tu as raison, Elsa. J'ai tout adoré : les acteurs, la mise en scène, les dialogues… TOUT !

Elsa Et la bande-son ? Je l'ai trouvée bien adaptée au contexte !

Lily Moi, j'ai aussi aimé ce mélange de situations drôles et de scènes tragiques. Comme si on voulait dire que l'on peut rire même quand on a tout perdu et qu'on est à la rue.

Elsa Oui, et en plus de ça, c'est une histoire qui éveille les consciences sur des thèmes comme l'immigration, les droits de l'homme, la séparation… En prenant ce car pour fuir le Bangladesh, Fahim perd son insouciance d'enfant, mais il la retrouve dans un autre car, qui l'emmène vers la compétition d'échecs. Là, ses yeux sont plus parlants que mille mots…

Lily Quand il a crié « Maman », en quittant sa maison, moi, j'ai eu envie de pleurer. J'ai été émue aussi par ce que la prof dit au ministre : « Nous sommes encore le pays des droits de l'homme ? ». Lorsqu'on entend une phrase pareille, on se pose forcément des questions… Mais dis-moi, l'interprétation de Gérard Depardieu dans le rôle de l'entraîneur d'échecs… Euh… Comment il s'appelle déjà… Ah oui, Xavier Parmentier, qu'est-ce que tu en penses ? Il a été superbe, à mon avis : il est d'une tendresse incroyable, très touchant. Et le gamin, Assad Ahmed, est d'une fraîcheur inouïe. Les autres jeunes enfants aussi ont bien joué.

Elsa Tout à fait d'accord avec toi. Mais c'est quoi cette foule, là-bas, devant la librairie ?

Lily Non ! Ce n'est pas possible ! C'est Fahim en personne !

Elsa Sans blague ! Mais comment ça se fait ?

Lily Mais oui, je l'avais lu ! À l'occasion de la sortie du film, sa maison d'édition a décidé de rééditer son livre autobiographique, *Le Roi clandestin*, dont on a tiré le scénario du film. On y va Elsa ? J'ai le roman dans mon sac ! J'ai voulu le relire avant de voir le film.

Elsa Bien sûr ! Allons-y !

- -

1. Quels aspects du film ont été appréciés par les deux filles ?
2. Est-ce qu'elles ont aimé le mélange de tons ? Justifiez votre réponse.
3. Quels thèmes importants sont abordés dans le film ?
4. Lily a été touchée surtout par deux scènes : lesquelles ?
5. Qui est Xavier Parmentier et qui joue son rôle dans le film ?
6. Comment s'appelle l'acteur qui joue le rôle de Fahim ?

4 **GRAMMAIRE**

1. Observez les deux phrases et répondez.
   En prenant ce car […], Fahim perd son insouciance. • Il a crié « Maman », ***en quittant*** sa maison.
   À quel mode sont les mots en gras ?
   a. Participe présent.   b. Gérondif.   c. Infinitif.

2. Le gérondif se forme avec la préposition .... suivie d'une forme verbale se terminant en *-ant*.

3. Le sujet du gérondif est le même que celui du verbe principal.

→ Le gérondif, p. 139

5 **Lisez et répondez.**

LE ROMAN DU MOIS

Auteur : Fahim Mohammad, avec la collaboration de Xavier Parmentier et Sophie Le Callenec
Titre : *Un Roi clandestin*, 2014, Éditions des Arènes
Genre : Roman autobiographique
Préface : Sophie Le Callenec

Fahim,
Xavier Parmentier et Sophie Le Callennec
UN ROI
CLANDESTIN
TÉMOIGNAGE

Le destin extraordinaire de Fahim,
11 ans, SDF, sans papiers et champion
de France d'échecs

les arènes

1 Fahim, treize ans, nous conte un chapitre à la fois terrible et important de sa vie, qui débute alors qu'il n'a que huit ans ;
5 cet épisode épique et bouleversant lui a permis de devenir quelqu'un...

L'INTRIGUE Fahim Mohammad est un enfant comme tous les autres, sauf qu'il est
10 extraordinairement doué pour les échecs. Ses réussites dans des tournois suscitent la jalousie dans son pays d'origine, le Bangladesh, et le contraignent à l'exil avec
15 son père. À travers l'Inde puis la Hongrie, ils arrivent en France, dans la banlieue de Paris. Ils tentent d'obtenir le statut de réfugié politique, mais ils se heurtent au
20 refus des tribunaux. Cependant, grâce à ses capacités hors norme, Fahim a la chance de rencontrer l'un des meilleurs entraîneurs d'échecs de l'Hexagone : Xavier
25 Parmentier. Cette rencontre le mènera jusqu'au championnat de France. Sa seule chance d'obtenir

le droit d'asile pour son père et lui est, en effet, de devenir
30 champion de France. Ce qui se réalise comme dans les meilleurs contes de fées.

NOTRE AVIS Avec son regard d'enfant, Fahim écrit un roman
35 d'aventures qui raconte la douleur de l'exil, la réalité de l'immigration, la précarité et la misère, le combat obstiné d'un père et la relation exceptionnelle entre un
40 maître et son élève. La vie est un véritable parcours du combattant pour ce jeunes héros et pour son père qui, pour lui, consent à tous les sacrifices. Un témoignage
45 fascinant, une histoire de courage, de dignité et de solidarité.

D'OÙ VIENT LE TITRE ? Ce sont les mots de Fahim lui-même qui ont inspiré ce titre à l'éditeur :
50 « Ah, ça y est ! J'ai remporté le Championnat de France ! Ma main droite se ferme sur un billet d'avion imaginaire, celui qui m'emmènera à Prague pour les Championnats

55 d'Europe. [...] Soudain, j'entends une voix derrière moi : Sans papiers, il ne peut pas voyager. Il n'ira jamais aux Championnats d'Europe. Mon rêve se brise
60 en plein vol. [...] Je suis un roi clandestin. »

PAROLE D'ÉCRIVAIN. Sophie Le Callenec : « Je n'imaginais pas que les mois passés ensemble nous rapprocheraient autant. Que Fahim emprunterait souvent le chemin menant à la maison dans laquelle j'habite avec mes enfants. Qu'au-delà de traduire le récit de son passé, il me demanderait de l'aider à se construire un avenir. »

1. Pourquoi peut-on affirmer qu'*Un Roi clandestin* est un roman autobiographique ?
2. Dans quelle mesure Fahim est-il un garçon spécial ?
3. Qu'est-ce qui pousse Fahim et son père à quitter le Bangladesh ?
4. Quelles sont les personnes qui aident Fahim à parvenir à son but ?
5. Pourquoi compare-t-on ce roman à un conte de fées ?
6. Qu'est-ce que ce roman peut enseigner au lecteur ?
7. Expliquez le titre du roman.

Mots et expressions

▶ **83** **LE CINÉMA**

- le septième art
- le grand écran
- tourner un film
- un long-métrage ≠ un court-métrage
- un réalisateur, une réalisatrice / un(e) cinéaste
- un scénario, un script
- un(e) scénariste
- un producteur, une productrice
- le tournage
- l'équipe de tournage
- le casting
- la distribution
- un acteur, une actrice
- la star, la vedette
- le rôle principal

- les seconds rôles
- un(e) figurant(e)
- un cascadeur, une cascadeuse
- - - - - - - - - - - - - - - - -
- le montage
- les effets spéciaux
- la bande-son, la bande sonore
- un film en V.O. (version originale) ≠ en V.F. (version française)
- un film en 3D
- le doublage
- les sous-titres
- une bande-annonce

LES GENRES

- un film comique, dramatique, fantastique, historique, d'action, d'horreur, de science-fiction, d'aventures, policier
- une comédie sentimentale
- un western
- un thriller
- un film d'animation, un dessin animé
- un documentaire

L'INFO EN ➕

Depuis 1976, les **Césars** récompensent les films, les acteurs ou les réalisateurs ; on peut les considérer comme l'équivalent des Oscars américains. La **Palme d'or** est le prix attribué par le Festival international du film de Cannes.
Le théâtre et la musique ont aussi leurs prix : les **Molières** pour le théâtre et les **Victoires de la musique** pour les variétés, le jazz, le classique...

1 **Associez les éléments des deux colonnes.**

1. L'acteur
2. Le cascadeur
3. Le cinéaste
4. La directrice du casting
5. Le figurant
6. Le producteur
7. Le scénariste

a. dirige la réalisation d'un film.
b. assure le financement d'un film.
c. écrit les dialogues d'un film.
d. remplace un acteur dans les scènes dangereuses.
e. interprète un personnage.
f. joue un très petit rôle.
g. est chargée de trouver les acteurs.

2 **Observez les affiches. Selon vous, de quels genres de films s'agit-il ?**

 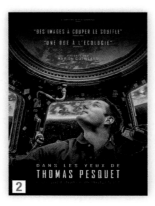  

3 **Complétez avec les mots proposés.**

bande-annonce · effets spéciaux · en V.O. ·
long-métrage · montage · sous-titres · tournage

1. J'ai regardé la ... du nouveau film avec Kad Merad et je meurs d'envie d'aller le voir.
2. Quand je regarde un film en anglais, j'ai toujours besoin des ... , sinon je ne saisis pas le sens de tous les mots.
3. Au cinéma, nous adorons entendre les vraies voix des acteurs dans les films ... .
4. Ce film est la preuve que si l'histoire est captivante, il n'est pas nécessaire d'avoir de nombreux ... .
5. Le ... est l'une des phases les plus délicates de la réalisation d'un film.
6. La réalisatrice Mélanie Laurent vient de terminer le ... de son dernier ... près de Rochefort.

▶ 84 LA LITTÉRATURE

- un écrivain, une écrivaine
- un auteur, une auteure
- un prix littéraire
- un éditeur, une éditrice / une maison d'édition
- un manuscrit
- une œuvre, un ouvrage

L'INFO EN ✚

Le prix littéraire français le plus célèbre et le plus ancien est le **prix Goncourt**, institué selon la volonté de l'écrivain français Edmond de Goncourt en 1892. En 1904, est créé le **prix Femina**, une alternative au prix Goncourt jugé misogyne. Depuis 1988, il existe le **Goncourt des Lycéens**, organisé par le ministère de l'Éducation nationale et de la Jeunesse. Le **prix Renaudot** est né en 1926 d'une idée de 10 journalistes et critiques littéraires.

▶ 85 LE LIVRE

- le titre
- le sous-titre
- la couverture
- la préface
- le chapitre
- la table des matières
- la 4ᵉ de couverture
- le marque-page

▶ **86** **LA POÉSIE**

- un poète, une poétesse
- un poème
- un vers
- une strophe
- la rime
- un sonnet
- un recueil

▶ **87** **LA PROSE**

- un romancier, une romancière
- un roman
- un conte
- une fable
- un conte de fées
- un essai
- une nouvelle
- un récit

- une (auto)biographie
- l'intrigue [f.]
- un personnage
- le héros, l'héroïne
- un roman d'aventures, social, historique, sentimental, à l'eau de rose, policier (le polar), noir...
- la SF (science-fiction)

4 **Trouvez l'intrus.**

1. Des parties d'un livre.
   - a. La couverture.
   - b. La préface.
   - c. La table des matières.
   - d. Le prix littéraire.

2. Ce qui constitue un poème.
   - a. Le vers.
   - b. Le recueil.
   - c. La strophe.
   - d. La rime.

3. Des éléments d'un roman.
   - a. Un héros.
   - b. Une intrigue.
   - c. Une nouvelle.
   - d. Des personnages.

4. Le métier de celui qui écrit.
   - a. Romancier.
   - b. Conte.
   - C. Écrivain.
   - d. Auteur.

5. Ce qui concerne la publication d'un livre.
   - a. Un marque-page.
   - b. Un éditeur.
   - c. Un manuscrit.
   - d. Une maison d'édition.

5 **Observez les images et complétez les phrases.**

1. Virginie Grimaldi a écrit le roman *Les possibles*. C'est la ... la plus lue en France.
2. Sur la ..., on trouve, entre autres, le résumé de l'intrigue, des informations sur l'auteur, le prix.
3. Sur la ..., on trouve le nom de l' ..., le ... du livre et le nom de l'éditeur.
4. En 2022, Brigitte Giraud a obtenu un ... très célèbre en France décerné chaque année en novembre.

Grammaire

LE PARTICIPE PRÉSENT ET L'ADJECTIF VERBAL

Il est d'une tendresse incroyable, très **touchant**.

Formation

- Pour former le participe présent, on utilise la forme du verbe conjugué au présent de l'indicatif (**1e personne du pluriel**) et on **remplace** sa terminaison par -*ant* :
  - *chanter* › nous **chant**-ons › **chantant**
  - *finir* › nous **finiss**-ons › **finissant**
  - *boire* › nous **buv**-ons › **buvant**
  - *voir* › nous **voy**-ons › **voyant**
- Il y a des exceptions : *être* › **étant**, *avoir* › **ayant**, *savoir* › **sachant**.

⚠ Le participe présent est toujours **invariable**. Il s'utilise le plus souvent à l'écrit.

- La **forme composée** du participe présent se forme avec **ayant** ou **étant** + **participe passé du verbe** : *ayant chanté, étant arrivé(e)(s)*.

Emploi

- Le participe présent donne une précision et **remplace** une proposition **relative introduite** par le pronom *qui* :
  - *Les écrivains **désirant** (= qui désirent) participer au concours devront envoyer leur ouvrage à cette adresse.*
- Il exprime une **cause** :
  - ***Connaissant** ses goûts, je lui ai offert ce roman. (= Je lui ai offert ce roman car je connais ses goûts.)*

L'adjectif verbal

- **L'adjectif verbal** est un participe présent employé comme adjectif. **Il s'accorde en genre et en nombre** avec le nom qu'il qualifie :
  - *Il a écrit plusieurs scénarios **passionnants**.*

Participe présent ou adjectif verbal ?

- Le **participe présent** indique une **action** ou un **processus**. Il peut être :
  - suivi d'un complément ou d'un adverbe.
  - précédé de la négation *ne/n'* et suivi de *pas*.
  - *Cochez les descriptions **correspondant** aux personnages.*
  - *Les films français **ayant remporté** un Oscar sont assez peu nombreux.*
  - *Les sous-titres sont très utiles pour les personnes **n'ayant pas** un bon niveau de français.*
- **L'adjectif verbal** indique une **qualité**.
  - Il n'est pas suivi d'un complément d'objet direct ou indirect.
  - Il peut être précédé d'un adverbe (par exemple, *très*).
  - *Associez les titres aux couvertures **correspondantes**.*
  - *Certaines scènes du film sont très **émouvantes**.*

⚠ Parfois, le participe présent et l'adjectif verbal n'ont pas la même orthographe.

verbe	adjectif
communi**qu**ant	› communi**c**ant(e)(s)
convain**qu**ant	› convain**c**ant(e)(s)
provo**qu**ant	› provo**c**ant(e)(s)
fati**gu**ant	› fati**g**ant(e)(s)
adhé**r**ant	› adhé**r**ent(e)(s)
coïncid**a**nt	› coïncid**e**nt(e)(s)
diffé**r**ant	› diffé**r**ent(e)(s)
équival**a**nt	› équival**e**nt(e)(s)
excell**a**nt	› excell**e**nt(e)(s)
influ**a**nt	› influ**e**nt(e)(s)

- *Les scènes **précédant** l'arrivée du protagoniste sont plutôt ennuyeuses.* (participe présent)
- *Je ne parle pas de cette scène, mais de la scène **précédente**.* (adjectif verbal)

1 **Trouvez le participe présent des verbes proposés.**

annoncer · avoir · choisir · craindre · dire · écrire · être · prendre · savoir · voir · vouloir · voyager

2 **Remplacez les verbes entre parenthèses par les participes présents correspondants.**

1. Nous cherchons quelqu'un ... [qui parle] français pour traduire les sous-titres.
2. Elle a écrit de nombreux poèmes ... [qui font] allusion à sa jeunesse en Bretagne.
3. Ce roman raconte l'histoire d'une fille ... [qui se croit] laide et sans qualités.
4. Ce sont les aventures d'un groupe de super-héros ... [qui ne connaît pas] la peur du danger et ... [qui combattent] pour sauver notre planète !
5. Je cherche la liste des écrivains ... [qui ont reçu] le prix Renaudot.
6. L'héroïne se présente comme une femme ... [qui a] une vie sage et réglée, mais ... [qui cache] un terrible secret.
7. La plupart des personnes ... [qui se sont présentées] au casting n'avaient pas les qualités requises.

3 **Complétez avec le participe présent ou l'adjectif verbal du verbe entre parenthèses.**

0. Ce sont des poèmes très touchants [toucher].
1. Ce sont des manuscrits très ... [convaincre].
2. Les trains ... [provenir] de Genève arrivent à la gare de Lyon.
3. Traduisez les phrases ... [suivre] dans votre cahier.
4. Son attitude ... [provoquer] est parfois ... [choquer].
5. Le bleu est une couleur ... [communiquer] une sensation de sérénité.

LE GÉRONDIF

En prenant ce car, Fahim perd son insouciance.

Formation

Le **gérondif** se construit avec le **participe présent du verbe** (invariable) précédé de la préposition *en* :
• *en faisant* • *en se réveillant*

■ Le gérondif doit avoir le même sujet que celui de la **phrase principale**.
• *L'auteur devient célèbre en recevant le prix Goncourt.*

⚠ Les **verbes impersonnels** n'ont pas de gérondif. On recourt alors à une proposition subordonnée introduite par *comme, puisque, si* :
> ~~Y ayant~~ **Comme / Puisqu'**il y a beaucoup de personnages, j'ai du mal à suivre l'intrigue.

Emploi

■ On utilise le gérondif pour exprimer :
– la **simultanéité** :
• *Il regarde un film **en mangeant** du pop-corn.*
– la **manière**, le **moyen**, la **condition** :
• *Elle regarde la scène **en pleurant**.*
• *Il a commencé sa carrière **en participant** à un casting pour une publicité.*
• ***En suivant** mes conseils, tu guériras.*
– une **cause simultanée** :
• *L'acteur s'est blessé **en descendant** de cheval.*

■ Lorsqu'il est précédé de l'adverbe *tout*, le gérondif a une valeur concessive :
• ***Tout en comprenant** ton problème, je ne peux pas t'aider.*

4 Complétez les phrases avec le gérondif des verbes proposés.

attribuer · lire · regarder · recevoir

1. Le soir, je me détends ... un bon film.
2. ... le prix Nobel de littérature à Patrick Modiano, l'académie suédoise a rendu hommage à « son art de la mémoire ».
3. Marion Cotillard a connu la consécration à Hollywood ... un Oscar en 2008.
4. On peut apprendre beaucoup de nouveaux mots ... les sous-titres des films en V.O.

5 Choisissez l'option correcte.

1. Ne faites pas de bruit [entrant / en entrant] dans la salle !
2. Le tournage [se situant / en se situant] à l'opposé de chez moi, je dois me lever tôt le matin.
3. [Arrivant / En arrivant] à l'heure, nous n'aurions pas raté le début du film.
4. [Prenant / En prenant] le bus tous les matins, je rencontre souvent les mêmes personnes.
5. [Comme il est / Étant] 17 h 20, le film a sans doute déjà commencé.
6. [N'ayant pas trouvé / En n'ayant pas trouvé] d'éditeur, il a publié son roman sur Internet.
7. [N'étant pas / En n'étant pas] quelqu'un de très ponctuel, j'ai deux montres.
8. On a prévu une randonnée samedi, mais [en pleuvant / s'il pleut] on ira au cinéma.

6 Reformulez les phrases en utilisant un gérondif ou un participe présent.

0. Sophie s'est inspirée de sa famille et elle a écrit ces contes.
   → *Sophie a écrit ces contes en s'inspirant de sa famille.*
1. Les candidats au casting stressent pendant qu'ils attendent leur tour.
2. Elle n'a pas vu le film car elle n'aime pas les acteurs.
3. Si on se dépêche, on réussira à voir la séance de 17 h 30.
4. Puisque le cascadeur s'est blessé, cette scène sera tournée la semaine prochaine.
5. Georges Perec a écrit un roman sans utiliser la voyelle e.
6. Comme il désire entreprendre une carrière d'acteur, mon frère prend des cours de théâtre.

LES RAPPORTS TEMPORELS

Antériorité

avec l'indicatif	exemples
jusqu'au moment / jour où	Personne ne le connaissait, **jusqu'au jour où** il a remporté le César.
tant que	Le livre ne sera pas publié **tant qu'il** ne sera pas corrigé.

avec le subjonctif	exemples
avant que + (ne)	Je le connaissais bien **avant qu'**il (ne) devienne célèbre.
en attendant que	Je relis le scénario **en attendant qu'**on vienne me maquiller.
jusqu'à ce que	Tout se passait bien **jusqu'à ce que** la star tombe malade.

avec l'infinitif	exemples
avant de	L'éditeur garde le titre du roman secret **avant de / en attendant de / jusqu'au moment de** le présenter à la presse.
en attendant de	
jusqu'au moment de	

avec un nom	exemples
avant	Le producteur a réuni toute l'équipe **avant / en attendant** le tournage.
en attendant	
jusqu'à	C'est une histoire qui tient les lecteurs en haleine **jusqu'à** la fin.

Simultanéité

avec l'indicatif	exemples
quand lorsque pendant que tandis que	J'ai interviewé Jean Dujardin **quand / lorsqu' / pendant qu' / tandis qu'**il tournait The Artist.
au moment où	Le cadreur est tombé juste **au moment où** il devait commencer à filmer.
(au fur et) à mesure que	(**Au fur et**) **à mesure que** l'intrigue avance, le mystère s'épaissit.
tant que aussi longtemps que	**Tant que / Aussi longtemps que** je suis plongé dans un roman, je ne pense pas à mes problèmes.

avec l'infinitif	exemples
au moment de	**Au moment de** prononcer son discours, elle s'est émue.

avec un nom	exemples
au moment de pendant	Ils se sont rencontrés pour la première fois **au moment du / pendant** le tournage.

- On peut exprimer la simultanéité en utilisant le **gérondif** (→ p. 139) :
  - *Elle pleure **en lisant** des poèmes d'amour.*

Postériorité

avec l'indicatif	exemples
quand lorsque après que une fois que	**Quand / Lorsqu' / Après qu' / Une fois qu'**un livre remporte le prix Goncourt, les ventes atteignent les 400000 exemplaires.
dès que	Les cascadeurs doivent entrer en scène **dès que** le réalisateur leur fait signe.
depuis que	**Depuis qu'**il a fait une petite apparition dans un film, il est devenu insupportable !

avec un infinitif passé	exemples
après	Vincent Sanson revient au cinéma **après** avoir écrit deux romans à succès.

avec un nom	exemples
après	**Après** des débuts difficiles, il se lance avec succès dans le doublage.
depuis	**Depuis** 1903, le prix est décerné chaque année à un écrivain français.
dès	Elle s'est mise à sangloter **dès** la première scène.

7 ▶ 88 Écoutez et indiquez si l'action de la proposition principale est antérieure (A), simultanée (S) ou postérieure (P) à celle de la proposition subordonnée.

1. A S P
2. A S P
3. A S P
4. A S P
5. A S P
6. A S P
7. A S P
8. A S P

8 Choisissez l'option correcte.

1. [À mesure que / Après / Depuis que] l'annonce du gagnant approche, l'attente devient fébrile.
2. J'ai compris qui était le coupable bien [avant / avant de / au moment de] la fin du film.
3. [Lorsque / Jusqu'à / Depuis que] son livre est paru, elle passe d'une séance de dédicace à l'autre.
4. Les fans étaient en délire [en attendant de / pendant que / après que] leur idole montait les marches du palais du Festival.
5. Les acteurs se reposent [tandis que / en attendant que / quand] le tournage ne reprenne.
6. Cette photo a été prise [tant qu' / dès qu' / au moment où] elle a reçu son premier César.
7. [Une fois que / Après / Avant que] vous aurez terminé, vous préparerez une fiche de lecture.
8. Tout allait pour le mieux [depuis / jusqu'à ce que / jusqu'au jour où] le nouveau directeur est arrivé.

9 **Formez des phrases avec les éléments proposés.**

0. [vous • sortir] [terminer vos devoirs] [quand] → *Vous sortirez quand vous aurez terminé vos devoirs.*
1. [elle • rester en silence] [elle • pouvoir] [aussi longtemps que]
2. [je • devoir te parler] [tu • partir] [avant que]
3. [je • être sous la douche] [le téléphone • sonner] [lorsque]
4. [les élèves • bavarder] [le professeur • tourner le dos] [dès que]
5. [les enfants • regarder la télé] [le dîner • être prêt] [en attendant que]
6. [on • ne pas pouvoir voter] [on • ne pas avoir 18 ans] [tant que]
7. [Rose • s'excuser] [elle • comprendre son erreur] [après + *infinitif passé*]
8. [tu • devoir affronter les problèmes] [ils • se présenter] [au fur et à mesure que]

10 **Complétez librement.**

1. Avant de … .
2. Pendant que … .
3. Après … .
4. Dès que … .
5. Au moment où … .
6. Avant que … .

LE PASSÉ SIMPLE

■ Le **passé simple** est rarement utilisé dans le langage courant ; c'est le temps de la **narration**.

■ Selon les verbes, le **passé simple** présente quatre séries de terminaisons :
– pour les verbes en *-er* :
• *je parlai* • *tu parlas* • *il parla* • *nous parlâmes* • *vous parlâtes* • *il parlèrent*
– pour les verbes en *-ir* (sauf *courir* et *mourir*), la plupart des verbes en *-re* et les verbes *s'asseoir* et *voir* :
• *je finis* • *tu finis* • *il finit* • *nous finîmes* • *vous finîtes* • *ils finirent*
– pour les verbes *venir*, *tenir* et leurs composés :
• *je vins* • *tu vins* • *il vint* • *nous vînmes* • *vous vîntes* • *ils vinrent*
– pour *être* et *avoir*, et les verbes en *-oir* (sauf *s'asseoir* et *voir*), les verbes *courir* et *mourir*, une quinzaine de verbes en *-re* (*boire*, *conclure*, *connaître*, *croire*, *exclure*, *lire*,

paraître, *plaire*, *résoudre*, *vivre*) :
• *je connus* • *tu connus* • *il connut* • *nous connûmes* • *vous connûtes* • *ils connurent*

■ Le radical du **passé simple** des verbes irréguliers doit être mémorisé ; dans de nombreux cas, le passé simple correspond au participe passé :
• *avoir › eu › j'eus*   • *suivre › suivi › je suivis*
• *mettre › mis › je mis*   • *pouvoir › pu › je pus*

■ Cependant, il ne s'agit pas d'une règle générale :
• *être › été ≠ je fus*
• *battre › battu ≠ je battis*
• *écrire › écrit ≠ j'écrivis*
• *faire › fait ≠ je fis*
• *mourir › mort ≠ je mourus*
• *naître › né ≠ je naquis*
• *ouvrir › ouvert ≠ j'ouvris*
• *répondre › répondu ≠ je répondis*
• *voir › vu ≠ je vis*

---

11 **Transformez les phrases au passé simple.**

1. Je marchai jusqu'à la gare.
2. Il prit ses affaires et s'en alla.
3. Tu ne pourras pas sortir sans permission.
4. On connaît son histoire par cœur.
5. Isabelle Adjani obtint son premier César en 1982.
6. Elles ne réagirent pas aux provocations.
7. Gustave Eiffel naît à Dijon en 1832.

Communication

EXPRIMER LA SURPRISE, L'ÉTONNEMENT

- Je suis surpris(e) / étonné(e) / impressionné(e).
- Ça m'étonne ! / Ça me surprend ! / Ça m'impressionne !
- C'est surprenant / étonnant / impressionnant, la voix qu'elle a !
- Ça m'étonne qu'elle se souvienne de moi.
- Ce n'est pas possible !
- Tu plaisantes !
- Ça alors ! Je ne l'aurais jamais cru !
- (C'est) incroyable !
- Sérieusement ?
- Je n'en crois pas mes yeux !

- Mais qu'est-ce que c'est que ça ! (*fam.*)
- C'est pas croyable ! (*fam.*)
- C'est hallucinant / fou qu'on ait choisi une mise en scène pareille ! (*fam.*)
- Sans blague ! (*fam.*)
- C'est pas vrai ! (*fam.*)
- Je n'en reviens pas ! (*fam.*)

1 ▶ **90** Écoutez et pour chaque dialogue transcrivez les phrases exprimant la surprise et l'étonnement.

2 Observez les images et associez-les aux expressions de surprise correspondantes.

1. C'est surprenant ! Je n'aurais jamais cru en voir une ! Allez, on l'ouvre !
2. Je n'en crois pas mes yeux ! C'est l'acteur Vincent Cassel ! Il signe des autographes.
3. Mais qu'est-ce que c'est que ça ? C'est pas vrai !!! Le tournage d'un film dans ma rue !
4. Sérieusement ? C'est pour moi ? Merci !

3 Lisez ces situations et exprimez votre surprise avec une phrase complète.

1. Vous assistez au tournage d'un film où un cascadeur doit se jeter du dixième étage d'un immeuble en flammes.
2. Un éditeur vient d'accepter de publier le roman écrit par votre meilleure amie.
3. On sonne à la porte, vous allez ouvrir et votre acteur préféré est devant vous.
4. Vous découvrez que l'on tournera un documentaire sur la vie au lycée dans votre établissement.
5. On vous a embauché comme figurant dans un court-métrage.
6. Vous découvrez que votre arrière-grand-mère a été une célèbre danseuse.

4 À DEUX Écrivez le dialogue en suivant les indications, puis jouez-le.

A fait une annonce extraordinaire à **ses parents**, qui réagissent avec stupeur.
La mère demande des éclaircissements et **A** raconte ce qui lui est arrivé.
Le père exprime sa perplexité.
A s'étonne de la réaction de son père et explique pourquoi.

PRÉSENTER UN LIVRE

Quand on présente un livre, on prend normalement en compte ces éléments :

- l'auteur(e), le titre, la date de publication, la maison d'édition, le nombre de pages
- le résumé (cadre spatio-temporel, personnages, actions principales)
- les thèmes abordés, le message de l'œuvre
- les éventuels prix remportés
- le commentaire personnel

5 **Lisez ce compte rendu et retrouvez les éléments cités ci-dessus.**

Jean-Paul Dubois, *Tous les hommes n'habitent pas le monde de la même façon*, Éditions de l'Olivier, 2019 (256 pages)

Le 22e roman de l'écrivain raconte l'histoire d'un homme, Paul Hansen (le narrateur), qui croupit[1] depuis deux ans dans une prison de Bordeaux. Paul va nous expliquer comment il en est arrivé à partager une cellule avec un motocycliste appartenant au club des Hells Angels, un personnage à la fois, effrayant et touchant, qui ne rêve que d'« ouvrir en deux » ceux qui lui déplaisent, mais qui est terrorisé par les souris ou les ciseaux du coiffeur. Paul Hansen, au contraire, est un type bien, doux et bienveillant. Le lecteur apprendra à la fin du roman pourquoi un tel homme est en prison. Entre-temps, remonteront à la surface les souvenirs d'un bonheur détruit.

En effet, pour ne pas céder au désespoir, le narrateur parle avec ses morts : sa compagne Winona, pilote d'hydravion ; son père, pasteur danois, austère et tolérant ; sa mère anarchiste ; sa petite chienne Nouk, personnage essentiel du roman.

Ce que raconte Jean-Paul Dubois, c'est l'histoire d'un monde en train de disparaître pour être remplacé par un autre dominé par l'injustice et le mépris – une constante dans la plupart de ses livres. C'est un roman bouleversant et nostalgique sur le bonheur perdu, qui a amplement mérité le prix Goncourt.

[1]**croupit** = languit

Source : www.ouest-france.fr/culture

6 **Ce récit est un extrait du recueil *Contes glacés*, de Jacques Sternberg. Lisez-le et écrivez une présentation de l'édition intégrale, en inventant les détails. Faites preuve d'imagination : ne consultez pas Internet !**

LA PERFECTION

Ce n'était qu'un robot.
Mais on avait mis plus de vingt ans à le mettre au point et, quand il sortit des laboratoires, on le jugea tellement humain, tellement véridique qu'on le dota d'une carte d'identité et on l'inscrivit aux assurances sociales. Ses capacités étaient, bien entendu, pratiquement illimitées. Comme on ne pouvait pas le nommer P.D.G. de l'entreprise, ce qui aurait vexé celui qui en avait le titre, on en fit un délégué qui faisait la liaison entre les diverses succursales de cette firme à gros budget. En quelques mois, le robot délégué tripla le chiffre d'affaires. Puis, un jour, il disparut, sans donner signe de vie, sans laisser de trace. On envoya dix enquêteurs pour le retrouver, mais en vain. On ne le retrouva jamais. Pourtant le robot passait toutes ses journées dans un endroit bien précis d'une seule ville. Dans un musée, très exactement, devant une vitrine.

C'est là qu'il était tombé éperdument amoureux d'une ravissante petite pendule du XVIIIe siècle.

Jacques Sternberg, *La perfection*, extrait de *Contes glacés*, 1974, édition intégrale parue aux éditions Mijade, 2009

7 **Écrivez la présentation d'un livre que vous avez aimé ou détesté. Si vous avez fait récemment une lecture en classe, présentez-la et comparez les comptes rendus.**

PRÉSENTER UN FILM

Quand on présente un film, on prend normalement en compte ces éléments :
- le titre, le genre, le réalisateur, la réalisatrice, le pays de production, la date de parution, le minutage
- l'auteur(e) du scénario et, éventuellement, l'œuvre littéraire dont il est tiré
- le résumé (cadre spatio-temporel, personnages – et interprètes –, actions principales)
- les thèmes abordés, le message de l'œuvre
- les éventuels prix remportés
- le commentaire personnel

8 ▶ **Regardez la vidéo *Une soirée cinéma* et répondez par vrai ou faux.**

1. Kahlil a adoré le film tandis qu'Adam est moins enthousiaste.
2. Il s'agit d'un film tiré d'un livre.
3. Selon Adam, l'acteur Omar Sharif a mérité son prix d'interprétation.
4. Kahlil a aimé tous les acteurs.
5. Adam a apprécié le rythme du film.
6. Khalil estime que, pour être réussi, un film doit être amusant.

9 **Lisez ce compte rendu et retrouvez les éléments cités ci-dessus.**

> ***Un aller simple***, comédie dramatique de Laurent Heynemann (France, 2001), 90 min.
> Scénario de Laurent Heynemann, Didier Van Cauwelaert, Albert Algoud ;
> d'après le roman *Un aller simple* de Didier Van Cauwelaert
>
> L'histoire se déroule entre Marseille et le Maroc, dans les années 1990. Jean-Pierre (Jacques Villeret), un attaché humanitaire qui travaille au ministère des Affaires étrangères, accepte de reconduire Aziz (Loránt Deutsch), un jeune clandestin, dans son pays d'origine. Celui-ci appartient à la tribu des Hommes Gris d'Irghiz, réfugiés depuis la Préhistoire dans une cité interdite du Haut Atlas. Jean-Pierre se doute que les papiers d'Aziz sont faux et qu'il a inventé cette légende. Mais croire à son histoire, c'est meilleur moyen de le réinsérer. Par ailleurs, il redécouvre la vie au contact de l'étranger, réactive ses rêves, et la guide qu'il a engagée, Valérie (Barbara Schulz), pourrait bien être l'amour de sa vie.
> Spécialiste des films politiques et des adaptations de romans, Heynemann signe un beau film sur la recherche de l'identité, l'amitié, l'amour. Le trio des acteurs principaux est excellent et il y a de très beaux paysages, peut-être parfois un peu trop artificiels. La musique de Bruno Coulais est parfaite. L'alternance de moments amusants et de scènes émouvantes est l'un des atouts du film.

Source : www.allocine.fr/film

10 **Choisissez l'une des affiches ci-contre et écrivez une présentation du film (vous pouvez imaginer les détails manquants). Faites preuve d'imagination : ne consultez pas Internet !**

- Parasite | 2019 | Corée du Sud | 131 minutes
- Jules et Jim | 1962 | France | 102 minutes

11 **À DEUX** **À partir de l'affiche que vous n'avez pas choisie, imaginez le dialogue entre deux ami(e)s à la sortie du cinéma.**

Révisez avec le test de fin d'unité.

Arsène Lupin, un héros moderne

VIDÉO [01.52]

1 Regardez les images ci-dessus. Selon vous, de quoi parle la vidéo ? Faites des hypothèses.

2 Avant de regarder la vidéo, répondez.

1. Allez-vous au cinéma ou préférez-vous regarder des films et des séries chez vous ? Pourquoi ?
2. Connaissez-vous des romans qui ont été adaptés au cinéma, au théâtre ou à la télévision ?
3. Dans le cas d'une adaptation au cinéma, préférez-vous lire le livre avant ou après avoir vu le film ?
4. Connaissez-vous Omar Sy ?

3 Regardez la vidéo et répondez par vrai ou faux.

1. 10 000 exemplaires de la nouvelle édition des aventures d'Arsène Lupin ont été vendus en 15 jours.
2. Les romans de Maurice Leblanc séduisent les adolescents.
3. La première adaptation cinématographique des romans date de la fin du XXe siècle.
4. La maison d'Arsène Lupin est devenue un musée.
5. On compte 15 000 visiteurs par an..

4 **Répondez aux questions.**

1. Quelle est la profession d'Arsène Lupin ?
2. Pourquoi parle-t-on de « phénomène d'édition » ?
3. Quelle est la caractéristique du personnage d'Arsène Lupin ?
4. Combien de pièces de théâtre et de romans a écrit Maurice Leblanc ?
5. Depuis quand Arsène Lupin inspire-t-il les cinéastes ?

5 **EN GROUPE** Comparez l'affiche du film *Arsène Lupin* avec Romain Duris et l'affiche de la série *Lupin* avec Omar Sy (lieu, époque, vêtements...).

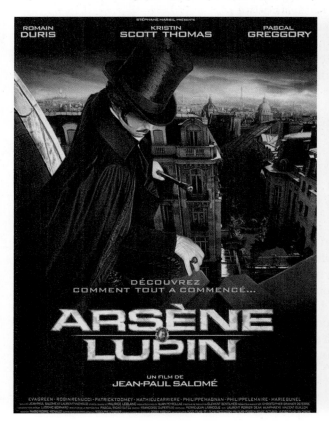 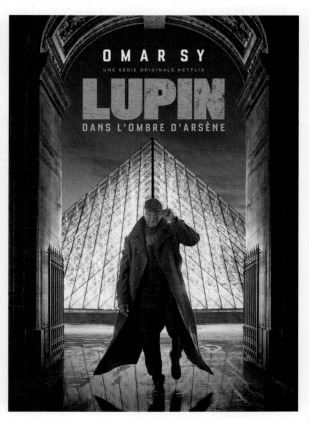

6 **EN GROUPE** Faites des recherches sur la série *Lupin* ou le film *Arsène Lupin*. Y trouve-t-on des différences avec les romans de Maurice Leblanc ? Si oui, lesquelles ?

7 **EN GROUPE** Doublage ! Divisez la classe en groupe de trois. Chaque groupe choisit un court extrait de la vidéo et remplace la voix du journaliste par la voix d'un(e) participant(e).

8 **EN GROUPE** Vous organisez un festival « Arsène Lupin ». Formez des groupes.

1. Choisissez un roman de Maurice Leblanc ou une adaptation des aventures d'Arsène Lupin.
2. Présentez le personnage ou une des œuvres sur le blog de votre établissement (160 mots).
3. Trouvez trois arguments pour donner envie aux étudiant(e)s de découvrir ce héros.

Un monument à travers les arts

De Victor Hugo à Édith Piaf en passant par Disney ou Richard Cocciante, Notre-Dame de Paris fait partie de la culture populaire française.

Le roman de Victor Hugo : *Notre-Dame de Paris* (1831)

Tout commence par le roman de Victor Hugo, qui met en scène les aventures d'Esmeralda et de Quasimodo dans le Paris du XVe siècle. En choisissant la cathédrale Notre-Dame comme principal décor, l'écrivain attire l'attention sur ce monument qui, après avoir été endommagé durant la Révolution française, était laissé à l'abandon et menaçait de s'écrouler. Le succès du roman sensibilise l'opinion publique et le combat du romancier pour la préservation de ce précieux patrimoine architectural porte ses fruits puisque, de 1844 à 1864, le « livre de pierre » est restauré par les architectes Lassus et Viollet-le-Duc.

Ce roman a été adapté plusieurs fois au cinéma (films et dessins animés), et a même inspiré une comédie musicale.

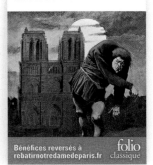

Le film d'animation : *Le Bossu de Notre-Dame* (1996)

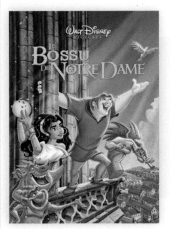

Le Bossu de Notre-Dame est un long-métrage d'animation des studios Disney, librement inspiré du roman de Victor Hugo. Les scénaristes ont retravaillé en profondeur l'histoire : certains personnages sont supprimés et l'intrigue est recentrée autour de Quasimodo, moins monstrueux que dans le roman. Le drame sombre et poignant de Victor Hugo se transforme en une histoire plus légère, adaptée à un public d'enfants. La fin est édulcorée avec un dénouement heureux, puisque les protagonistes Quasimodo et Esmeralda ne meurent pas.

La comédie musicale de Luc Plamondon et Richard Cocciante (1998)

Le parolier Luc Plamondon et le compositeur Richard Cocciante ont transformé *Notre-Dame de Paris* en une comédie musicale. La première représentation a eu lieu le 16 septembre 1998 à Paris. Le spectacle rencontre un succès sans précédent en France et révèle au public de nombreux artistes devenus des références incontournables de la scène musicale francophone, tels que Garou et Hélène Ségara. Depuis, cette comédie musicale a été jouée dans plus de vingt pays et a été adaptée en neuf langues.

COMPRÉHENSION ÉCRITE

1. À quelle époque a lieu l'intrigue du roman *Notre-Dame de Paris* ?
2. Pourquoi Victor Hugo a-t-il choisi la cathédrale Notre-Dame comme principal décor ?
3. Quel effet a eu ce roman auprès du public, lors de sa publication ?
4. Qu'a subi la cathédrale lors de la Révolution française ?
5. Qui était Viollet-le-Duc ?
6. Quelles sont les principales différences entre le roman de Victor Hugo et le film de Disney ?
7. Créez une carte mentale à propos de la comédie musicale *Notre-Dame de Paris*.

---

8. Y a-t-il un monument de votre pays qui est aussi célèbre que Notre-Dame de Paris ? Quelles sont les raisons de sa popularité ? Faites une recherche et préparez une affiche qui présente son histoire, ses principales caractéristiques et ses éventuelles apparitions dans des œuvres artistiques.

- -

JE M'ENGAGE

Victor Hugo se battait contre les destructions des monuments historiques, mais aussi contre les restaurations qui selon lui défiguraient l'architecture d'origine des monuments.
Selon vous, après l'incendie du 15 avril 2019, faudrait-il restaurer la cathédrale Notre-Dame à l'identique, la rénover en la modernisant, ou la laisser telle quelle ? Divisez la classe en groupes, selon vos opinions personnelles. Réfléchissez à des arguments pour justifier votre choix, et exposez-les oralement au reste de la classe.

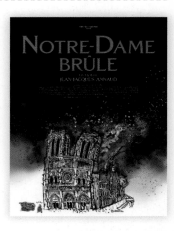

STRATÉGIES : l'exploitation de ressources multimédia

1 TRAVAILLER LA COMPRÉHENSION ORALE ET ENRICHIR SON LEXIQUE

Romans, films et chansons, les ressources multimédia permettent de s'exercer à comprendre des textes oraux, et à apprendre de nouveaux mots.

À VOUS ! Cherchez sur Internet la chanson *Belle*. Écoutez et répondez aux questions.

1. Qui est le personnage féminin dont parlent Quasimodo, Frollo, Phœbus ? Quelle est sa relation avec ces trois personnages ?
2. Essayez de dégager le sens des mots inconnus.

2 ENRICHIR LES COURS D'HISTOIRE ET DE LITTÉRATURE

Toutes ces œuvres peuvent amener à parler de leur contexte historique et artistique, et ainsi permettre d'approfondir certaines leçons d'histoire et de littérature.

À VOUS ! Relisez les textes de la page précédente. À quelle périodes correspondent ces phases de l'histoire de la cathédrale ? Associez les éléments.

1. Moyen Âge (« nouveau millénaire »)
2. Révolution (1789-1793)
3. XIXᵉ siècle (1844-1864)

a. démolition
b. restauration
c. construction

À partir de vos réponses, créez une frise chronologique sur Notre-Dame de Paris.

3 REBONDIR SUR L'ACTUALITÉ

Les romans, les chansons et les films peuvent devenir un tremplin pour parler de sujets d'actualité et développer votre culture générale.

À VOUS ! Informez-vous sur l'incendie du 15 avril 2019, puis préparez une affiche qui résume l'événement et ses conséquences.

DELF B1

Compréhension de l'oral [25 points]

Vous allez écouter plusieurs documents. Il y a 2 écoutes.
Pour répondre aux questions, cochez la bonne réponse.

▶ 91 **EXERCICE 1** [7 points]

Vous écoutez une conversation.

Avant l'écoute, je lis les questions et je repère les mots-clés.

Après la première écoute, je commence à répondre aux questions simples. Je complète mes réponses après la deuxième écoute.

1. Vincent est triste parce que :
   a. ☐ ses parents lui refusent une sortie.
   b. ☐ ses parents veulent venir avec lui.
   c. ☐ ses parents sont stressés à cause de lui. [1,5 point]

2. Vincent a un profil plutôt :
   a. ☐ créatif.
   b. ☐ scientifique.
   c. ☐ sportif. [1 point]

3. Les parents de Vincent refusent car :
   a. ☐ il doit s'absenter plus de 24 heures.
   b. ☐ le téléphone ne fonctionnera pas.
   c. ☐ il fera froid. [1,5 point]

4. Vincent se sent :
   a. ☐ enthousiaste à l'idée de vivre cette aventure.
   b. ☐ indifférent à l'idée de vivre cette aventure.
   c. ☐ inquiet à l'idée de vivre cette aventure. [1 point]

5. Charlotte se montre :
   a. ☐ enthousiaste.
   b. ☐ indifférente.
   c. ☐ inquiète. [1 point]

6. Vincent aimerait que Charlotte :
   a. ☐ vienne avec lui.
   b. ☐ soutienne son projet.
   c. ☐ fasse du sport. [1 point]

▶ 92 **EXERCICE 2** [9 points]

Vous écoutez la radio.

1. L'émission traite de :
   a. ☐ l'impact des déchets numériques rejetés dans l'environnement.
   b. ☐ l'impact des objets numériques sur l'environnement.
   c. ☐ l'impact du recyclage des objets numériques sur l'environnement. [1,5 point]

2. Dans les tablettes et dans les téléphones, on trouve :
   a. ☐ de l'or.
   b. ☐ de l'eau.
   c. ☐ aucun des deux. [1 point]

3. L'étude compare cet impact à :
   a. ☐ la consommation d'eau.
   b. ☐ l'importance de l'extraction de minerais.
   c. ☐ l'ensemble des automobiles en France. [1,5 point]

4. Dans le monde, on compte aujourd'hui :
   a. ☐ 4,1 milliards d'utilisateurs et 3,4 milliards de dispositifs numériques.
   b. ☐ 4,1 milliards d'utilisateurs et 34 milliards de dispositifs numériques.
   c. ☐ 41 milliards d'utilisateurs et 3,4 milliards de dispositifs numériques. [1 point]

5. On sait que 75 % de la pollution numérique sont dus :

a. ☐ à la fabrication des dispositifs électroniques.

b. ☐ aux activités en réseau.

c. ☐ au stockage de données. [1,5 point]

6. Une des pistes pour améliorer la situation écologique est :

a. ☐ l'arrêt de l'usage des objets numériques.

b. ☐ l'invention d'une alternative à l'antimoine.

c. ☐ le recyclage des objets numériques. [1,5 point]

7. Actuellement, on recycle :

a. ☐ 6 % des téléphones.

b. ☐ 12 % des téléphones.

c. ☐ 24 % des téléphones. [1 point]

▶ 93 **EXERCICE 3** [9 points]

Vous écoutez la radio.

> J'essaie de repérer les différentes typologies de document (dialogue, reportage, etc.).
> Pour répondre correctement, il est important de comprendre le rôle de la personne qui parle.

1. La cantine intergénérationnelle a été demandée par :

a. ☐ le maire de Bioule.

b. ☐ les personnes âgées du village.

c. ☐ la préfecture. [1 point]

2. On compte :

a. ☐ 8 personnes âgées par repas.

b. ☐ 12 personnes âgées par repas.

c. ☐ 75 personnes âgées par repas. [1 point]

3. L'âge minimum pour accéder à la cantine est :

a. ☐ 65 ans.

b. ☐ 75 ans.

c. ☐ 90 ans. [1 point]

4. Le week-end, les personnes âgées mangent :

a. ☐ chez elles.

b. ☐ à la cantine.

c. ☐ à la maison de retraite. [1,5 point]

5. Le déjeuner se passe :

a. ☐ dans le silence.

b. ☐ avec des conversations entre enfants.

c. ☐ avec des conversations entre enfants et anciens. [1,5 point]

6. Quel est le principal avantage pour les personnes âgées ?

a. ☐ Ce n'est pas cher.

b. ☐ Cela les rend plus actives.

c. ☐ C'est près de chez eux. [1,5 point]

7. Ce qui est important pour créer une cantine intergénérationnelle, c'est :

a. ☐ un lieu agréable.

b. ☐ du personnel attentionné.

c. ☐ un financement important. [1,5 point]

Compréhension des écrits 25 points

EXERCICE 1 8 points *(0,5 point par bonne réponse)*

Vos parents vous proposent de partir en séjour linguistique.
Vous êtes d'accord mais vous avez quelques conditions :
- **le séjour doit s'adresser à des adolescents à partir de 14 ans ;**
- **vous souhaitez être logé en famille ;**
- **vous voulez faire des activités sportives ;**
- **vous pouvez partir en juillet uniquement.**

Vous comparez ces propositions. Pour chaque annonce, cochez OUI si cela correspond au critère ou NON si cela ne correspond pas.

BARCELONE ET PORT AVENTURA (13-17 ans)

Ton séjour est axé sur la découverte de Barcelone à travers un mélange de sorties culturelles et d'activités ludiques. L'organisation du séjour favorise l'autonomie. En effet, la vie quotidienne est gérée par l'ensemble des participants, avec l'aide précieuse de l'équipe d'encadrement : préparation des repas, affectation du budget, choix des activités, etc. Les jeunes sont hébergés en auberge de jeunesse à Barcelone. Uniquement en août.

	OUI	NON
Âge	☐	☐
Hébergement en famille	☐	☐
Activités sportives	☐	☐
Dates	☐	☐

COLONIE DE VACANCES 100 % ARTISTIQUE

Tu aimes le chant, la danse, ou encore le cinéma, tu as des talents qui ne demandent qu'à être révélés au reste du monde ? Nous t'attendons pour intégrer la troupe (à partir de 14 ans). Ton séjour s'organise autour de la production d'un spectacle intégral.
L'hébergement est prévu dans le château où se trouve la salle de spectacle. Le séjour dure 15 jours : du 1er au 15 juillet ou du 1er au 15 août.

	OUI	NON
Âge	☐	☐
Hébergement en famille	☐	☐
Activités sportives	☐	☐
Dates	☐	☐

SPORTS ET DÉTENTE EN AUVERGNE

Une colonie de vacances pour découvrir l'Auvergne et une multitude d'activités : kayak, escalade, descente en rappel, VTT, tir à l'arc, et bien d'autres encore ! Un séjour sportif et réjouissant pour vos enfants, de 10 à 13 ans. Les activités sportives sont encadrées par des moniteurs diplômés.
Hébergement itinérant : campings, auberges de jeunesse, hôtel.
Possibilité de partir une semaine ou deux. En juillet et en août.

	OUI	NON
Âge	☐	☐
Hébergement en famille	☐	☐
Activités sportives	☐	☐
Dates	☐	☐

LA BELLE MALTE LINGUISTIQUE

Une formule idéale pour ceux qui souhaitent allier la pratique de l'anglais, les vacances sous le soleil et les activités sportives : activités nautiques, randonnées, balades à vélo.
Un séjour qui convient parfaitement aux jeunes de 14 à 17 ans désireux de perfectionner leur anglais (15 heures de cours d'anglais et hébergement en famille anglophone).
En avril, juillet et août.

	OUI	NON
Âge	☐	☐
Hébergement en famille	☐	☐
Activités sportives	☐	☐
Dates	☐	☐

EXERCICE 2 | 8 points

Vous lisez cet article sur Internet. Pour répondre aux questions de la page suivante, cochez la bonne réponse.

> Avant de lire le texte, je lis les questions. Je peux souligner dans le document les informations utiles.

> Il est important d'essayer de répondre à toutes les questions, même si je ne suis pas sûr/sûre. Aucun point n'est enlevé si la réponse n'est pas correcte.

INTERNET, C'EST COMME LA VRAIE VIE : IL Y A DES RÈGLES DE BASE À RESPECTER

Il est très important de faire attention à ce qu'on met en ligne ! Sur ton portable ou sur ton ordinateur, sur des sites ou sur des applis. Mais comment faire pour surfer intelligemment en ayant les bons réflexes ?

Tu passes sûrement beaucoup de temps sur Snapchat, Instagram ou Twitter. Mais pour que tout se passe bien, il faut absolument que tu protèges ta vie privée !

Tu peux prendre un pseudo (pour éviter de donner ton nom), éviter de mettre des photos de ton visage, ou tout simplement mettre ton compte en privé et n'accepter que des personnes que tu connais et en qui tu as confiance !

Attention aussi au cyberharcèlement, dont tu peux être témoin ou victime. Le cyberharcèlement est une forme de persécution par le biais d'Internet, des réseaux sociaux, des e-mails, des SMS. Cette violence peut prendre différentes formes : piratage de ton compte, intimidations, insultes, menaces. N'hésite pas à dénoncer ces agissements. Parles-en à tes parents, à un prof, ou appelle le numéro d'écoute mis en place par l'Éducation nationale.

Internet est aussi le royaume de l'arnaque ! Fenêtres pop-up qui s'ouvrent avant ta vidéo en streaming, message privé te faisant croire que tu as gagné un iPhone... Reste attentif et signale tout message qui te paraît suspect. Les deux règles d'or ? Ne jamais cliquer sur un lien suspect et ne jamais entrer des coordonnées bancaires. Si tu reçois un e-mail d'un inconnu, ne réponds pas surtout si on te demande des données personnelles, si on te parle d'argent, ou si on te demande d'appeler des numéros de téléphones payants.

Il ne te viendrait jamais à l'idée d'utiliser la même clé pour ouvrir ton cadenas de vélo, ton casier et ta porte d'entrée ? C'est pareil pour les mots de passe ! Il est très important que tes mots de passe soient différents pour chaque compte que tu utilises. L'idéal est qu'il soit assez long (plus de 8 caractères), qu'il contienne un chiffre ou un caractère spécial, et qu'on ne puisse pas le deviner (donc pas le nom de ton / ta petit(e) ami(e), de ton animal de compagnie ou de ta mère !).

> **arnaque** = tromper quelqu'un, abuser d'une personne d'un point de vue matériel, la voler, l'escroquer

1. Il faut adopter des comportements différents dans le monde réel et dans le monde virtuel.
   a. ☐ Vrai. b. ☐ Faux. `1 point`

2. D'après l'article, pour se protéger sur Instagram, il faut s'inscrire :
   a. ☐ sous son vrai nom mais avec une fausse photo.
   b. ☐ avec un nom inventé mais avec sa vraie photo.
   c. ☐ avec un nom inventé et refuser l'accès aux inconnus. `1 point`

3. Les diverses formes d'agression numérique sont connues sous le nom de « cyberharcèlement ».
   a. ☐ Vrai. b. ☐ Faux. `1 point`

4. En cas de cyberharcèlement, le blogueur incite à :
   a. ☐ insulter et menacer à son tour.
   b. ☐ pirater le compte de l'agresseur.
   c. ☐ signaler les faits. `1 point`

5. Sur Internet, il est facile :
   a. ☐ de gagner un iPhone.
   b. ☐ de faire de bonnes affaires.
   c. ☐ d'être victime de publicité mensongère. `1,5 point`

6. Si un inconnu me demande mon adresse, je lui écris pour vérifier son identité.
   a. ☐ Vrai. b. ☐ Faux. `1 point`

7. Ton mot de passe doit être :
   a. ☐ simple et familier, mais distinct pour chaque compte.
   b. ☐ insolite et complexe, et distinct pour chaque compte.
   c. ☐ insolite et complexe, et identique pour tous tes comptes. `1,5 point`

EXERCICE 3 `9 points`

Vous lisez l'article de la page ci-contre dans un magazine.
Pour répondre aux questions, cochez la bonne réponse.

1. L'école de Sigoulès participe depuis plusieurs années à l'initiative « Éco-École ».
   a. ☐ Vrai.
   b. ☐ Faux. `1 point`

2. Les élèves de l'école de Sigoulès ont constaté que :
   a. ☐ les enfants connaissent bien la gestion des déchets.
   b. ☐ les enfants ne connaissent pas du tout la gestion des déchets.
   c. ☐ les enfants connaissent la gestion des déchets mais ne la mettent pas en pratique. `1,5 point`

3. À l'école de Sigoulès, les déchets alimentaires sont recyclés.
   a. ☐ Vrai.
   b. ☐ Faux. `1 point`

4. Le travail pédagogique concerne :
   a. ☐ l'école maternelle et l'école primaire.
   b. ☐ l'école maternelle uniquement.
   c. ☐ l'école primaire uniquement. `1,5 point`

5. Le but de ce projet est :
   a. ☐ de comprendre ce qu'est un déchet et de savoir où le jeter.
   b. ☐ de comprendre ce qu'est un déchet et de limiter le gaspillage alimentaire.
   c. ☐ de comprendre ce qu'est un déchet et d'organiser une exposition sur les déchets à l'école. `1,5 point`

6. Les enfants ont construit seuls un composteur avec des palettes.
   a. ☐ Vrai.
   b. ☐ Faux. `1 point`

7. Les enseignants constatent que :
   a. ☐ les enfants gaspillent davantage de papier qu'avant le projet.
   b. ☐ les enfants gaspillent moins de papier qu'avant le projet.
   c. ☐ les enfants consomment plus de nourriture qu'avant le projet. `1,5 point`

MIEUX RECYCLER ET RÉDUIRE LES DÉCHETS MÊME À L'ÉCOLE

Depuis plusieurs années, l'Éducation nationale sensibilise les enfants à l'environnement.

Ce n'est pas par hasard que l'école de Sigoulès a obtenu son label « Éco-École » : pour sa première année de participation, cette école a choisi de centrer son projet sur la gestion des déchets au sein de l'établissement.

Les élèves ont mené une enquête et constaté que le tri du papier n'était pas bien effectué dans les classes, et que les enfants ne savaient pas où allaient les déchets recyclables une fois jetés.

De plus, les élèves et enseignants ont réalisé qu'aucun dispositif n'existait pour valoriser les déchets alimentaires issus de la cantine, qui alourdissaient considérablement le poids de leurs poubelles.

LES OBJECTIFS PÉDAGOGIQUES

Lors de ce projet sur les déchets, il s'agissait pour les enfants, de la maternelle au CM2, de comprendre pourquoi et comment on recycle. Ils ont ainsi appris au cours de l'année scolaire à identifier ce qu'était un déchet, et aussi travaillé sur la découverte des différents matériaux.

CM2 (cours moyen 2e année) = dernière année de l'école élémentaire.

AVEC QUI ?

De nombreux acteurs ont été mobilisés pour réaliser au mieux le recyclage au sein de l'école : les parents d'élèves, les agents de restauration, les agents municipaux, ou encore le syndicat de tri ont ainsi contribué aux aménagements réalisés, dans l'optique d'un meilleur tri des déchets.

COMMENT ?

La signalétique des bacs de tri a été améliorée dans les classes et les enfants ont pu visiter un centre de tri et un centre d'enfouissement pour mieux comprendre la filière du recyclage. Les agents municipaux ont par ailleurs aidé les élèves à construire un composteur avec des palettes, pour revaloriser les déchets issus de la cantine.

enfouissement = l'enfouissement des déchets désigne leur stockage dans le sol

QUELS RÉSULTATS ?

À l'issue de l'année scolaire, les enseignants observent un tri plus efficace des déchets, et une baisse du gaspillage du papier de la part des enfants. Ainsi, les élèves se sont familiarisés aux gestes de tri. Toute la communauté éducative souhaite prolonger le travail autour du gaspillage alimentaire, en explorant la thématique de l'alimentation dès l'année prochaine.

Production écrite [25 points]

Vous lisez ce message sur un forum pour ado.

> Bonjour à tous ! Je suis inscrite sur Instagram depuis 1 an. Au début, je postais des photos, des selfies, je suivais les vidéos (stories) de mes amis, mais aussi d'inconnus ou de personnes célèbres, je trouvais ça super ! Maintenant, je me demande à quoi ça sert et pourtant je suis toujours inscrite : j'ai peur de rater une mise à jour et de ne pas savoir de quoi parlent mes copines pendant la récréation. Mais en réalité, ces informations ne sont pas vraiment intéressantes.
>
> Je ne sais pas quoi faire : dois-je continuer à rester sur les réseaux sociaux, ou bien me tourner vers d'autres médias ? Merci pour vos conseils.
>
> **Maëlle** ☺

Vous répondez à Maëlle. Vous dites ce que vous pensez des réseaux sociaux, comment vous les utilisez et le temps que vous y consacrez. (*160 mots minimum*)

> *Je donne mon opinion et des conseils. Pour m'aider, je souligne les mots-clés dans le texte et je relis attentivement la consigne.*
> *Le texte doit avoir une structure et se développer en trois parties :*
> *1. L'introduction : je reprends (sans les recopier) les idées de Maëlle.*
> *2. Le développement : j'aborde les points principaux demandés (comment j'utilise les réseaux sociaux, pendant combien de temps par jour et enfin je donne mon avis).*
> *3. La dernière partie où je donne mes conseils.*

> *Je termine avec une phrase comme :*
> *J'espère que mes conseils pourront te servir.*
> *Il est important de faire un brouillon avant de recopier le texte, cela me permet de vérifier la grammaire et l'orthographe.*

Production orale [25 points]

EXERCICE 1 • Entretien dirigé – sans préparation
(*2 à 3 minutes*)

Vous parlez de vous, de vos activités, de vos centres d'intérêt. Vous parlez de votre passé, de votre présent et de vos projets. L'épreuve prend la forme d'un entretien avec l'examinateur qui amorcera le dialogue par une question (par exemple : « Bonjour, pouvez-vous vous présenter, me parler de vous, de votre famille... ? »).

> *Voici des exemples de questions qu'on pourra me poser :*
> • *Où avez-vous passé vos dernières vacances ?*
> • *Qu'est-ce que vous êtes en train d'étudier ?*
> • *Que voulez-vous faire plus tard ?*
> • *Parlez-moi de vos passe-temps préférés.*

EXERCICE 2 • Exercice en interaction – sans préparation
(*3 à 4 minutes*)

Vous jouez le rôle indiqué sur le document que vous avez choisi parmi les deux tirés au sort.

> *Je respecte le registre de langue : je parle à un ami ? à un enseignant ? Je le tutoie ou le vouvoie ?*

> *Il s'agit d'un jeu de rôle. Je propose des solutions et des alternatives. Le dialogue dure entre 3 et 4 minutes, donc l'examinateur n'acceptera pas la première proposition, je dois être prêt(e) à la modifier complètement ou en partie.*

SUJET 1

Vous avez acheté un téléphone en promotion. Malheureusement le téléphone fonctionne mal. Vous retournez au magasin pour expliquer votre problème au vendeur. Vous cherchez ensemble une solution.

L'examinateur joue le rôle du vendeur.

SUJET 2

Vous êtes en France dans votre famille d'accueil. Vous voulez organiser une fête surprise pour l'anniversaire d'un ami. Vous discutez de l'organisation de cette fête avec votre famille d'accueil. Ils ne sont pas d'accord, vous essayez de les convaincre.

L'examinateur joue le rôle du parent de la famille d'accueil.

SUJET 3

Vous avez emprunté un livre à la bibliothèque. Vous l'avez prêté à un ami : il vous informe qu'il l'a perdu. Vous n'êtes pas content. Vous cherchez ensemble une solution.

L'examinateur joue le rôle de l'ami.

SUJET 4

Vous proposez à votre professeur de français de participer au concours *La chanson francophone*. Vous lui présentez votre idée, mais il pense que c'est trop difficile à organiser. Vous essayez de le convaincre.

L'examinateur joue le rôle du professeur de français.

SUJET 5

Votre correspondant français est arrivé depuis quelques jours. Il reste dans sa chambre à lire, à regarder des vidéos, et n'a pas envie de sortir. Vous essayez de le convaincre de faire d'autres activités avec vous et vos amis (visites culturelles, cinéma, promenade, etc.).

L'examinateur joue le rôle du correspondant.

EXERCICE 3 • Expression d'un point de vue – préparation
10 minutes
(5 à 7 minutes)

Vous dégagez le thème soulevé par le document que vous avez choisi parmi les deux tirés au sort et vous présentez votre opinion sous la forme d'un exposé personnel de 3 minutes.

> *Je note les idées principales et des exemples pour bien les expliquer. J'organise mes idées : introduction, développement, conclusion.*

SUJET 1

FAKE NEWS ET ADOS : UNE GÉNÉRATION INFORMÉE QUI RESTE À FORMER

Les ados adorent les *fake news* (une information mensongère ou déformée) et s'informent beaucoup à partir d'images et de vidéos qui s'appuient sur l'émotion.

Dans leur quête constante de popularité, ils auraient davantage tendance à partager des informations amusantes afin de générer un maximum de réactions, de *likes* et de commentaires.

Aujourd'hui, les médias et les journalistes ne sont plus les seuls à produire du contenu, tout le monde peut poster un message, certains sont vrais et d'autres sont faux. Les ados sont particulièrement exposés à ce flux d'information à travers les réseaux sociaux et ils ont tendance à mettre toutes les informations au même niveau.

Pour éviter qu'ils se fassent piéger, il est important de leur apprendre à faire le tri, à développer leur esprit critique et leur capacité à vérifier et croiser les informations avec les nouveaux outils du numérique.

Et vous qu'en pensez-vous ?

Est-il important de se former au *fact-checking* ?

Pour quelles raisons ?

SUJET 2

PORTABLES INTERDITS À L'ÉCOLE

Le 30 juillet 2018, le Parlement a officiellement voté l'interdiction des téléphones portables dans les maternelles, les écoles primaires et les collèges. Dans quel but ? Pour éduquer les élèves à utiliser de façon responsable les outils numériques... à une époque où les jeunes passent de plus en plus de temps devant des écrans.

Comment cette mesure va-t-elle s'appliquer ? Ce point est très compliqué car le texte de loi ne précise pas la manière de la faire respecter, ni les sanctions à appliquer dans le cas où elle ne serait pas suivie.

Certains conseillent, par exemple, de demander aux élèves de déposer leur téléphone dans un casier fermé à clé, d'autres imaginent une sorte de trousse dans laquelle chaque jeune déposera son portable en entrant dans l'établissement et l'y récupérera à la fin des cours.

Et vous qu'en pensez-vous ?

Seriez-vous prêt à laisser votre portable à la maison ?

SUJET 3

LES SANCTIONS TRADITIONNELLES REMPLACÉES PAR... DES HEURES DE JARDINAGE !

Gérée par une association et entretenue par les élèves, la ferme urbaine de cet établissement parisien est un outil pédagogique. Le collège Pierre Mendès France, qui accueille des enfants en difficulté (sociales et scolaires), a mis en place des « mesures de responsabilisation » dans la ferme : du travail dans le jardin à la place d'une expulsion temporaire, par exemple.

En place depuis deux ans et demi, ce projet « permet réellement de limiter le décrochage scolaire. Au total, une trentaine d'élèves a pu être rattrapée », précise la directrice.

« L'idée est aussi de montrer aux élèves qu'ils peuvent réaliser des choses de leurs mains et se rendre intéressants autrement que dans la provocation. Et puis certains reviennent... par plaisir », se réjouit Simon Ronceray, responsable de l'association.

Et vous, qu'en pensez-vous ? Est-ce utile, selon vous ?

SUJET 4

LA SANTÉ DES ADOLESCENTS

« Au cours des dix dernières années, l'obésité s'est stabilisée chez les adolescents (12-17 ans), mais ce qui pose problème aujourd'hui, c'est la consommation de sucre. Les sucres rapides, contenus notamment dans les boissons sucrées, sont consommés en excès », explique Jean-Louis Schlienger, professeur de médecine.

Le manque d'activité physique des jeunes est un problème majeur aujourd'hui. « Un jeune sur cinq ne fait quasiment jamais de sport », s'inquiète Philippe Haas, chef d'établissement, « il faut leur redonner ce goût ». « D'autant que cela réduit le risque d'obésité et améliore les performances cognitives », renchérit le diététicien Xavier Bigard.

Est-ce un sujet que vous abordez avec vos amis ? Selon vous, que faudrait-il faire pour améliorer la santé des adolescents ?

SUJET 5

ARGENT DE POCHE POUR UN ADO : COMBIEN DONNER ET POUR QUOI FAIRE ?

Donner de l'argent de poche à son ado n'est pas une obligation, bien sûr. Mais si vous décidez de le faire, combien donner ? Une étude montre que les Français donnent en moyenne 20 € d'argent de poche par mois à leurs enfants âgés de 15 ans et plus.

Si vous le décidez, soyez ferme sur le montant et respectez une périodicité de versement régulière. L'argent de poche versé aux ados leur permet d'appréhender le monde de la consommation en toute autonomie et a, dans ce sens, des vertus pédagogiques. Les ados peuvent en effet prendre conscience du coût de la vie, gérer un budget et apprendre à épargner.

Il faut aussi être, dès le départ, précis et ferme sur les cas de figure où ce versement pourrait être suspendu.

Qu'en pensez-vous ? Comment cela fonctionne chez vous ? Et dans les familles de vos amis ?

Cahier d'exercices

Vive la nature !

1 Lisez les descriptions de ces lieux et associez-les aux images correspondantes.

1. L'Aven Armand

Ce monde fabuleux, vieux de plusieurs millions d'années, se trouve à plus de 100 m sous terre ; il cache des trésors uniques, comme la plus grande stalagmite du monde, d'une hauteur de 30 m.

2. Les cascades de tufs

Ces cascades magnifiques se trouvent à Baume-les-Messieurs, dans le Jura ; elles sont alimentées par la Cuisance, une petite rivière qui resurgit par les cavités creusées dans la roche calcaire, appelée *tuf*.

3. Le Cirque de Navacelles

Une rivière, la Vis, a creusé, avec le temps, un canyon de forme circulaire de 300 m de profondeur, le plus grand d'Europe, au fond duquel il y a un village et une cascade ! Le site naturel a été classé au patrimoine mondial de l'Unesco en 1943.

4. Les Ocres de Rustrel

Surnommées le « Colorado provençal », elles s'étendent sur plus de 30 hectares. Exploité jusqu'en 1992 pour extraire de l'ocre, le site est en réalité semi-naturel, puisque façonné par la main de l'homme.

5. Le Plateau de Valensole

La « Vallée du Soleil », ou Valensole, porte bien son nom. Au mois de juillet, les champs de lavande en fleurs ondulent à l'infini : un véritable paysage de carte postale ! Amandes, olives, miel et blé complètent ce très joli panier garni provençal le reste de l'année.

 a ☐
 b ☐
 c ☐
 d ☐
 e ☐

2 Vers le DELF **Maintenant relisez le texte et cochez la bonne réponse.**

1. L'Aven Armand est :
   a. ☐ une forêt.
   b. ☐ une grotte.
   c. ☐ un parc préhistorique.

2. La Cuisance est :
   a. ☐ l'autre nom d'une cascade.
   b. ☐ la montagne d'où tombe une cascade.
   c. ☐ le cours d'eau qui forme une cascade.

3. Le Cirque de Navacelles ressemble à :
   a. ☐ un cratère de volcan.
   b. ☐ une île.
   c. ☐ une dune.

4. Les Ocres de Rustrel se trouvent :
   a. ☐ en Provence.
   b. ☐ aux États-Unis.
   c. ☐ on ne sait pas.

5. Le Plateau de Valensole est célèbre pour :
   a. ☐ ses produits du terroir comme les amandes ou les olives.
   b. ☐ la couleur violette de ses champs en juillet.
   c. ☐ les températures élevées tout au long de l'année.

3 ▶ 94 Vers le DELF **Écoutez et répondez.**

1. Est-ce que Yasmina et Alain acceptent l'invitation de Benoît ? Pourquoi ?
2. Yasmina et Alain se sont-ils mis d'accord sur le sujet à traiter ?
3. Pourquoi Yasmina et Alain ont-ils de la chance, selon Benoît ?
4. Par quoi les gorilles sont-ils menacés ?
5. Quel lien y a-t-il entre la disparition des gorilles et les téléphones portables ?

Mots et expressions

4 **Complétez avec les animaux proposés.**

canard · crocodile · lion · ours · panthère · rat · souris · taureau · serpent

1. Dans l'histoire de Peter Pan, le Capitaine Crochet est poursuivi par un .... qui veut le dévorer.
2. Le .... et le .... sont aussi deux signes du zodiaque.
3. Dans le *Livre de la jungle*, Baloo est un .... , Bagheera est une .... et Kaa est un ....
4. Mickey est une .... , Oncle Donald est un ....
5. *Ratatouille* est l'histoire de Rémy, un jeune .... qui rêve de devenir chef cuisinier.

5 **Remettez les lettres dans l'ordre et associez les mots à l'image correspondante.**

1. TDÊTRA
2. FRGAIE
3. NDHLLREEIO
4. AILLNOPP
5. SLUELEERAT
6. CCCNLLEEIO

 a ☐
 b ☐
 c ☐
 d ☐
 e ☐
 f ☐

6 **Trouvez l'intrus et justifiez votre réponse.**

1. le cerf · le loup · le phoque · le renard
2. le taureau · l'aigle · la vache · le veau
3. l'hirondelle · le moineau · le requin · le pigeon
4. le lion · la girafe · le tigre · la panthère
5. le lapin · l'oie · le canard · le coq
6. le ver · l'abeille · la mouche · la guêpe

7 **Soulignez les erreurs dans ces descriptions (3 erreurs per animal).**

La sauterelle. C'est un poisson vert, jaunâtre ou brun, en fonction des espèces. Elle a de longues et fines pattes sur la tête ainsi que deux longues queues postérieures grâce auxquelles elle se déplace en sautant. Elle a quatre ailes. Elle habite les prairies, les bois et les endroits humides sur tous les continents.

La grenouille. C'est un insecte qui mesure en général de 2 à 10 cm. Son pelage lisse et humide peut être de diverses couleurs. Ses ailes postérieures sont plus longues que celles de devant, ce qui lui permet de faire des bonds jusqu'à 2 mètres. On la retrouve dans tout milieu suffisamment humide (bois, marais, prairies, etc.).

8 **Complétez avec les mots proposés.**

bois · colline · glacier · marais · plaine · prairie · rivière

1. On appelle _____ un terrain d'herbe qu'on utilise pour l'alimentation des animaux.
2. Un _____ se forme par l'amas de couches de neige accumulées.
3. Un relief de faible hauteur dont la pente est généralement douce est une _____ .
4. On appelle _____ une grande étendue sans reliefs.
5. Un terrain couvert d'eau stagnante s'appelle un _____ .
6. Une surface recouverte d'arbres est un _____ .
7. Une _____ est un cours d'eau qui se jette dans un autre fleuve.

Grammaire

LES PRONOMS DÉMONSTRATIFS NEUTRES

9 **Associez les éléments des deux groupes.**

☐ Ça m'est égal,
☐ Ça ne fait rien,
☐ Ça suffit !
☐ Ça va ?
☐ Ça vaut la peine
☐ Ça y est,

a. Arrête de bavarder !
b. d'essayer. C'est une occasion en or !
c. je n'ai aucune préférence.
d. si vous ne pouvez pas venir.
e. Très bien, merci.
f. vous pouvez commencer.

10 **Complétez avec *cela* / *ça* ou *ce* / *c'*.**

1. Vous avez fait _____ tout seuls ? _____ est incroyable !
2. J'ignore _____ qu'il a fait hier soir.
3. Parle-moi de _____ qui t'inquiète.
4. Les éco-gardes font le maximum pour protéger les rhinocéros mais _____ reste insuffisant.

5. Voir des éléphants de Sumatra dans la nature, _____ va être de plus en plus difficile.
6. Un ours brun dans son jardin, _____ n'arrive pas souvent !

11 **Choisissez l'option correcte.**

1. Un séjour en France ? [Ceci / Ça] m'intéresse beaucoup.
2. Retenez bien [ceci / cela] : à la différence des pingouins, les manchots vivent au pôle Sud et ne peuvent pas voler.
3. Consulter la météo avant de préparer sa valise, [c' / ceci] est important !
4. Le dauphin est un animal dangereux ? Qui vous a raconté [ce / ça] ?
5. Des tempêtes de sable ? Heureusement, [ce / cela] n'arrive pas souvent ici.

12 Complétez avec *celui, celle, ceux, celles* ou *cela / ça*.

1. Les paysages que je préfère sont .... de Normandie.
2. Pour voyager dans les pays tropicaux, les vaccinations conseillées sont .... contre l'hépatite et la fièvre typhoïde.
3. J'ai oublié de regarder la météo : j'ai pensé à tout sauf à ....
4. Son dernier voyage est moins reposant que .... de cet été.
5. Un rhinocéros à trois cornes ? .... n'existe pas !
6. La vie sociale de l'abeille est plus développée que .... de la guêpe.

LE PRONOM *EN* (COMPLÉMENT INDIRECT)

13 Remplacez les mots soulignés par *en* ou *de* + pronom tonique.

1. Je ne suis pas satisfait <u>de ce résultat</u>.
   → ....
2. Avez-vous encore envie d'élever <u>un panda roux</u> ?
   → ....
3. C'est moi qui me suis occupé <u>des poules</u>.
   → ....
4. Mardi, elle va revenir <u>de la campagne</u>.
   → ....
5. Je me souviens très bien <u>de tous mes animaux de compagnie</u>.
   → ....
6. Elle se plaint toujours <u>de devoir nourrir les animaux</u>.
   → ....

ADJECTIFS ET PRONOMS INDÉFINIS

14 Choisissez l'option correcte.

1. Cette brebis bêle tout le temps, [*les autres / chacune*] jamais.
2. [*D'autres / N'importe quelles*] forêts ont brûlé à cause des incendies.
3. Le rêve de [*quelconque / n'importe qui*] serait de visiter Paris.
4. [*N'importe qui / N'importe lequel*] pourrait le faire à ta place.
5. Vous connaissez .... [*d'autres / tout*] animaux en voie de disparition.

15 Complétez avec *chaque* ou *chacun(e)*.

1. .... est responsable de ses actions.
2. .... matin, je me réveille à 6 h 30.
3. Range tes affaires, ... chose à sa place, s'il te plaît.
4. .... année, nous allons en vacances sur une île différente.
5. Je connais par cœur le numéro de téléphone de .... de mes amis.

16 Complétez avec *tout(e)*, *tous les*, *toutes les*.

1. Il faut manger des fruits et des légumes .... jours.
2. Nous restons à votre disposition pour .... information supplémentaire.
3. Je n'en peux plus, il m'appelle .... cinq minutes !
4. En .... occasion, restez calme et ne paniquez pas !
5. Nous nous retrouvons .... ans au camping.
6. .... passager doit être muni d'une pièce d'identité.

17 Complétez avec *chaque, chacun(e), tout(e), tous les, toutes les.*

1. .... de ces recettes est à base d'une viande différente : dinde, bœuf et agneau.
2. Je bois un jus d'orange ou de pamplemousse .... matins.
3. Ne parlez pas tous ensemble ! .... aura la possibilité d'exprimer son opinion.
4. Le vétérinaire passe contrôler la santé des vaches .... deux semaines.
5. Pour .... information complémentaire, appelez le 01 99 00 73 15.
6. Nous choisissons .... année une destination différente pour nos vacances.
7. Vous pourrez préparer cette tourte avec des épinards ou .... autre légume.

18 Complétez avec les indéfinis proposés.

n'importe lequel · n'importe où · n'importe quand · n'importe quel · n'importe qui · n'importe quoi · quiconque

1. Ils ont promis une récompense à .... leur donnera des nouvelles de leur panda roux.
2. Je ne crois pas un seul mot de ce que tu dis : tu racontes vraiment .... !
3. On ne peut pas garer sa voiture .... !
4. Peut-on écrire sur .... sujet sur un site web ?
5. Tu peux adopter un animal, mais pas ....
6. Une fois là-bas, demande à .... et on t'indiquera où se trouve le lac.
7. Vous pouvez passer chez moi .... : je suis à la maison toute la journée.

LES VERBES *BATTRE, ROMPRE* ET *VIVRE*

19 Conjuguez les verbes entre parenthèses au temps et au mode indiqués.

1. Actuellement, François .... [vivre • présent] en Afrique et s'occupe des animaux en danger.
2. De quel sujet est-ce que vous .... [débattre • passé composé] pendant la réunion ?
3. Il s'agit d'une théorie originale, qui .... [rompre • présent] complètement avec la tradition.
4. Je t'admire beaucoup parce que tu .... [se battre • présent] pour la sauvegarde des forêts.
5. Quand nous .... [vivre • imparfait] à la campagne, nous étions moins stressés.
6. Quel lieu magique ! Seuls les chants des oiseaux et des criquets .... [interrompre • imparfait] le silence.

20 **TRADUCTION**

1. Regarde ces belles images de la forêt amazonienne ! Tu sais que chacun de ces arbres nous permet de respirer ?
2. Elle veut absolument un petit singe. Les autres animaux lui font peur.
3. Quand j'étais enfant je rêvais de vivre dans la savane avec des girafes.
4. Maintenant ça suffit ! On ne peut pas garder à la maison cette panthère parce que c'est dangereux.
5. Nous avons vécu avec passion chaque moment de notre voyage.

Communication

DÉCRIRE UN ANIMAL

21 ▶ 95 Écoutez les descriptions de ces animaux et associez-les aux images (il y a 3 intrus).

a ☐

b ☐

c ☐

d ☐

e ☐

f ☐

22 Écrivez les descriptions de ces animaux. Vous pouvez utiliser les suggestions proposées.

	classe	aspect	caractère	habitat	alimentation	caractéristiques
âne	mammifère	longues oreilles, pelage gris	très prudent	partout dans le monde	herbivore	robuste et travailleur
dauphin	mammifère marin	peau lisse	communicatif	océans, mers, fleuves	poissons	intelligent
oie	oiseau aquatique	plumage gris, marron ou blanc	sociable	zones humides (lacs, marais)	herbes, plantes aquatiques, carottes, navets, mollusques et larves d'insectes	bonne mémoire

23 Écrivez les descriptions de ces animaux, sur le modèle des exercices précédents.

1. le manchot

2. l'ours

3. le renard

Je m'exprime

EXPRIMER LA PEUR / METTRE EN GARDE / RASSURER ET ENCOURAGER

24 ▶ 96 **Écoutez les dialogues et associez-les aux situations proposées (il y a un intrus).**

1. ☐ Peur des insectes.
2. ☐ Peur des interros.
3. ☐ Peur de voler.
4. ☐ Timidité excessive.
5. ☐ Situation dangereuse.

25 **Complétez librement à partir des situations proposées.**

	situation	mise en garde	expressions utilisées
0	Christine parle à son ami qui part faire un voyage dans un pays tropical.	Faire attention aux moustiques.	Fais attention aux moustiques, ils peuvent être dangereux. Il vaut mieux que tu achètes un bon répulsif.
1	Nicolas prend des photos au bord d'une falaise.		
2	Nathan et Alice donnent à manger à des écureuils.		
3	Benji veut escalader un mur pour récupérer son ballon.		

26 **Écrivez les dialogues en suivant les indications.**

1. Clara téléphone à son amie Danielle parce qu'elle a lu qu'un animal sauvage s'est échappé d'un cirque. Elle la met en garde des dangers mais Danielle est fascinée par l'idée de trouver l'animal. Clara exprime sa peur et Danielle la rassure.

2. David voudrait partir faire un voyage en Afrique, mais il a peur des dangers qu'il pourrait rencontrer. Son ami Éric le rassure et l'encourage avec trois motivations (deux liées à l'environnement naturel et une aux animaux). David se laisse convaincre et il invite son ami à partir avec lui. Éric refuse parce qu'il a peur de prendre l'avion. C'est le tour de David de rassurer Éric.

27 **Ron, le meilleur ami d'Harry Potter, a horreur des araignées. Écrivez le dialogue entre lui, Harry et Hermione. Ces derniers essaient de le rassurer devant Aragog, l'énorme araignée amie d'Hagrid.**

28 **Quel est l'animal dont vous avez le plus peur ? Racontez pourquoi.**

29 ▶ 97 DICTÉE **Écoutez et écrivez.**

 Révisez avec le test de fin d'unité.

Courage !

1 ▶ 98 **Écoutez et répondez.**

1. Irène a été malade récemment. V F
2. Irène a été déçue par Jade. V F
3. Jade n'a pas eu le courage de dire la vérité. V F
4. Jade ne reconnaît pas son erreur. V F
5. Cochez les sentiments ressentis par Irène :
   a. ☐ amertume   **c.** ☐ déception   **e.** ☐ exaspération   **g.** ☐ frustration
   b. ☐ irritation   **d.** ☐ mélancolie   **f.** ☐ tendresse   **h.** ☐ tristesse
6. L'amitié entre les deux filles dure depuis longtemps. V F
7. Les deux filles décident de partir ensemble ce week-end. V F
8. À la fin du dialogue, Irène est encore très abattue. V F

2 Vers le DELF **Lisez l'article et répondez.**

LA RECETTE DU BONHEUR

La recette du bonheur, on aimerait tous savoir ce que c'est... Pour certains, le bonheur, c'est avoir beaucoup d'argent. Pour d'autres, cela pourrait se traduire par une belle carrière professionnelle, une santé de fer, une famille soudée et des amis qui répondent toujours présent, ou tout cela à la fois. Si vous souhaitez améliorer votre bien-être et trouver une formule pour avoir une vie épanouie, voici quelques idées qui vous guideront dans votre quête.

1. APPRENEZ À MIEUX VOUS CONNAÎTRE. Il est essentiel de s'aimer tel(le) que l'on est, et de se valoriser. De cette manière, vous pourrez entreprendre vos projets avec enthousiasme et bonne humeur.

2. OSEZ DIRE NON. On parle toujours d'être positif, de garder l'esprit ouvert, d'oser dire oui. Mais il est temps de penser à vous : ne vous forcez pas à faire ce qui ne vous plaît pas et passez votre temps à faire ce que vous aimez.

3. ESSAYEZ DE TOUJOURS VOIR LE BON CÔTÉ DES CHOSES. Apprenez à mieux gérer vos émotions pour éviter de vous angoisser trop facilement et arrêtez de voir des problèmes partout.

4. PARTAGEZ DE L'AMOUR AVEC LES PERSONNES QUI VOUS ENTOURENT. Donner de l'affection aux autres est l'une des clés du bonheur. Donc occupez-vous des personnes qui ont besoin d'aide : il est prouvé que contribuer au bonheur des autres peut nous rendre heureux à notre tour.

5. APPRENEZ À PARDONNER. Il est impossible d'être heureux si vous ressentez de l'amertume envers celui ou celle qui vous aura fait du mal. Il est donc important de savoir pardonner pour pouvoir passer à autre chose et aller de l'avant.

6. PRENEZ SOIN DE VOUS. Cela vous permettra d'avoir plus de confiance en vous et de croire en vos propres valeurs. Tout est bon quand il s'agit de se faire plaisir, loin du stress et des petits soucis quotidiens.

1. Est-ce qu'on est tous heureux pour les mêmes raisons ? Expliquez avec vos propres mots.
2. « (Une vie) épanouie » signifie :
   a. ☐ sereine.
   b. ☐ luxueuse.
3. Pour être heureux, il faut tout d'abord :
   a. ☐ faire preuve de courage.
   b. ☐ savoir s'accepter.
4. Pour accéder au bonheur, il est essentiel de :
   a. ☐ ne pas se forcer à faire ce qu'on n'aime pas.
   b. ☐ se montrer toujours disponible.

5. « Voir le bon côté des choses » signifie :
   a. ☐ être admiratif.
   b. ☐ être optimiste.
6. Pourquoi faire du bénévolat aide à être heureux ?
7. Quel bienfait apporte le fait de savoir pardonner ?
8. Quels bénéfices obtient-on quand on s'occupe de son bien-être ? Expliquez avec vos propres mots.

Mots et expressions

3 Classez les sentiments proposés en deux groupes (positifs / négatifs), puis écrivez l'adjectif (au masculin et au féminin) qui correspond à chaque sentiment.

accablement · admiration · amitié · amour · anxiété · bouleversement · déception · découragement · dégoût · effroi · ennui · enthousiasme · exaspération · frustration · gêne · honte · inquiétude · insatisfaction · joie · mécontentement · résignation · soulagement · tendresse

4 Associez les états d'âme aux situations correspondantes (il y a un intrus).

1. ☐ Aaron a pris la mère d'une camarade de classe pour sa grand-mère.
2. ☐ Adèle a découvert qu'on a pris une décision sans demander son avis.
3. ☐ Ambre a enfin reçu des nouvelles de son amie Manon après un mois de silence.
4. ☐ Arthur a très envie de commencer à travailler pour une nouvelle société.
5. ☐ Il fait nuit, il n'y a personne dans la rue, nous entendons des pas derrière nous.
6. ☐ Léo a reçu beaucoup de critiques négatives sur son projet.
7. ☐ On m'a dit que Pascal n'a pas invité son meilleur ami à son mariage.

a. angoisse **c.** enthousiasme **e.** étonnement **g.** jalousie
b. déception **d.** gêne **f.** irritation **h.** soulagement

5 Observez les images et complétez avec les mots proposés.

en colère · se disputer · se réconcilier · tient

1. Adam voudrait _____ avec Camille, mais elle n'a aucune intention de lui pardonner sa trahison.
2. Entre frère et sœur, il est normal de _____ .
3. Clémence _____ beaucoup à son amie Léna.
4. Antoine est _____ parce qu'il a découvert qu'on a piraté son mot de passe.

6 Écrivez les interjections qu'on peut utiliser dans ces situations (plusieurs solutions possibles).

1. Emma vient de voir pour la première fois la tour Eiffel la nuit avec ses jeux de lumière.
2. Eliott veut attirer l'attention de son camarade pour se faire passer les réponses du test.
3. Pour un seul point, Enzo n'a pas réussi son examen.
4. Élisa a mangé des fruits de mer, mais elle ne les a pas du tout appréciés.
5. Ça fait trois heures que Gabin écoute le professeur parler d'un sujet qui ne l'intéresse pas.
6. À la poste, les gens voient une dame qui ne respecte pas la file.

Grammaire

LA FORME INTERROGATIVE

7 **Complétez avec *qui*, *que* / *qu'* ou *quoi*.**

1. .... dois-tu faire demain matin ?
2. Avec .... Baptiste s'est-il disputé ?
3. .... se passe-t-il là-bas ?
4. .... a acheté les fleurs pour mamie ?
5. En .... cela nous concerne-t-il ?
6. .... avez-vous préparé pour le dîner ?

8 **Transformez en utilisant *Qui/Qu'est-ce qui/ que*.**

1. Pour qui avez-vous acheté ce livre ?
2. Qui a écrit *L'Étranger* ?
3. De quoi s'occupent-ils dans leur entreprise ?
4. Qui Mme Millet a-t-elle interrogé ce matin ?
5. Qui veut encore des pâtes ?
6. Que doit-on encore préparer pour demain ?

9 **Trouvez les questions et utilisez utilisez différentes formes interrogatives.**

0. Nous avons mangé des pâtes.
   → *Qu'avons-nous mangé ?*
   → *Qu'est-ce que nous avons mangé ?*
1. Quand j'étais enfant, j'avais peur des araignées.
2. Cet été, je veux partir à la montagne.
3. C'est Bach qui a composé ce concerto.
4. Ils ont invité tous leurs amis.
5. Nous sommes sortis avec Éva et Gabriel.
6. On accorde les adjectifs avec le nom.

LES TEMPS COMPOSÉS

10 ▶ `99` **Écoutez et écrivez le temps que vous entendez (PQP = plus-que-parfait, FA = futur antérieur, CP = conditionnel passé).**

1	2	3	4	5	6

11 **Conjuguez les verbes au plus-que-parfait.**

1. Nous vous .... [commander] ce gâteau il y a une semaine.
2. Lucas et Amir .... [arriver] à l'heure, mais le bureau était encore fermé.
3. Il était déprimé parce que son chien .... [mourir] le jour précédent.
4. Vous .... [avoir] des problèmes à retrouver votre chemin ?
5. Pourquoi tu .... [s'emporter] contre ta sœur ?
6. J'............... [chercher] la solution à leur problème pendant des semaines.
7. Tu vois ? On .... [ne pas se tromper] sur les qualités de Bruno

12 **Choisissez l'option correcte.**

Raphaël [sort / sortait / était sorti] de chez lui à 7 heures. Il [a été / était / avait été] pressé car il [a eu / avait / avait eu] rendez-vous avec son patron, qui lui [a proposé / proposait / avait proposé] une promotion professionnelle. Il [n'a pas dû / ne devait pas / n'avait pas dû] rater ce rendez-vous car il [a travaillé / travaillait / avait travaillé] très dur pour atteindre cet objectif.

13 **Complétez avec les verbes au futur antérieur.**

1. Appelez-nous quand vous .... [finir].
2. Tu ne trouves plus ton chat ? Il .... [sortir].
3. Je te remercierai quand tu .... [faire] ce que je t'ai demandé.
4. Désolée, nous ne pouvons pas attendre, nous .... [partir] quand tu arriveras.
5. Liam n'est pas encore arrivé ? Comme d'habitude, il .... [rater] son bus.
6. Le bus n'est pas passé. Il .... [avoir] une panne.

14 Complétez avec les verbes proposés conjugués au conditionnel passé. Puis dites s'il s'agit d'un regret (A), d'un reproche (B) ou d'une information non confirmée (C).

....

aimer · faire · devoir · ne pas devoir · se produire · vouloir

....

1. Elle .... revoir Paris. A B C
2. Tu .... te mettre en colère. A B C
3. L'accident .... à cause du brouillard. A B C
4. Nous .... nous réconcilier avec nos frères. A B C
5. Sacha et Giulia .... la paix. A B C
6. Tu .... me prévenir à l'avance. A B C

15 Transformez au passé.

0. Je crois qu'il arrivera vers 4 heures.
   → Je croyais *qu'il arriverait vers 4 heures.*
1. Vous savez bien que tôt ou tard il faudra tout remettre en question. → Vous saviez bien...
2. Il est évident qu'ils seront soulagés après qu'ils auront réussi leur examen. → Il était évident...
3. Je suis sûr qu'ils s'entendront parfaitement une fois qu'ils se seront parlé. → J'étais sûr...
4. Certains psychologues estiment que les problèmes liés à l'anxiété n'augmenteront pas. → Certains psychologues estimaient...
5. Tu penses que papa acceptera de nous laisser partir en vacances ensemble ? → Tu pensais...
6. Elle promet qu'elle ne le fera plus. → Elle avait promis...

16 Choisissez l'option correcte.

1. Ce jour-là, elle [se fâchait / s'était fâchée] parce que les invités [ne la remerciaient pas / ne l'avaient pas remerciée].
2. Ils m'ont promis qu'il m' [inviteraient / auraient invité] dès qu'ils [déménageraient / auraient déménagé].

3. Ma grand-mère [apprenait / avait appris] le français dans sa jeunesse et, cinquante ans plus tard, elle [le parlait / l'avait parlé] encore très bien.
4. Nous [pourrons / aurons pu] vous appeler seulement une fois que nous [rentrerons / serons rentrés] à la maison.
5. Je ne pensais pas qu'il [y aurait / y aurait eu] autant d'enthousiasme.
6. Revenez me voir seulement après que vous [aurez / aurez eu] les résultats de votre examen.

LA PHRASE EXCLAMATIVE

17 Pour chaque situation, écrivez une phrase exclamative.

0. Je lis un livre ennuyeux.
   → *Quel livre ennuyeux !*
1. J'ai mal au dos.
2. Inaya a dû surmonter beaucoup d'obstacles.
3. Je reçois une bonne nouvelle.
4. Inès est mécontente.
5. Je visite un appartement minuscule.

L'HYPOTHÈSE ET LA CONDITION (1)

18 Associez les propositions pour obtenir une phrase complète.

1. ☐ Si tu tiens à tes amis,
2. ☐ Si tu t'étais réconcilié avec tes amis,
3. ☐ Si tu es déçu par tes amis,
4. ☐ Si tu ne t'énervais pas tout le temps,
5. ☐ Si tu te mets immédiatement en colère,
6. ☐ Si tu m'avais fait confiance,

a. change de groupe !
b. tu ne leur mentiras jamais.
c. tu aurais plus d'amis.
d. tu n'aurais pas passé les vacances tout seul.
e. tu aurais économisé de l'argent.
f. tu n'as même pas le temps d'écouter les explications des autres.

19 Conjuguez les verbes entre parenthèses au temps et au mode qui conviennent.

1. Si demain soir vous arrivez avant 20 heures, on _____ [pouvoir] dîner tous ensemble.
2. Tu serais plus heureux, si tu _____ [avoir] plus confiance en toi.
3. Je serai l'homme le plus heureux si elle _____ [se réconcilier] avec moi.
4. Je ne serais jamais arrivé à temps, s'ils _____ [ne pas m'accompagner] en voiture.
5. Nous _____ [être] moins angoissés, si nous avions commencé plus tôt.
6. Si tu _____ [vouloir] faire la paix avec Théo, tu dois lui parler.
7. Si une araignée entrait dans ma chambre, je _____ [hurler] de terreur.
8. Si vous _____ [voir] Julie, dites-lui bonjour de ma part.
9. Mince ! On aurait payé moins cher, si on _____ [réserver] plus tôt.

20 À partir des éléments donnés, formulez trois phrases hypothétiques.

0. [tu] suivre mes conseils / [tu] ne pas avoir de problèmes.
   → *Si tu suis mes conseils, tu n'auras pas de problèmes.*
   → *Si tu suivais mes conseils, tu n'aurais pas de problèmes.*
   → *Si tu avais suivi mes conseils, tu n'aurais pas eu de problèmes.*
1. [elle] se comporter bien / [nous] lui permettre d'aller au concert.
2. [ils] invitent Noé / [je] ne pas aller à leur fête.
3. y avoir une grève des transports / [elles] rentrer du lycée à pied.
4. [je] pouvoir choisir, [je] s'inscrire à la faculté de médecine.

LES VERBES *PLAIRE* ET *RIRE*

21 Complétez avec les verbes *plaire* et *rire* conjugués au temps indiqué.

1. Hier, Valentin nous a raconté des blagues ; nous _____ [passé composé] comme des fous.
2. Je suis sûr que notre projet te _____ [futur simple].
3. Le premier appartement que nous avions loué ne nous _____ pas _____ [plus-que-parfait].
4. Le public _____ [imparfait] aux larmes en regardant le clown.
5. Qu'ils sont bizarres ! Ils ne _____ [présent] jamais, ils n'expriment aucun sentiment.
6. Sincèrement, les nouveaux modèles ne me _____ [présent] pas trop.
7. Si tu dis que tu veux être président, les gens te _____ [futur simple] au nez.
8. Tu sais très bien que tu me _____ [présent] beaucoup !

22 **TRADUCTION**

1. Tu n'aurais pas dû te disputer avec ta mère pour un motif aussi bête.
2. Si tu tenais vraiment à Juliette, tu ne lui cacherais pas la vérité.
3. Je me réjouis de cette bonne nouvelle !
4. Tu avais promis que ce serait la dernière fois ! Je suis vraiment déçue.
5. Dommage ! Si je n'étais pas tombé à quelques mètres de l'arrivée, j'aurais gagné.

Communication

EXPRIMER LA JOIE ET LA TRISTESSE

23 Vous postez ces trois images sur Instagram. Écrivez les textes qui les accompagnent (30 mots chacun).

24 Pour chaque situation, écrivez une réaction. Chaque phrase doit comporter une formule qui exprime la joie ou la tristesse, une phrase exclamative et une interjection.

1. Aujourd'hui tu as un contrôle très difficile, mais ton enseignant(e) est absent(e).
2. Ton chat / chien n'est plus rentré à la maison depuis trois jours.
3. Un professeur t'a félicité(e) pour tes résultats devant toute la classe.
4. Tu devais revoir un(e) ami(e) perdu(e) de vue depuis trois ans mais il/elle a eu un contretemps.
5. La fille/Le garçon qui te plaît t'a (enfin !) adressé la parole pour t'inviter à une soirée entre amis.
6. La famille de ton/ta meilleur(e) ami(e) va vivre à 300 km de chez toi.

EXPRIMER LA DÉCEPTION, LE REGRET ET LE REPROCHE

25 Observez les images et formulez un regret et un reproche.

0. – Je suis vraiment désolé, je ne l'ai pas fait exprès.
   – Tu aurais pu faire plus attention, quand même !

26 Ce matin, vous n'êtes pas allé(e) à l'école parce que vous avez peur d'être interrogé(e) et vous n'avez pas étudié. Un(e) de vos camarades vous a écrit ce message WhatsApp. Répondez-lui pour exprimer votre regret.

Tom
en ligne

Bravo !!! À cause de toi Mme Poulain s'est énervée, Léonie et Hugo ont été interrogés à ta place et ils ont eu une mauvaise note !

27 Écrivez ce que les personnages peuvent dire pour exprimer les sentiments indiqués.

1. Yannick et Florian ont raté leur train à cause d'une grève de métro. [regret]
2. La mère de Lilou n'est pas contente parce que sa fille s'est fait un tatouage. [déception]
3. La sœur de Maël découvre qu'il a utilisé sa tablette sans lui demander la permission. [reproche]
4. Lola n'approuve pas le comportement de sa copine Lina qui n'a pas été gentille avec son petit frère. [déception]
5. Alex a donné un conseil à Patrick, mais celui-ci ne l'a pas suivi et a eu un problème. [reproche]
6. Robin ne peut pas sortir avec ses amis. [regret]

28 Vous avez retrouvé une lettre que votre grand-mère a conservée parmi ses souvenirs. Imaginez la réponse qu'elle a envoyée à son amie. Utilisez les expressions suivantes : *j'ai eu tort, je m'en veux, je regrette, j'aurais pu.*

> *Chère Léa,*
>
> *Je suis vraiment désolée pour ce qui s'est passé cet après-midi. J'ai été insupportable. Je n'aurais pas dû te répondre mal, mais j'étais fatiguée et je me suis énervée, je suis navrée. J'ai été désagréable et agressive. Je regrette mon comportement et je te promets que cela ne se reproduira pas. J'espère que tu pourras me pardonner.*
>
> *Je t'embrasse très fort.*
>
> *Ton amie Lily.*

INVITER QUELQU'UN À SE CONFIER

29 ▶ [100] **Vers le DELF** Écoutez et écrivez le numéro du dialogue qui correspond aux images. Attention : il y a 4 images mais seulement 3 dialogues.

 a ☐
 b ☐
 c ☐
 d ☐

30 Écrivez le mini-dialogue pour l'image restante.

31 Vous rencontrez un(e) ami(e). Vous vous rendez compte qu'il/elle est triste. Vous lui proposez de vous confier ce qui le/la tourmente. Écrivez le dialogue.

32 ▶ [101] **DICTÉE** Écoutez et écrivez.

 Révisez avec le test de fin d'unité.

1 **De quel animal parle-t-on ?**

1. Il vit sur le continent africain et peut traverser le désert sans boire.
2. Elle tisse une toile.
3. Elle produit du miel.
4. Elle vole et porte des points noirs sur ses ailes rouges.
5. Il vit dans les arbres et mange des noisettes.
6. Elle est blanche et produit de la laine.
7. Il a deux bosses et il vit dans le désert.
8. Elle a un très long cou.

...... / 8

2 ▶ 102 **Écoutez et répondez.**

1. Madagascar est un(e) :
   a. ☐ marécage près de l'océan Pacifique.
   b. ☐ île dans l'océan Indien.
   c. ☐ cascade sur la côte Atlantique.
2. Le climat est continental. ☐V☐F
3. Il pleut souvent. ☐V☐F
4. Cochez les paysages cités.
   a. ☐ Plaine.   e. ☐ Steppe.
   b. ☐ Savane.   f. ☐ Forêts
   c. ☐ Glaciers.   tropicales.
   d. ☐ Volcans.
5. Cochez les animaux cités.
   a. ☐ Loups.   d. ☐ Papillons.
   b. ☐ Tortues.   e. ☐ Lézards.
   c. ☐ Crocodiles.   f. ☐ Caméléons.
6. La cuisine locale est à base de viande. ☐V☐F

...... / 6

3 **Complétez avec les expressions proposées.**

tient à · s'énerve · se disputent · se fâcher · sont tombés amoureux · faites la paix

1. Ils .... dès leur première rencontre.
2. Maintenant expliquez-vous et ....
3. J'ai perdu la montre de mon père, il risque de ....
4. Mes enfants .... toujours.
5. Ma sœur devient toute rouge quand elle ....
6. Il ferait n'importe quoi tellement il .... elle.

...... / 6

4 **Associez les sentiments aux phrases correspondantes.**

a. l'effroi   b. l'inquiétude   c. la nostalgie
d. l'admiration   e. l'encouragement
f. la tristesse   g. la déception   h. la surprise

1. ☐ Waouh ! Vous êtes très élégantes, les filles !
2. ☐ Je me souviens quand j'allais explorer la forêt amazonienne, c'était splendide.
3. ☐ Allez, tu peux le faire si tu travailles davantage !
4. ☐ Louise m'a quitté. J'ai le moral à zéro.
5. ☐ Ça alors ! Mes parents m'offrent un séjour linguistique à Paris.
6. ☐ Il est très tard et Paul n'est toujours pas rentré. Appelons-le sur son portable !
7. ☐ Au secours ! Il y a un serpent dans la douche !
8. ☐ J'aurais dû étudier plus pour le test de philo.

...... / 8

5 **Complétez avec *ceci, ce, c', cela / ça*.**

1. Les abeilles ne servent à rien ? Comment peux-tu dire .... !
2. .... dont je rêve, c'est d'aider à protéger les espèces en danger.
3. La chasse à la baleine, ... est inadmissible !
4. Avant, ... était pire : cette forêt était infestée de moustiques.
5. .... va mieux ? Tu n'es plus malade ?
6. Voici vos baguettes. Et avec .... ?

...... / 6

6 **Choisissez l'option correcte.**

1. Je voudrais visiter un continent différent, [n'importe quel / n'importe lequel].
2. Accepter [chacune / chaque] de nos émotions est important.
3. Se sentir découragé, ça arrive à [n'importe lequel / n'importe qui].
4. [Chacun / Chaque] paysage a son charme.
5. Vous avez vu [tous les / chaque] animaux de la ferme ?
6. [N'importe quelle / N'importe laquelle] fourmi peut porter 1000 fois son poids.

7. Vous devez prendre un comprimé [toutes les / chaque] deux heures.

8. [N'importe qui / Quiconque] connaît la steppe vous expliquera ses dangers.

...... / 8

7 **Remplacez les mots soulignés par le pronom *en* ou par *de* + pronom tonique.**

1. Les humains sont responsables de la disparition des éléphants.
2. Elle a peur des araignées.
3. Je reviens d'un voyage dans la steppe.
4. Nous parlons de nos amis explorateurs.
5. Ils sont sûrs de sauver ce panda roux.
6. Quand j'ai besoin de Laurie, elle n'est jamais là.

...... / 6

8 **Complétez avec *d'autres* ou *des autres*.**

1. Tu as .... secrets à nous confier ?
2. Il peut vous donner .... informations si vous le voulez.
3. Arrêtez de vous moquer ....!
4. Il n'y a plus d'arbres ici, nous allons en planter ....
5. J'attends l'opinion .... élèves.
6. Des solutions meilleures ? Bien sûr, il y en a beaucoup ....

...... / 6

9 **Trouvez les questions et utilisez différentes formes interrogatives.**

1. J'ai peur de toi.
2. Les requins se nourrissent de tout.
3. C'est mon oncle qui a recréé leur habitat.
4. Je prépare un abri pour les brebis.
5. Ils veulent un vrai changement.

...... / 10

10 **Conjuguez les verbes entre parenthèses aux temps composés (plus-que-parfait, futur antérieur ou conditionnel passé).**

1. Laura semble déçue : elle .... [rater] son examen.
2. Nous ferons la paix quand vous .... [finir] de nous mentir.

3. Si seulement ils .... [faire] des efforts avant, nous n'en serions pas là.
4. Ils ignoraient que vous .... [souffrir] pendant si longtemps.
5. Il .... [falloir] cacher notre déception.

...... / 5

11 **Transformez les phrases au passé.**

1. Vous savez que je vous écouterai.
   → Vous saviez que...
2. Je suis sûr que tu comprendras.
3. On espère que vous ne direz rien.
4. Je suppose qu'il sera satisfait.
5. Tu sais déjà qu'ils se disputeront.

...... / 5

12 **Pour chaque groupe d'éléments, formulez des phrases hypothétiques selon les trois typologies.**

1. [elle] se confier à un ami / [elle] se sentir mieux
2. [tu] me le demander / [je] t'aider
3. [il] ne pas y avoir de vent / [la chaleur] être insupportable.
4. [ils] ne pas répondre / [nous] changer de stratégie.

...... / 12

13 **Conjuguez les verbes entre parenthèses au temps et au mode indiqués.**

1. Les éléphants .... [vivre • indicatif présent] dans la savane.
2. Thomas .... [interrompre • indicatif présent] la discussion.
3. Je .... [rire • conditionnel présent] si je ne connaissais pas la vérité.
4. On aurait dit que tu .... [sourire • imparfait].
5. L'excursion .... [ne pas plaire • passé composé] aux élèves.
6. En avril, vous .... [visiter • futur antérieur] toutes les plages de la Normandie.
7. Les ours polaires ne .... [survivre • futur simple] pas à ces températures !

...... / 14

TOTAL ...... / 100

L'actu

1 ▶ 103 **Écoutez et répondez.**

1. Quelle est l'opinion d'Assma à propos de Wikipédia ?
2. Pourquoi Cédric apprécie-t-il le smartphone ?
3. Est-ce qu'Antoine lit attentivement les articles du *Monde* ?
4. Pourquoi Océane préfère-t-elle Twitter aux journaux ?
5. Que pouvez-vous faire si vous voulez exprimer votre avis sur la question ?

2 **Vers le DELF** **Lisez le texte et répondez.**

Les seniors sont accros aux réseaux sociaux

C'est officiel, les seniors et les réseaux sociaux sont en étroite connexion. Selon un sondage réalisé par l'Institut Français des Seniors, 80 % des personnes âgées de plus de 55 ans appartiennent à une communauté virtuelle, avec une préférence avouée pour Facebook. On a essayé de comprendre pourquoi. Voici trois témoignages.

Jean Bernard, 71 ans, retraité. « Pour moi, les réseaux sociaux sont un excellent moyen de rester en contact avec mes amis et ma famille. Je me connecte tous les jours pour écrire des messages à ma fille qui habite au Québec, et pour voir les photos de mes petits-enfants qu'elle m'envoie. Je crois que, grâce à cela, la distance qui nous sépare est moins longue, si vous voyez ce que je veux dire ».

Marguerite Moreau, 59 ans, commerçante. « J'avoue que je consacre plusieurs heures par jour à lire les posts de mes amis et à leur envoyer des messages. Il y a des moments où les clients sont peu nombreux et les réseaux sociaux m'aident à ne pas souffrir de solitude ».
En plus d'échanger des nouvelles, les réseaux sociaux permettent aux plus de 55 ans de se familiariser avec les outils numériques et de ne pas se laisser distancer par la technologie. Les seniors utilisent volontiers leur smartphone, même s'ils possèdent un ordinateur. Et comme ils savent que leurs enfants ou leurs petits-enfants utilisent Instagram ou Snapchat, ils n'hésitent pas à se créer des profils sur ces réseaux pour ne pas perdre le contact avec les « natifs du numérique ».

Pierre Rousseau, 80 ans, ancien cadre dans une société franco-allemande a bien appris à exploiter les ressources d'Internet : « Être membre d'un réseau me permet d'obtenir aisément des informations dans mes domaines favoris : la finance, le voyage et le bien-être. Et il y a des chances que je puisse rencontrer des personnes qui ont les mêmes centres d'intérêt que moi. »
Bref, plus d'échanges, plus de discussions, plus d'autonomie et donc un sentiment de bien-être et de sécurité renforcé.

Adapté de bluelinea.com

1. La majorité des personnes âgées :
   a. ☐ trouvent que les réseaux sociaux ont trop de secrets pour elles.
   b. ☐ sont des fans de Facebook.
2. Pour quelle raison Jean Bernard utilise-t-il les réseaux sociaux ?
3. Expliquez la phrase : « Je crois que la distance qui nous sépare est moins longue ».
4. Marguerite Moreau utilise les réseaux sociaux parce qu'elle :
   a. ☐ exerce un métier où le numérique est indispensable.
   b. ☐ a des périodes d'inactivité pendant la journée.
5. Pourquoi les seniors se créent-ils des profils Instagram ou Snapchat ?
   a. ☐ Pour pouvoir communiquer avec les générations les plus jeunes.
   b. ☐ Pour montrer qu'ils sont encore jeunes.
6. Cochez les sites qui pourraient intéresser Pierre Rousseau :
   a. ☐ www.alternatives-economiques.fr   c. ☐ www.france-voyage.com
   b. ☐ www.protection-animaux.com   d. ☐ www.lefilmfrancais.fr

Mots et expressions

3 Observez les images et complétez avec les mots proposés (il y a 2 intrus).

une chaîne · un débat télévisé · un journal télévisé · un magazine · un télé-crochet · une pub

1. ....
2. ....
3. ....
4. ....

4 Trouvez l'intrus et justifiez votre réponse.

1. un internaute · un animateur · un plateau · un téléspectateur
2. la presse en ligne · les réseaux sociaux · un blog · un hebdomadaire
3. un journal · un forum · un quotidien · un magazine
4. la télé-réalité · un film · un téléfilm · une série
5. le journal · le JT · les infos · le télé-crochet

5 Complétez avec les médias qui conviennent (plusieurs réponses possibles).

1. Selon les sondages, les Français regardent .... 3 h 45 par jour.
2. J'ai entendu à .... que les journalistes ont décidé d'annuler leur grève.
3. Cette brochure donne quelques conseils de sécurité pour naviguer sur ....
4. Hier, j'ai feuilleté .... chez le médecin et j'ai trouvé un article intéressant.
5. Les jeunes lisent peu .... et préfèrent consulter .... en ligne.
6. J'ai offert à ma nièce un abonnement à cet .... : elle le reçoit chez elle tous les jeudis.

6 Écrivez les noms des parties de l'article. Puis dites dans quelle rubrique on peut le classer.

Les sapeurs-pompiers de l'Hérault sont intervenus dans la nuit de jeudi à vendredi pour éteindre un incendie qui a ravagé le collège Katia et Maurice Kraft, situé dans le quartier de La Devèze à Béziers.

« Le feu s'est déclaré vers 22 h 30 dans le collège », ont indiqué les sapeurs-pompiers. Une douzaine de salles ont été lourdement endommagées, et deux d'entre elles ont été totalement détruites. Vendredi matin, les décombres du bâtiment fumaient encore.

« Une enquête de police est en cours pour comprendre pourquoi il y a eu ce déchaînement de violence et ces incendies », a déclaré le sous-préfet.

1

1. ....
2. ....
3. ....
4. ....
5. ....

2

Deux salles de classe d'un collège d'un quartier sensible de Béziers ont été détruites par un incendie criminel dans la nuit de jeudi à vendredi. **3**

↑ L'école ravagée par les flammes. **4**

Collège incendié : une soirée de violences urbaines à Béziers **5**

7 ▶ 104 **Jules aide Michaël à vendre un objet en ligne. Complétez avec les mots proposés (il y a 3 intrus). Puis écoutez pour vérifier votre réponse.**

clavier · clique · connecter · fenêtre · site Internet · lien ·
mot de passe · moteur de recherche · souris · tape · télécharger

Jules   Alors Michaël, ouvre la page du **(1)** .... et coche la case « nouveau membre ».

Michaël   Oui, voilà, il y a une **(2)** .... qui s'ouvre.

Jules   Maintenant, **(3)** .... sur le **(4)** .... que tu vois en haut à gauche : « créer un compte vendeur ».

Michaël   Ça y est !

Jules   Et voilà le formulaire qui s'affiche sur la page. **(5)** .... ton nom et ton prénom, choisis un **(6)** .... sécurisé et comme ça tu t'enregistres. Dernière étape : tu vas devoir valider ton inscription.

Michaël   Euh... comment est-ce que je fais ?

Jules   Tu acceptes les termes et conditions avec un clic de **(7)** .... sur la case « oui ».

Michaël   Ah, d'accord !

Jules   C'est fait. Maintenant tu peux te **(8)** .... et déposer ton annonce.

Michaël   Merci beaucoup.

Jules   De rien.

Grammaire

LE SUBJONCTIF

8 **Complétez la grille.**

infinitif	subjonctif présent
mettre	que je ....
choisir	que tu ....
venir	qu'elle ....
se trouver	que nous ....
vendre	que vous ....
savoir	qu'elles ....
aller	que j' ....
vouloir	que tu ....
devoir	qu'on ....
recevoir	que nous ....
être	que vous ....
nettoyer	qu'ils ....
faire	qu'il ....

9 **Conjuguez les 6 premiers verbes de la grille de l'exercice 8 au subjonctif passé.**

10 **Choisissez l'option correcte.**

1. Il est étonnant que nous ne [sachions / savions] pas encore l'heure de notre interview.
2. J'ai bien peur que vous [ailliez / alliez] vers un virus informatique.
3. M. et Mme Colet sont les seuls qui [pusse / puissent] avoir un intérêt dans cette affaire.
4. Il est indispensable qu'il [soit / soie] moins connecté aux réseaux sociaux.
5. Mes parents aimeraient que j'[ais / aie] une nouvelle imprimante.
6. Il faut que tu [fasses / faisses] plus attention la prochaine fois.
7. Je souhaite que vous [prenez / preniez] contact avec notre journaliste.

11 Conjuguez les verbes entre parenthèses au subjonctif présent.

1. Ils ont tout fait pour empêcher que tu
.... [sortir] avec nous.
2. Notre prof exigeait que nous
.... [traduire] tous les
dialogues.
3. Il aurait fallu que ces informations
.... [être] diffusées de
manière plus efficace.
4. Nous souhaitons que vous
.... [pouvoir] trouver un
scoop.
5. Il est urgent que l'on ....
[prendre] des mesures contre les spams.
6. Elle craint que sa mère ne
.... [lire] ses e-mails.
7. Ce sont les magazines les moins chers
que j'........................ [avoir] trouvés.
8. Il semble que le journaliste
.... [vouloir] modifier le titre
de sa chronique.

L'EMPLOI DU SUBJONCTIF

12 Justifiez l'emploi du subjonctif dans ces phrases.

0. Je souhaite qu'ils lisent plus de journaux.
→ *Subjonctif après un verbe qui exprime le désir.*
1. Amina a peur que ses enfants ne se connectent à des sites inappropriés.
2. Elsa est la personne la moins patiente que je connaisse.
3. Il est indispensable que vous diversifiiez vos sources d'information.
4. Je doute que nous puissions trouver de meilleures photos.
5. Il est possible que son compte Twitter ait été piraté.
6. Nous regrettons que notre article ne soit pas publié.
7. Il est dommage que cette émission ait dû s'arrêter.
8. Valérie veut que tu travailles demain.
9. Qu'il réponde maintenant ou qu'il nous laisse tranquilles !

---

13 Utilisez le subjonctif ou l'infinitif pour former une seule phrase.

0. Tu ne veux pas exprimer ton opinion. Je suis déçu. → *Je suis déçu que tu ne veuilles pas exprimer ton opinion.*
   Je peux enfin me reposer. Je suis content.
   → *Je suis content de pouvoir enfin me reposer.*
1. Grégory connaît la vérité. J'en doute.
2. Je vous annonce que ce site sera fermé. J'en suis désolé.
3. Les fautes typographiques sont de plus en plus nombreuses. Il regrette cela.
4. Les journalistes n'ont pas vérifié l'authenticité de l'information. Ils regrettent cela.
5. On écrit des articles sur ma vie privée. Je n'aime pas cela.
6. Tu n'as pas enregistré le fichier. M. Pontel est furieux.
7. Régine terminera son éditorial avant 15 h. Elle en doute.

INDICATIF OU SUBJONCTIF ?

14 Cochez la bonne case.

	+ indicatif	+ subjonctif
0. Je veux que…	☐	☒
1. Je trouve scandaleux que…	☐	☐
2. C'est le seul qui…	☐	☐
3. C'est moins difficile que…	☐	☐
4. Je ne crois pas que…	☐	☐
5. Il est évident que…	☐	☐
6. Il est probable que…	☐	☐
7. Je suis étonné que…	☐	☐
8. Il me semble que…	☐	☐
9. Il se peut que…	☐	☐
10. J'estime que…	☐	☐
11. Je constate que…	☐	☐
12. Pensez-vous que… ?	☐	☐

15 Choisissez l'option correcte.

1. [Il est clair / N'espérez pas] que je revienne mercredi prochain.
2. [Il est dommage / Il me semble] que ce logiciel n'est plus mis à jour par le fabricant.
3. [J'ai l'impression / Il est peu probable] qu'on a volé mon mot de passe.
4. [Je doute / J'espère] que cet antivirus soit efficace.
5. [J'estime / Je ne pense pas] qu'il s'est conduit de manière irrespectueuse.
6. [Je suis sûr / Je ne suis pas certain] qu'il sache résoudre cette équation.
7. [Je suis persuadé / J'ai bien peur] que vous vous soyez trompés.
8. [On dirait / Il semble] que cet article a été écrit par un enfant !
9. [Nous pensons / Il est possible] qu'elles ont pas mérité cette médaille.

16 Conjuguez les verbes entre parenthèses au mode et au temps corrects.

1. Connaissez-vous un site où l'on .... [pouvoir] télécharger des bandes-annonces de films ?
2. Croyez-vous que cette série .... [convenir] à un public d'enfants ?
3. Il est hors de doute que nous .... [rater] le JT de 20 h.
4. Il est probable que nous .... [devoir] choisir une autre illustration.
5. J'ai complètement oublié l'identifiant que j'............................. [choisir] !
6. Je crains que le clavier ne .... [être] cassé.
7. Je ne trouve pas que cet envoyé spécial .... [faire] un reportage intéressant.
8. Les candidats de ce télé-crochet sont moins bons que nous ne l'............................. [imaginer].
9. Pour moi, il ne fait aucun doute que la meilleure revue .... [venir] de France.

LES VERBES *CROIRE* ET *(CON)VAINCRE*

17 Conjuguez les verbes entre parenthèses au temps et au mode indiqués.

1. Isabelle .... [croire • passé composé] au Père Noël jusqu'à l'âge de 9 ans.
2. Les enfants .... [croire • indicatif présent] tout ce qu'on leur dit.
3. Nous .... [ne pas croire • indicatif imparfait] qu'elle puisse gagner la compétition.
4. Il ne voulait pas venir avec nous, mais nous l'............................. [convaincre • passé composé].
5. Les propositions du ministre .... [ne pas convaincre • indicatif présent] les téléspectateurs.
6. Il faut que tu .... [convaincre • subjonctif présent] tes parents de te laisser venir.
7. On .... [vaincre • indicatif présent] les difficultés en les affrontant.
8. Rien est impossible, que tu le .... [croire • subjonctif présent] ou non.

18 TRADUCTION

1. Je croyais que tu préférais les revues de mode à la presse à scandale.
2. Il me semble que tante Victoire n'a pas compris comment fonctionne Instagram.
3. Je ne pensais pas qu'il soit si facile de télécharger un fichier et de le sauvegarder sur son ordinateur.
4. Estimez-vous qu'on doive limiter la publicité à la télévision ?
5. Je trouve que l'interview n'a pas été conduite de manière correcte.

Communication

EXPRIMER L'OBLIGATION, LA NÉCESSITÉ, LA PERMISSION, L'INTERDICTION

19 ▶ 105 **Écoutez et précisez, pour chaque phrase, ce qu'exprime la personne qui parle :
obligation, nécessité, permission ou interdiction.**

1. ....

2. ....

3. ....

4. ....

5. ....

6. ....

20 ▶ 105 **Écoutez encore une fois les énoncés et reformulez-les avec une autre expression.**

21 **Observez les images et écrivez des slogans qui expriment l'obligation, la nécessité, la permission
ou l'interdiction.**

Obligation

Interdiction

Permission

Nécessité

22 **Écrivez...**

1. deux choses qu'il ne faut pas dire et deux qu'il ne faut pas faire sur les réseaux sociaux.
2. deux choses qui sont interdites et deux qui sont obligatoires à l'école.
3. deux choses qu'il est nécessaire de faire si on veut participer à un télé-crochet.
4. deux choses qu'il faudrait imposer et deux qu'il faudrait interdire pour la sauvegarde de la planète.

EXPRIMER LA CERTITUDE, LA PROBABILITÉ, LA POSSIBILITÉ ET LE DOUTE

23 **Écrivez des phrases avec les éléments proposés. Variez les expressions.**

0. **certitude** : changer • mot de passe
   ➜ *Il est évident qu'il vient de changer
   de mot de passe.*
1. **probabilité** : ne plus lire • presse papier
2. **possibilité** : recevoir • un spam
3. **doute** : débats politiques • crier

4. **certitude** : film • finir bien
5. **doute** : Internet • améliorer la
   communication
6. **possibilité** : un article • spectacle de danse
7. **probabilité** : personnage • disparaître
8. **doute** : tante Apolline • télé-réalité

3 Je m'exprime

24 Oscar n'est jamais d'accord avec ses amis. Imaginez ses réactions à ces affirmations.

0. Il est clair que la radio n'est plus à la mode.
→ *Je pense que des millions de jeunes écoutent toujours la radio.*

1. Probablement, il y aura un article sur l'accident d'hier dans le journal local.

2. Il se peut que tu aies effacé le fichier sans t'en rendre compte.

3. Ça m'étonnerait que le héros meure au deuxième épisode !

4. Paul était convaincu que la Toile n'aurait pas d'avenir.

5. Il y a des chances que notre série ne soit pas encore commencée.

6. Il est possible qu'Internet détruise la presse papier.

EXPRIMER SON OPINION

25 **Vers le DELF** Exprimez votre opinion sur les sujets suivants.

1. Pensez-vous qu'il faille interdire le téléphone portable à l'école ?

2. Croyez-vous que les informations qu'on lit sur les réseaux sociaux soient fiables ?

3. Est-ce que vous estimez qu'il faudrait empêcher les moins de 10 ans d'utiliser Internet ?

4. Faudrait-il introduire des cours obligatoires d'écologie dans toutes les écoles ?

26 Le graphique ci-contre présente les réseaux sociaux favoris des adolescents. Les adultes, eux, préfèrent Facebook, qui compte aujourd'hui 2 milliards d'utilisateurs, et Twitter. Écrivez un texte structuré en paragraphes qui explique les raisons de cette différence d'usage (180 mots).

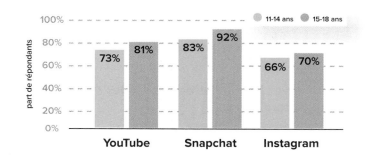

INTERAGIR

27 ▶ **106** Écoutez le dialogue et écrivez les expressions utilisées pour...

1. engager la conversation ;
2. intervenir ;
3. garder la parole ;
4. donner la parole ;
5. terminer la conversation.

28 Votre petit frère de 13 ans voudrait s'inscrire sur un réseau social et il vous demande de l'aider à convaincre vos parents. Écrivez le dialogue en suivant les indications.

• Vous introduisez le sujet et vous exprimez votre opinion.

• Votre père vous interrompt pour refuser de manière catégorique.

• Vous demandez à garder la parole et vous finissez d'exposer vos arguments.

• Votre père émet des doutes ; puis il donne la parole à votre mère pour connaître son avis.

• Votre mère hésite mais n'est pas contre ; elle explique pourquoi.

• Votre frère intervient et explique pourquoi il désire être sur un réseau social.

• Votre père finit par accepter, mais il exprime une interdiction ; il vous demande de vérifier que votre frère respecte les règles.

29 ▶ **107** **DICTÉE** Écoutez et écrivez.

 Révisez avec le test de fin d'unité.

Initiatives : banlieue !

1 ▶ 108 Vers le DELF **Écoutez les interviews et répondez.**

1. Quel est le but de cette émission de radio ?
   a. ☐ Connaître la réalité des banlieues à travers l'opinion de ses habitants.
   b. ☐ Essayer de comprendre comment améliorer la vie des habitants.
   c. ☐ Mettre en évidence les problèmes des banlieues.
2. Qui sont les personnes interviewées ?
3. Est-ce qu'elles partagent la même opinion ?
4. Qui donne l'image la plus négative de la banlieue ?
5. Qui, en revanche, en donne une image totalement positive ?
6. Mme Forges :
   a. ☐ est indignée à cause des préjugés négatifs sur les banlieues.
   b. ☐ exprime son inquiétude de vivre en banlieue.
   c. ☐ fonde son point de vue sur des données précises.
7. Pourquoi Tim veut-il changer de quartier ?
8. Quels arguments positifs et quels arguments négatifs Aminata avance-t-elle ?

> **93 (ou neuf trois)** = département de la Seine-Saint-Denis, situé au nord de Paris, et qui, dans l'imaginaire collectif, évoque l'image d'une banlieue dégradée.

2 Vers le DELF **Lisez et répondez.**

Médecins Sans Frontières (MSF) est une association humanitaire internationale, créée en 1971 à Paris par des médecins et des journalistes français.
Elle apporte une assistance médicale à des populations dont la vie ou la santé sont menacées, en France ou à l'étranger. Les équipes médicales interviennent généralement dans les pays en guerre, mais aussi après une catastrophe naturelle ou une pandémie.
Depuis 2014, MSF s'engage dans le sauvetage des migrants en Méditerranée. Les médecins fournissent des soins de santé aux personnes recueillies qui présentent souvent des blessures dues aux conditions extrêmes de leur traversée.
En France, les bénévoles organisent des réunions d'information dans les collèges ou les lycées pour expliquer aux élèves l'importance de la solidarité et de l'aide médicale humanitaire.
L'association est présente dans plus de 70 pays dans le monde. Elle emploie plus de 41 000 personnes chaque année. En 1999, MSF a reçu le prix Nobel de la paix.

MÉDECINS SANS FRONTIERES

1. Qui a fondé cette association ? Quand ?
2. Quel est le domaine privilégié de l'action de MSF ?
   a. ☐ L'éducation.   c. ☐ La lutte contre les inégalités sociales.
   b. ☐ L'antiracisme.   d. ☐ L'aide sanitaire.
3. De quelle manière MSF intervient auprès des migrants ?
4. Quel est le rôle des bénévoles ?
   a. ☐ Accompagner les médecins dans les pays en guerre.
   b. ☐ Informer sur les actions humanitaires de l'association.
   c. ☐ Accueillir les migrants blessés pendant les traversées.

Mots et expressions

3 **Trouvez l'intrus et justifiez votre réponse.**

1. un bénévole • un SDF • une personne en difficulté • une personne démunie
2. l'exclusion • l'injustice • l'inégalité • l'insertion
3. les aides sociales • la collecte • la discrimination • les structures d'accueil
4. une cité • un HLM • le quartier prioritaire

4 **Complétez avec les mots proposés.**

bénévoles · caritative · discrimination · exclusion · migrants ·
pauvreté · SDF · solidarité · subvention

L'association **Emmaüs France** fait partie d'un mouvement
international de lutte contre la **(1)** .... Emmaüs combat
l'**(2)** .... avec des valeurs fortes comme l'accueil,
la **(3)** .... , le travail... et ce, dans le respect des idéaux
de l'abbé Pierre, son fondateur.
Henri Grouès (1912-2007) était un prêtre catholique au profil plutôt
original : sous le nom de l'abbé Pierre, il s'était engagé dans la
Résistance française. En 1949 il a créé les Compagnons d'Emmaüs,
une fondation **(4)** .... laïque dont l'objectif est de
construire des logements provisoires pour les **(5)** ....
Les communautés Emmaüs fonctionnent sans aucune **(6)**
.... , grâce à la récupération d'objets, qui sont revendus dans des salles de
vente ou en ligne. Le rôle des **(7)** .... est aussi très important. Tous ceux qui se
présentent dans un groupe Emmaüs sont accueillis sans **(8)** .... , qu'il s'agisse
de personnes sorties de prison ou de **(9)** .... sans-papiers. Le parcours vers la
récupération de la dignité perdue et de la liberté passe par le travail.

5 ▶ 109 **Écoutez les situations et associez-les aux mots correspondants.**

a. ☐ le bénévolat
b. ☐ la collecte
c. ☐ la citoyenneté
d. ☐ l'injustice
e. ☐ la cité-dortoir

Grammaire

LE DISCOURS INDIRECT

6 Transformez au discours indirect.

0. Notre grand-père nous dit toujours : « Quand j'étais jeune, je suis parti au Brésil. »
➜ Notre grand-père nous dit toujours _que quand il était jeune, il est parti au Brésil_ .

1. Emma ordonne : « N'y allez pas sans moi ! »
➜ Emma ordonne _____ .

2. Il crie : « Les filles, ne rentrez pas tard ce soir ! » ➜ Il crie à ses filles _____ .

3. Pourquoi tu me dis : « C'est toi qui t'es trompé. » ? ➜ Pourquoi tu me dis _____ ?

4. Mme Klein dit à son fils : « Viens ici et raconte-moi ce qui s'est passé. » ➜ Mme Klein dit à son fils _____ .

5. Marc affirme : « Je ne sais pas quel est le sens du mot _racisme_. » ➜ Marc affirme _____ .

6. Ils disent à des spectateurs : « Vous ne pouvez pas occuper ces places-ci parce que ce sont les nôtres. » ➜ Ils disent à des spectateurs _____ .

7. Jules dit : « Je quitterai mon appartement en banlieue pour aller vivre avec ma femme à la campagne. » ➜ Jules dit _____ .

8. M. Étienne raconte à son petit-fils : « Quand j'avais ton âge, j'habitais dans un petit village au nord de Lyon ». ➜ M. Étienne raconte à son petit-fils _____ .

7 Pour chaque phrase directe, choisissez la phrase indirecte correspondante.

1. Le professeur annonce à ses élèves : « Demain on fera un test écrit. »
a. ☐ Le professeur annonce à ses élèves que le lendemain on fera un test écrit.
b. ☐ Le professeur annonce à ses élèves que demain on fera un test écrit.

2. Aya avait toujours dit : « J'irai à Paris pour mes 18 ans. »
a. ☐ Aya avait toujours dit qu'elle irait à Paris pour ses 18 ans.
b. ☐ Aya avait toujours dit qu'elle serait allée à Paris pour ses 18 ans.

3. Ma sœur m'avait dit : « J'ai beaucoup d'exercices à faire aujourd'hui. »
a. ☐ Ma sœur m'avait dit qu'elle avait beaucoup d'exercices à faire ce jour-là.
b. ☐ Ma sœur m'avait dit qu'elle avait beaucoup d'exercices à faire aujourd'hui.

4. Mya a annoncé : « Je reviendrai dans un mois. »
a. ☐ Mya a annoncé qu'elle reviendrait un mois plus tard.
b. ☐ Mya a annoncé qu'elle reviendra un mois plus tard.

8 Écrivez les phrases de l'exercice 6 au passé.

0. Notre grand-père nous disait toujours _que quand il était jeune, il était parti travailler un an au Brésil._

1. Emma ordonnait...
2. Il a crié à ses filles...
3. Pourquoi tu me disais... ?
4. Mme Klein a dit à son fils...
5. Marc avait affirmé...
6. Ils ont dit à des spectateurs...
7. Jules disait...
8. M. Étienne racontait à son petit-fils...

9 **Transformez au discours direct.**

0. Je lui ai dit d'y aller. → *Je lui ai dit : « Vas-y ! »*
1. Julia avait affirmé qu'elle les avait donnés la veille à la collecte.
2. Gabin m'avait promis qu'il passerait me voir la semaine suivante.
3. Noah affirme qu'il a beaucoup de travail ce matin.
4. Lou m'avait annoncé qu'elle allait m'offrir un livre pour mon anniversaire.
5. Le père conseille aux enfants d'aller faire une belle promenade cet après-midi.
6. Mme Bernard a dit à sa fille qu'il fallait patienter jusqu'au lendemain.
7. Tom m'a avoué s'être endormi pendant que je donnais ma conférence.
8. Elsa nous a expliqué que ce jour-là elle ne se sentait pas en pleine forme.

L'ORDRE DES DOUBLES PRONOMS

10 **Remettez les mots dans le bon ordre.**

1. pas / Elles / en / encore / m' / ne / parlé. / avaient
2. -la / Ramenez / sans tarder ! / -nous
3. dizaine. / Il / en / lui / offert / a / une
4. aperçus. / Ils / en / ne / pas / s' / sont
5. avez / Combien / donné ? / en / lui / vous
6. envoyez / les / pas ! / Ne / lui
7. présenter ? / tu / est-ce que / les / vas / Quand / me
8. le / pas. / permettra / On / vous / ne
9. encore / -la / une / Décris/ fois ! / -moi
10. les / mettez / Ne / pas ! / y

11 **Remplacez les mots soulignés par les pronoms correspondants.**

1. Il a montré son passeport au policier.
2. Il n'y a pas de centre d'accueil dans cette ville.
3. Souviens-toi de lui souhaiter un bon anniversaire.
4. Il faudrait donner plus de droits aux réfugiés.
5. Présentez vos excuses au directeur et à moi.

6. Ne parle pas de ce problème aux professeurs !
7. Vous pouvez laisser vos valises dans cette armoire.
8. Nous n'avons pas envoyé de fleurs à toi et à ta sœur.

12 **Répondez en utilisant les doubles pronoms.**

0. – Avez-vous confirmé votre arrivée au directeur du centre d'accueil ?
   – Oui, *nous la lui avons confirmée* .
1. – Est-ce qu'il y a des graffitis dans ton quartier ?
   – Non, _____ .
2. – Tu as déjà parlé des vacances à tes parents ?
   – Oui, _____ .
3. – Madame, vous pouvez nous expliquer la forme interrogative, s'il vous plaît ?
   – Oui, _____ .
4. – Est-ce que tu as mis les lettres dans le tiroir ?
   – Non, _____ .
5. – Est-ce qu'il a montré sa blessure à l'infirmière ?
   – Non, _____ .
6. – A-t-elle donné tous ses biens aux pauvres ?
   – Oui, _____ .

13 **Conjuguez les verbes à l'impératif affirmatif (2ᵉ personne du singulier) et ajoutez les pronoms proposés. Puis mettez les phrases à la forme négative.**

0. donner [moi, le] → *Donne-le-moi !*
                      → *Ne me le donne pas !*
1. envoyer [les, y] → _____
                      → _____
2. rendre [nous, la] → _____
                      → _____
3. permettre [le, leur] → _____
                      → _____
4. parler [moi, en] → _____
                      → _____
5. offrir [les, lui] → _____
                      → _____
6. s'occuper [en]   → _____
                      → _____

LE PLURIEL DES NOMS COMPOSÉS

14 Associez les mots des deux colonnes pour former des noms composés, puis transformez-les au pluriel.

1. ☐ une arrière-   a. bras
2. ☐ un avant-   b. cheveux
3. ☐ un laissez-   c. passer
4. ☐ un lave-   d. pensée
5. ☐ un rond-   e. point
6. ☐ un sèche-   f. vaisselle

1. ➔ des ....
2. ➔ des ....
3. ➔ des ....
4. ➔ des ....
5. ➔ des ....
6. ➔ des ....

15 Transformez les noms composés au pluriel et faites tous les changements nécessaires.

1. L'enfant s'amuse avec un cerf-volant.
....

2. On vient de découvrir une nouvelle contre-indication à ce médicament.
....

3. Dans la rue, on entend un va-et-vient continuel.
....

4. Au marché, maman a acheté un beau chou-fleur.
....

5. Le compte-rendu de la réunion sera prêt pour demain.
....

6. Je n'aime pas trop cette sauce aigre-douce.
....

7. Son grand-père est mort il y a deux ans.
....

8. Mon nouveau camarade est franco-allemand.
....

LES VERBES *VALOIR, CONCLURE* ET *SUFFIRE*

16 Conjuguez les verbes entre parenthèses au temps ou au mode indiqués.

1. Est-ce que le prix de la chambre .... [inclure • indicatif présent] le petit déjeuner ?

2. Son dernier roman lui .... [valoir • passé composé] le prix Goncourt.

3. Les médecins .... [exclure • passé composé] l'hypothèse d'une grave maladie.

4. Je suis heureux que la manifestation .... [se conclure • subjonctif passé] par une déclaration contre le racisme.

5. Les donations .... [ne pas suffire • passé composé] à couvrir toutes les dépenses.

6. Avec elle, il .... [suffire • indicatif imparfait] d'un regard pour que nous nous comprenions.

7. Un mille terrestre .... [équivaloir • indicatif présent] à 1,6 km.

8. Tu .... [valoir • futur simple] aux yeux des autres ce que tu .... [valoir • indicatif présent] d'abord à tes propres yeux.

17 **TRADUCTION**

1. Ma sœur m'avait dit qu'elle rentrerait avant minuit.

2. Les habitants de ce quartier se plaignent de la dégradation des HLM.

3. Tes parents savent que tu veux faire du bénévolat avec Médecins sans Frontières ?

4. La presse ne parle que des problèmes dans les banlieues, mais peu de personnes se préoccupent d'aider les habitants.

5. Nous avons besoin de bénévoles au centre d'accueil.

Communication

EXPRIMER L'INDIGNATION ET LA COLÈRE

18 **Complétez avec les expressions proposées.**

> je suis scandalisé · c'est inadmissible · ce qu'il a fait est inacceptable ·
> pester · ce n'est pas tolérable · il est rouge de colère · je suis furieuse ·
> ton comportement m'exaspère

A

— Mais **(1)** .... !

— Qu'est-ce qui se passe ?

— Tu n'as pas vu le graffiti sur le mur devant l'immeuble ?

— Fais-moi voir... Ouh là ! Mais **(2)** .... !

B

— **(3)** .... ! Si je la rencontre, elle va m'entendre, celle-là !

— Qui ça ?

— Mme Masson. Elle vient encore une fois de renverser les poubelles en sortant du garage.
Elle les a remises à leur place, selon toi ? Eh ben, non ! **(4)** ....
par son attitude !

C

— Juliette ! C'est quoi là, sur ton épaule droite ?

— C'est un tatouage. Tu m'avais dit que je pourrais le faire et...

— Je ne t'ai jamais donné l'autorisation ! Vraiment, Juliette, **(5)** ....

— Mais maman, arrête de **(6)** .... ! Ce n'est qu'un petit papillon coloré !

D

— T'as vu, Maxence ? Cet homme a giflé sa femme. **(7)** .... !
On intervient ?

— Oui, j'ai vu, mais, regarde : **(8)** .... , ce type ! Je vais appeler
la police, plutôt.

19 **Écrivez ce que les personnages peuvent dire pour exprimer leur colère / indignation.**

1. La mère de Livia n'est pas contente parce que sa fille lui a menti.

2. Laura a découvert que sa meilleure amie Constance a raconté à toute la classe un secret qu'elle lui avait confié.

3. Madame Henry a trouvé un chien abandonné sur la route.

4. Mélina réagit devant un jeune homme qui ne respecte pas la queue à la poste.

S'EXCUSER, REJETER LA RESPONSABILITÉ, ACCEPTER / REFUSER LES EXCUSES

20 ▶ **110** **Écoutez les mini-dialogues et indiquez si les phrases que prononcent les personnages sont pour s'excuser, rejeter la responsabilité, accepter ou refuser les excuses.**

1. .... 3. ....

2. .... 4. ....

21 **Écrivez le dialogue en suivant les indications.**

Aya se plaint auprès de son amie Margot parce qu'elle ne participe plus aux réunions de leur association de bénévoles. Margot s'excuse et expose les raisons de son absence. Aya accepte les excuses de Margot mais lui explique pourquoi on a besoin d'elle. Margot rejette la responsabilité et explique pourquoi.

22 **Observez les images et écrivez un dialogue pour chacune avec au moins une expression pour s'excuser, une pour rejeter la responsabilité et une pour accepter ou refuser les excuses.**

ARTICULER SON DISCOURS : LES CONNECTEURS

23 **Complétez avec les connecteurs logiques proposés (il y a 2 intrus).**

c'est pourquoi · d'abord · par conséquent · ensuite · car · enfin · toutefois · d'une part · de l'autre · bref

Dès sa création, l'UNESCO s'est préoccupée de condamner le racisme. (1) .... , l'acte constitutif de l'Organisation, en 1946, dénonçait déjà la discrimination.
(2) .... , en 1951 on a diffusé une déclaration, rédigée par des biologistes et des anthropologues, qui contestait le principe même de l'inégalité entre les hommes.
Et (3) .... , les propositions de Moscou de 1964 ont été inspirées d'une idéologie antiraciste.
(4) .... , le racisme existe encore dans notre société. (5) .... , la mondialisation a permis aux populations de se rencontrer et de se connaître, mais
(6) .... ce mélange de cultures, de langues et de mœurs a augmenté la peur de ce que l'on ne connaît pas et qui, (7) .... , nous effraie. (8) .... , il faut apprendre dès le plus jeune âge à ne pas discriminer les autres et à valoriser la différence.

24 **Complétez librement, selon la circonstance donnée.**

0. Nous a acheté deux jupes, trois pulls et cinq débardeurs ; [synthèse] *bref, elle a dévalisé le magasin !*
1. Les transports sont en grève ; [conséquence, opposition] …
2. On dit que la planète est en danger [cause, opposition] …
3. Pour aider les plus pauvres, on peut [énumération] …
4. Un petit boulot pendant les vacances d'été a des avantages et des inconvénients : [alternative] …

25 **Choisissez un des sujets proposés et écrivez un article de 150 mots pour le journal scolaire de votre lycée. Vous devrez utiliser au moins un connecteur de chaque catégorie (cause, conséquence, opposition, énumération, alternative, conclusion).**

- La banlieue n'est pas ce qu'on pense.
- Manifestations et violence.
- Le racisme au quotidien.

26 ▶ 111 **DICTÉE** Écoutez et écrivez.

Révisez avec le test de fin d'unité.

3·4 Je m'évalue

1 Complétez avec les mots proposés.

la Une · la presse · sa légende · le titre · local · un scoop

1. Je préfère lire _____ en ligne.
2. Les élèves de ce lycée ont fait une découverte qui paraîtra dans le journal _____ .
3. Quel est _____ de l'article ?
4. Les émeutes des banlieues faisaient _____ des journaux d'hier.
5. La pauvreté des habitants des banlieues n'est _____ pour personne !
6. Avant de lire un article, je regarde la photo puis je lis _____ .

...... / 6

2 ▶ 112 Écoutez et répondez par vrai (V) ou faux (F).

1. Issam est arrivé en France à l'âge de 15 ans. ☐V ☐F
2. Il ne parle pas bien français. ☐V ☐F
3. Luc s'indigne de la situation de la famille d'Issam. ☐V ☐F
4. La famille d'Issam a fui son pays d'origine. ☐V ☐F
5. Le père d'Issam a été bénévole auprès de réfugiés. ☐V ☐F
6. Une ONG a expliqué au père d'Issam comment faire une demande d'asile. ☐V ☐F
7. Issam explique la différence entre « être réfugié » et « être immigré ». ☐V ☐F
8. D'après Marie, connaître des personnes de cultures différentes est négatif. ☐V ☐F

...... / 8

3 Choisissez l'option correcte.

1. Que dois-je faire si je perds [mon identifiant / mon forum] ?
2. Alimentez votre [profil / blog] régulièrement pour partager vos idées.
3. Il suffit de [cliquer sur / renommer] l'onglet pour ouvrir la page.
4. Mamie, c'est avec [la souris / le clavier] que tu peux déplacer la flèche sur l'écran.
5. La [page d'accueil / toile] présente le sujet de votre site à vos lecteurs.

...... / 5

4 Conjuguez les verbes au subjonctif.

1. Tu veux que j' _____ [écrire] un article pour le journal local ?
2. Je ne pense pas qu'elle _____ [mettre] des photos sur Facebook !
3. Il se peut que tu _____ [connaître] cette nouvelle application.
4. Je doute que vous _____ [oublier] ce mot de passe.
5. Les immigrés craignent que les autorités _____ [venir] les chercher.
6. Il faudrait que nous _____ [être] plus solidaires.
7. Nous voudrions que vous _____ [faire] du bénévolat.
8. Il est possible que j' _____ [aller] parler aux jeunes de cette cité.
9. Je trouve inadmissible que tu _____ [répondre] mal à ton prof.
10. Je ne pense pas qu'il _____ [falloir] ouvrir cette page.

...... / 10

5 Choisissez l'option correcte.

1. Nous croyons que le problème de l'exclusion [soit / est] très sérieux.
2. Je regrette que vous [n'ayez pas / n'avez pas] obtenu d'aides sociales.
3. Il faut que nous [essayons / essayions] de réduire les inégalités.
4. Il paraît qu'il [a / ait] trouvé un bon travail.
5. Je ne veux pas que vous [ouvrez / ouvriez] un compte Facebook.
6. Nous espérons que vous [pourrez / puissiez] empêcher cette injustice.
7. Il ne connaît personne qui [peut / puisse] l'aider.
8. Il est impossible qu'il [ait créé / a créé] ce site Internet seul.
9. Pensez-vous que les jeunes Européens [sont / soient] racistes ?
10. Il ne fait aucun doute que s'intégrer [soit / est] difficile.

...... / 10

6 Remplacez les mots soulignés par les pronoms correspondants.

1. J'ai recommandé ce site Internet à mes élèves.

2. Vous devez parler <u>de vos problèmes</u> <u>à l'assistante sociale</u>.
3. Rendez <u>le passeport</u> <u>à cet homme</u> !
4. L'agent accompagne <u>ces enfants</u> <u>au centre d'accueil</u>.
5. Montrez-<u>moi</u> <u>la nouvelle version de ce programme</u>.
6. Ne nous communique pas <u>ces données</u>.
7. Nous n'avons pas envoyé <u>notre e-mail</u> <u>aux abonnés</u>. ...... / 7

7 **Transformez au discours indirect.**

1. Mon amie me confie : « J'ai l'intention de publier ce scoop. »
2. Il a déclaré : « Les bénévoles vont arriver dans cinq minutes. »
3. Luc nous informe : « Une association organisera une collecte alimentaire. »
4. Ils ont avoué : « Nous ne pouvons pas aider ce sans-abri en ce moment. »
5. Il a dit : « J'ai publié cet éditorial hier. »
6. Un journaliste dit à une passante : « Rentrez chez vous car les affrontements vont commencer ! »
7. Marc avait promis à son ami : « J'irai manifester avec toi la semaine prochaine. »
8. Mon père m'ordonne : « Ne tiens jamais de propos racistes. » ...... / 16

8 **Transformez au discours direct.**

1. Il m'informe que mon visa sera prêt demain.
2. Ils avaient affirmé qu'ils passeraient nous voir le lendemain.
3. Elle nous a raconté que deux ans plus tôt sa famille avait vécu dans un ghetto.
4. Mes amis nous préviennent qu'ils seront là dans quelques minutes.
5. Tu m'avais confirmé qu'elle publierait mon article le mois d'après.
6. Ma mère me dit d'éteindre l'ordinateur et d'aller me coucher. ...... / 12

9 **Choisissez l'option correcte.**

1. Je ne m'informe plus à travers la télévision ; [en revanche / en somme], je découvre l'actualité sur les réseaux sociaux.
2. Son compte Facebook a été piraté, [donc / pourtant] il a dû changer de pseudo.

3. [D'abord / En effet], Nabil a dû rencontrer l'assistante sociale ; [ou bien / puis] il a rempli le dossier de demande d'asile et [pourtant / pour finir], il a obtenu un permis de séjour.
4. Le taux de chômage augmente [car / en définitive] il est de plus en plus difficile de trouver un emploi.
5. Ils luttent contre la déscolarisation et le chômage, [bref / en conséquence] tous les problèmes sociaux de notre pays.
6. Un sans-abri est une personne qui n'a pas de logement [ou bien / de plus] qui a perdu sa nationalité ?
7. On devient bénévole dans une association caritative [parce qu' / cependant] on veut aider les autres. ...... / 7

10 **Conjuguez les verbes entre parenthèses au temps et au mode indiqués.**

1. Certaines séries américaines .... [valoir • présent indicatif] certains bons films français.
2. Je te .... [croire • futur] quand tu me donneras des preuves.
3. Grâce aux bénévoles, notre collecte .... [équivaloir • futur simple] à 100 repas pour les sans-abri.
4. Ils .... [vaincre • présent] leur peur quand ils sont tous ensemble.
5. Malheureusement, les intérêts économiques .... [prévaloir • passé composé] sur la justice sociale.
6. L'enquête .... [conclure • conditionnel passé] qu'en 2011 l'illettrisme en France avait diminué.
7. La prise en charge des services sociaux .... [ne pas suffire • imparfait] pour lutter contre sa déscolarisation.
8. Face au racisme, il faut que nous .... [croire • subjonctif présent] à la solidarité internationale !
9. L'assistante sociale lui répond : « .... [convaincre • impératif présent]-moi de votre bonne foi ! » ...... / 9

TOTAL ...... / 90

Citoyens et justice

1 **Vers le DELF** **Lisez et répondez.**

LES LIEUX DU POUVOIR

1 Le **PALAIS DE L'ÉLYSÉE**, situé rue du Faubourg-Saint-Honoré, est la résidence officielle du président de la République depuis 1848. Construit au début du XVIIIᵉ siècle, le palais a souvent changé de propriétaire ou de locataire. Se sont ainsi succédé dans ces murs qui transpirent l'histoire de France : Madame de Pompadour, la famille Murat et les Orléans, entre autres.

2 L'**HÔTEL MATIGNON**, situé rue de Varenne, est depuis 1935 la résidence officielle et le lieu de travail du chef du gouvernement, à savoir le président du conseil sous les IIIᵉ et IVᵉ Républiques, puis le Premier ministre sous la Vᵉ. Édifié au début du XVIIIᵉ siècle, l'hôtel a appartenu à différentes familles aristocratiques avant d'être racheté en 1922 par l'État Français à une famille allemande.

3 Le **PALAIS BOURBON** est le nom du grand édifice où se réunit l'Assemblée nationale. Il a été édifié au début du XVIIIᵉ siècle sur ordre d'une des filles de Louis XIV, puis transmis au prince de Condé. C'est la révolution de 1789 qui lui a donné sa vocation d'hémicycle. Son architecture a beaucoup évolué au fil du temps ; son aspect actuel remonte au début du XIXᵉ siècle. Il accueille aujourd'hui 577 députés.

4 Le **PALAIS DU LUXEMBOURG**, dans le 6ᵉ arrondissement, est le siège du Sénat qui y a été installé dès 1799. Ce palais a été construit en style italien au début du XVIIᵉ siècle par la reine Marie de Médicis.

1. Quelle est la résidence du président de la République ?
2. Est-ce que le Premier ministre travaille dans le même palais que le président de la République ?
3. Comment appelait-on le Premier ministre sous les IIIᵉ et IVᵉ Républiques ?
4. L'hôtel Matignon a-t-il toujours été une propriété de l'État français ?
5. Le palais Bourbon a-t-il été construit exprès pour accueillir l'Assemblée nationale ?
6. Est-ce que son architecture actuelle est identique à celle du XVIIIᵉ siècle ?
7. Le palais du Luxembourg a-t-il été construit après la Révolution française ?
8. Où siègent les députés ? Et les sénateurs ?

2 ▶ **113** **Écoutez et cochez la case quand vous entendez une promesse.**

1	2	3	4	5	6	7	8	9	10

Mots et expressions

3 Complétez avec les mots proposés.

....

abstention · accusé · campagne électorale · Code civil · députés · élections · judiciaire · législatives · présidentielle · suffrage universel

....

1. L' .... n'a pas convaincu les juges de son innocence.
2. L'Assemblée nationale est appelée aussi Chambre des ....
3. Le pouvoir .... appartient aux magistrats.
4. Le taux d' .... a augmenté : la plupart des électeurs n'ont pas voté aux dernières ....
5. Le .... est l'ensemble des lois qui définissent les infractions et les sanctions applicables.
6. Aujourd'hui, c'est le dernier jour de .... avant les élections ....
7. La France est une République ....
8. Le président de la République est élu au .... direct.

4 Associez les définitions aux mots correspondants.

1. ☐ l'acquittement
2. ☐ l'amende
3. ☐ témoigner
4. ☐ le citoyen
5. ☐ le gouvernement
6. ☐ porter plainte
7. ☐ l'escroquerie
8. ☐ le cambriolage

a. signaler à la justice une infraction dont on est la victime
b. décision des juges de déclarer l'accusé non coupable
c. déclarer à la justice ce que l'on sait ou ce que l'on a vu
d. institution qui exerce le pouvoir exécutif
e. tromperie opérée à travers des manœuvres malhonnêtes
f. individu qui, à l'intérieur d'un État, jouit de droits civils et politiques
g. vol commis après s'être introduit dans une maison par effraction
h. peine en argent infligée pour une infraction

5 Observez les images et complétez.

1. ....

2. ....

3. ....

4. ....

5. ....

6. ....

Grammaire

L'INTERROGATION INDIRECTE

6 Transformez à la forme indirecte.

0. « Est-ce que tu as reçu mon message ? »
→ Elle me demande si *j'ai reçu son message.*

1. « Tu voulais me parler de quoi, il y a quelques minutes ? » → Il est curieux de savoir…

2. « Est-ce que l'avocat est occupé en ce moment ? » → La cliente demande…

3. « Pourquoi vous ne m'écoutez pas ? »
→ Le témoin demande aux avocats…

4. « Que faisiez-vous hier dans cette maison ? »
→ Le policier m'interroge pour savoir…

5. « Quelle heure est-il ? » → Rose veut savoir…

6. « Dimanche prochain, tu viendras avec nous ou non ? » → Nous avons besoin de savoir…

7. « Qui est-ce qu'ils ont finalement condamné ? » → J'ignore…

8. « Quand le Parlement a-t-il voté cette loi ? »
→ Je ne sais pas…

9. « Qui est-ce qui va me défendre ? » → Lucas se demande…

7 Choisissez l'option correcte.

1. « Qu'est-ce que tu feras demain ? » → Éva m'avait demandé ce que [je faisais / je ferais / j'aurais fait] [demain / la veille / le lendemain].

2. « Qu'est-ce qu'il est allé faire là-bas ? »
→ Je m'étais toujours demandé [ce qu' / qu'est-ce qu' / quoi] il était allé faire là-bas.

3. « Qui est allé chez ma sœur la semaine passée ? » → Elle ignorait qui était allé chez [ta / sa / ma] sœur la semaine [dernière / précédente / passée].

4. « Est-ce que vous avez réservé des places pour le débat d'après-demain ? »
→ Il voulait savoir si nous [ayons réservé / aurions réservé / avions réservé] des places pour le débat [du lendemain / du surlendemain / d'après deux jours].

5. « Où as-tu trouvé cette information ? »
→ Hachim lui a demandé où [elle ait / elle avait / avait-elle] trouvé cette information.

6. « Le travail sera-t-il prêt dans une heure ou non ? » → Maayane nous avait demandé si le travail [sera / serait / aura été] prêt une heure [suivante / plus tôt / plus tard] ou non.

8 Transformez les phrases de l'exercice 6 au passé (mettez le verbe introducteur au passé composé, à l'imparfait ou au plus-que-parfait).

9 Alice raconte à Timothée l'e-mail qu'elle a reçu la semaine précédente de la part de sa copine Gaëlle. Utilisez les verbes introducteurs appropriés au passé.

> Coucou Alice, tu vas bien ?
> Je viens d'arriver à Washington après 11 heures de vol. Britney et toute sa famille sont venus me chercher à l'aéroport. J'étais très nerveuse, mais ils sont super sympas ! Je commencerai les cours dès demain.
> Tu me manques déjà. Qu'est-ce qui s'est passé au lycée aujourd'hui ? Tiens-moi au courant de tout ! Et comment va Timothée ? Est-ce qu'il a encore eu 20/20 en maths ? Qu'allez-vous faire le week-end prochain ?
> Bisous. Gaëlle
> PS : Tu te souviens d'Elton, le frère de Britney ? Il est encore plus mignon que sur la photo !

Gaëlle m'a demandé tout d'abord si j'allais bien.
Ensuite…

LA CAUSE

10 Choisissez l'option correcte.

1. Il est arrivé en retard [à cause / comme / parce qu'] il y avait des embouteillages.

2. Nous n'avons pas pu prendre le train [à cause d' / faute d' / grâce à] une grève des transports.

3. [Car / Comme / Parce que] vous avez déjà vu ce film, on en choisira un autre.

4. M. Roux est sans voix [à cause de / à force de / faute de] crier contre les coupables.

5. [À cause d' / Car / Vu qu'] il pleut, ils n'iront pas voter ce matin.

6. Je ne continuerai pas [faute de / puisque / comme] personne ne semble intéressé par ce que je dis.

11 Reformulez les phrases avec les éléments entre parenthèses.

1. Ils ont déménagé ; en effet, le tribunal était trop petit. [vu que]
2. Le juge l'a acquitté : il n'y avait pas de preuves. [comme]
3. C'est le fils d'un ministre ; il pense pouvoir nous aider. [puisque]
4. Alexis a des origines québécoises et il parle français avec un drôle d'accent. [en raison de]
5. Demain je dois me lever à 5 heures, donc ce soir je ne sors pas. [car]
6. Le projet ne pourra pas être réalisé : la région n'a pas les moyens financiers suffisants. [faute de]
7. Il a tenu des propos racistes et il a été condamné. [pour + *infinitif passé*]
8. Le maire et les adjoints sortants ont été réélus ; par conséquent, rien ne change à la mairie. [du moment que]

LA CONSÉQUENCE

12 Reformulez les phrases avec les éléments entre parenthèses.

1. Elle a mal dormi et ce matin elle a mal à la tête. [de sorte que]
2. Comme il a raté son bus, il a pris un taxi. [par conséquent]
3. Il n'avait pas d'argent pour payer l'amende, du coup il a fini au commissariat. [de telle façon que]
4. Damien a commis un délit et il a été puni. [c'est pour ça que]
5. Ils n'ont pas pris de dessert, parce qu'ils ont trop mangé. [tellement que]
6. Je n'arrive pas à m'endormir parce qu'ils font énormément de bruit. [un tel... que]
7. Nous sommes partis une semaine plus tard parce que nous avons eu un contretemps. [ainsi]

13 Utilisez les éléments entre parenthèses pour former deux phrases qui expriment la cause et la conséquence.

0. Elle est très stressée. Demain elle rencontre un député. [parce que / alors]
   → *Elle est très stressée parce que demain elle rencontre un député.*
   → *Demain elle rencontre un député, alors elle est très stressée.*
1. Dahlia a trouvé du travail en Autriche. Elle doit quitter la France. [car / c'est pourquoi]
2. Elle a gagné son procès. Elle n'a plus besoin d'un avocat. [comme / si bien que]
3. Nous n'avons pas pu nous asseoir. Il n'y avait plus de places. [en effet / de sorte que]
4. Vous ne me permettez pas de parler. J'arrête cette discussion. [du moment que / du coup]
5. On ne l'a pas reconnue. Elle est devenue très grande. [puisque / si... que]

14 TRADUCTION

1. Pendant le procès, l'avocat a interrogé l'accusé et il lui a demandé pourquoi, ce soir-là, il n'avait pas répondu au téléphone.
2. Le candidat a rencontré les citoyens pendant sa campagne électorale.
3. Je ne trouve plus ma carte d'électeur, du coup je dois aller à la mairie.
4. Je vous garantis que si je suis élu, je construirai le stade que vous demandez depuis de nombreuses années.

Communication

FORMULER UN SOUHAIT OU UNE INTENTION

15 ▶ 114 **Écoutez et remplissez la grille ci-dessous.**

	qui	souhait	dans quel but	expressions de souhait
1				
2				
3				
4				
5				

16 **Associez chaque personne à son rêve, puis formulez son souhait. Variez les expressions.**

 1 □
 2 □
 3 □
 4 □

 a
 b
 c
 d

17 **Formulez un souhait sur chacun de ces sujets :**

- vos études ;
- votre avenir professionnel ;
- votre famille ;
- l'environnement ;
- vos prochaines vacances ;
- vos ami(e)s.

JUSTIFIER SES CHOIX, SES OPINIONS

18 **Trouvez au moins trois explications possibles pour justifier ces faits.**

1. Le test de français ne peut pas être repoussé à la semaine prochaine.
2. On doit renoncer aux vacances au ski.
3. Dimanche, vous ne pourrez pas sortir avec vos ami(e)s.
4. Vous avez quitté votre petit(e) ami(e).
5. Vous posez votre candidature pour un petit boulot à l'étranger.
6. Vous portez plainte contre votre voisin(e).
7. Vous avez oublié d'aller chercher le pain.

19 Vers le DELF **Choisissez une de ces images et écrivez un texte de 80 mots : exposez le problème représenté, exprimez votre point de vue et justifiez-le.**

1

2

3

PROMETTRE

20 **Lisez le texte et répondez.**

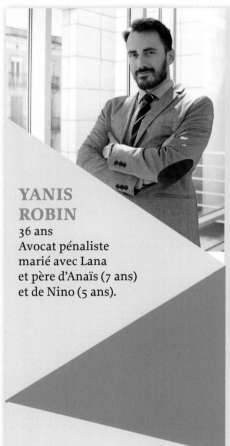

YANIS ROBIN

36 ans
Avocat pénaliste
marié avec Lana
et père d'Anaïs (7 ans)
et de Nino (5 ans).

Pourquoi je veux devenir maire de cette ville ? Parce que j'aime ma ville, je crois beaucoup en son potentiel et je veux lui consacrer toute mon énergie.

Ma candidature repose sur une grande passion, de fortes convictions, et de l'enthousiasme à revendre.

Voici mon programme :

- *réduction des impôts locaux* : je m'engage à baisser les impôts grâce à une politique financière rigoureuse, qui conduira à la diminution des dépenses publiques.
- *sécurité* : je promets d'augmenter sensiblement les effectifs de la police municipale ; de cette manière les quartiers sensibles seront plus surveillés, et donc plus sûrs de jour comme de nuit.
- *jeunes* : vous pouvez compter sur moi pour la modernisation et l'amélioration des infrastructures sportives et la création d'une Maison des Jeunes et de la Culture pour que nos enfants puissent se retrouver, faire du sport et des activités culturelles.
- *personnes âgées* : je vous garantis que nous avons l'intention de mettre en place des actions concrètes pour répondre à leurs besoins et développer des services d'aide à domicile (préparation des repas, courses, ménage...).

Vous pouvez compter sur moi.

Yanis Robin

1. De quel type de document s'agit-il ?
   a. ☐ Une lettre formelle. b. ☐ Une brochure. c. ☐ Une affiche.
2. Quelle est la raison principale de la candidature de Yanis ?
3. Quel est le premier objectif de son programme ?
4. Pourquoi veut-il augmenter les effectifs de la police municipale ?
5. Quels sont ses engagements pour les jeunes et pour les personnes âgées ?
6. Soulignez les expressions utilisées pour exprimer ses promesses et réemployez-les dans des phrases personnelles.

21 À partir de ces slogans, écrivez le programme électoral d'un candidat aux élections municipales.

Wi-Fi • haut débit • tout gratuit.

Les comités de quartier, votre bouche ; moi, votre oreille.

AVEC DES FLEURS, C'EST LE BONHEUR.

AIRES DE JEUX, **MON** ENJEU !

BICYCLETTE ET TROTTINETTE : MOBILITÉ PARFAITE !

22 Faites des promesses sur ces sujets. Variez les expressions.

- Le lycée.
- Votre portable.
- La relation avec vos parents.
- Les sorties.

ÉCRIRE UNE LETTRE FORMELLE

23 Remettez la lettre dans le bon ordre.

a. ☐ Cette décision, en effet, ne tient pas compte des exigences des parents : puisque la sécurité est primordiale, il devrait nous être possible de surveiller l'entrée et la sortie de nos enfants, et également d'être contactés en cas d'urgence, grâce à leurs téléphones portables.

b. ☐ *Simon Nguyen*

c. ☐ Dans l'attente de votre réponse, je vous prie d'agréer, Madame la Directrice, l'expression de mes sentiments distingués.

d. ☐ Madame la Directrice
École Charles de Foucault
31, rue Feuillat
69003 – Lyon

e. ☐ En outre, je suis convaincu que, pendant les cours, les téléphones portables sont utiles aussi bien aux enfants qu'aux enseignants, car on peut les utiliser de manière intelligente, par exemple pour faire des recherches.

f. ☐ Lyon, le 10 décembre 20**

g. ☐ Je vous écris pour exprimer mon désaccord sur l'interdiction des téléphones portables à l'intérieur de l'établissement.

h. ☐ Simon Nguyen
9, rue Jules Verne
69003 – Lyon

i. ☐ Madame la Directrice,

j. ☐ Objet : interdiction des téléphones portables

k. ☐ Pour résumer, nous devons nous adapter aux nouvelles technologies et accepter leurs bienfaits.

24 Vous êtes le directeur/la directrice de l'école : répondez à la lettre de l'exercice précédent.

Révisez avec le test de fin d'unité.

École et travail

1 ▶ 115 **Écoutez et répondez par vrai (V) ou faux (F).**

1. Les lycéens français peuvent étudier à l'étranger seulement pendant un trimestre. ☐V ☐F
2. Entre 15 et 18 ans, on s'adapte facilement aux changements. ☐V ☐F
3. À leur retour, les élèves obtiennent toujours des équivalences. ☐V ☐F
4. Certains estiment qu'une année passée à l'étranger risque d'être une perte de temps. ☐V ☐F
5. Les avantages des séjours à l'étranger sont nombreux. ☐V ☐F
6. La plupart des élèves dressent un bilan négatif de leur expérience à l'étranger. ☐V ☐F

2 **Vers le DELF** **Lisez et répondez.**

Comment trouver un stage à l'étranger ?

Décrocher un stage à distance n'est pas toujours facile. Pour y parvenir, ne vous dispersez pas. Plutôt que de multiplier les candidatures, demandez-vous quel pays vous attire mais aussi dans quel type de structure vous voudriez être accueilli(e). Passage en revue de quelques pistes possibles.

1. En ambassade ou en consulat
Chaque année, le ministère des Affaires étrangères offre environ 500 postes de stagiaires dans les services de presse ou d'action culturelle, dans les départements consulaires… L'attribution des places dépend, entre autres, de la pertinence du projet que vous devrez présenter avec votre candidature.

2. Avec l'Alliance française
École de langues et outil de rayonnement culturel, l'Alliance française fait souvent appel à des stagiaires. Vous n'aurez que l'embarras du choix : le réseau se répartit dans 132 pays et compte près de 800 établissements. Les Alliances sont particulièrement friandes d'étudiant(e)s en littérature, en langues ou en instituts d'études politiques.

3. À la Commission européenne
La Commission propose des stages aux titulaires d'une licence* qui maîtrisent une langue officielle de l'Union européenne. Pendant cinq mois, environ 1300 stagiaires reçoivent une bourse mensuelle de 1120 €. On pourra vous demander d'organiser des débats publics, de rédiger des comptes rendus ou encore de réaliser des recherches documentaires.

Diplôme que l'on obtient au terme de trois ans d'université.

Où postuler pour trouver un stage à l'étranger ? par Sophie Collet, avec la collaboration de Morgane Taquet, publié le 11 février 2019 © l'Étudiant

1. Quel est le but de ce texte ?
   a. ☐ Expliquer ce qu'est un stage à l'étranger.
   b. ☐ Donner des conseils pour effectuer un stage.
2. Que faut-il faire avant de partir à la recherche d'un stage ?
3. Pour faire un stage au ministère des Affaires étrangères, il faut :
   a. ☐ résider dans certains départements.
   b. ☐ préparer un projet.
4. Selon vous, pourquoi les Alliances françaises recherchent-elles surtout des étudiants « en littérature, en langues ou en instituts d'études politiques » ?
5. Les élèves de Terminale peuvent-ils effectuer un stage à la Commission européenne ?
6. Pour participer à un stage de la Commission européenne il faut :
   a. ☐ bien connaître une des langues parlées dans les institutions de l'UE.
   b. ☐ payer 1120 €.

Mots et expressions

3 **Complétez avec les mots proposés (il y a 3 intrus).**

bulletin · collège · école élémentaire · école maternelle · établissement · étudiant · lycée général · lycée professionnel · lycéen · moyenne · notes · principal · proviseur

1. À quatre ans on va à l'_____ .
2. L'_____ accueille les enfants de 6 à 11 ans.
3. Le _____ dure quatre ans.
4. Le chef d'établissement d'un lycée est le _____ .
5. En France, la _____ est 10/20.
6. Il est _____ à l'université de Lille.
7. Le _____ scolaire est un document qui contient les _____ d'un trimestre.
8. Les élèves doivent rester dans l'_____ en dehors des heures de cours.
9. Les collégiens qui veulent apprendre un métier s'orientent vers un _____ .

4 **Associez les mots proposés à l'image correspondante.**

a. la carrière **b.** le chômeur **c.** le licenciement **d.** l'offre d'emploi **e.** la rémunération **f.** la sélection

1 ☐   2 ☐   3 ☐   4 ☐   5 ☐   6 ☐

5 **Associez les définitions aux mots correspondants.**

1. ☐ un cadre
2. ☐ le CDI
3. ☐ un contrat à temps partiel
4. ☐ un fonctionnaire
5. ☐ les références
6. ☐ un(e) salarié(e)
7. ☐ le syndicat

a. association qui a pour but de défendre les intérêts économiques communs à une profession
b. personne qui est rémunérée par un employeur
c. contrat de travail qui a une durée illimitée
d. contrat qui prévoit un nombre d'heures de travail inférieur à 35 par semaine
e. personne qui a des responsabilités dans l'entreprise
f. témoignages donnés par un ex-employeur sur une personne à la recherche d'un emploi, qui attestent son comportement et ses qualités
g. une personne qui travaille dans l'administration publique

6 **Choisissez l'option correcte.**

1. Synonyme argotique de travail : [boulot / boulotte / bulot].
2. Expression familière qui signifie travailler : [boxer / bosser / bausser].
3. Les salariés ont droit à des [congés / conjets / congeds] payés.
4. Mon entretien s'est bien passé ; j'espère être bientôt [embauché / emboché / ambauché].
5. Il s'est adressé à son [sindicat / syndicat / syndiqué] pour vérifier les clauses de son contrat.
6. Actuellement il est [apprenti / apprendiste / apprendi] dans une entreprise.
7. Il a un air un peu bizarre, mais c'est un véritable [professionniste / professionnel / professionnal].

Grammaire

LE BUT

7 **Choisissez l'option correcte.**

1. Après une journée de travail, elle va chanter dans une chorale [de manière que / de manière à] se détendre.
2. Je sors avec les enfants [pour que / pour] tu puisses te reposer un peu.
3. Lilou révise avec obstination [dans le but que / dans le but d'] obtenir son diplôme.
4. Le professeur a répété la règle du subjonctif [afin que / afin de] nous la comprenions mieux.
5. Léo n'étudie qu' [afin du / en vue du] diplôme : la culture ne l'intéresse pas.
6. Il a envoyé une lettre de motivation à cette société [dans l'intention d' / afin que] être embauché dans le service de vente.
7. Si tu préfères, demain matin j'arrive plus tôt [afin que / afin de] partir un peu avant l'heure prévue.
8. Ses parents ne lui ont rien dit [pour / pour qu'] il ne soit pas trop déçu.
9. L'institutrice a laissé les enfants découvrir la règle tout seuls [de sorte que / pour] développer leur raisonnement logique.

8 **Associez les deux propositions et reliez-les avec des expressions de but. Variez les expressions.**

1. ☐ Elle ferait n'importe quoi
2. ☐ Je vais acheter une voiture à mon fils
3. ☐ Le matin, cette jeune mère part travailler sans faire de bruit
4. ☐ Les étudiants ont organisé une manif
5. ☐ Nous avons économisé de l'argent
6. ☐ Tu devras étudier tous les jours
7. ☐ L'entreprise a annoncé une campagne de recrutement
8. ☐ Ils viennent de lancer une pétition

a. .... acheter un appartement plus grand.
b. .... de la saison touristique.
c. .... il lui demande de sortir avec elle.
d. .... il soit indépendant.
e. .... l'augmentation du salaire des fonctionnaires.
f. .... protester contre le manque de salles de cours.
g. .... réussir ton bac.
h. .... son bébé ne se réveille pas.

9 Formulez une seule phrase avec les éléments entre parenthèses.

0. Il a insisté ; il voulait les convaincre. [pour]
    → *Il a insisté pour les convaincre.*

1. Relis ton texte avec attention ; tu limiteras le nombre de fautes. [de manière à]
    → ....

2. Ne parle pas trop vite ; tout le monde comprendra. [pour que] → ....

3. Elle est partie travailler à Madrid ; elle espère obtenir une promotion. [en vue de]
    → ....

4. Ils sont partis à 5 heures ; ainsi, ils éviteront les embouteillages. [afin de]
    → ....

5. Il s'est approché silencieusement ; il voulait que tu ne l'entendes pas arriver. [de sorte que] → ....

6. Oscar a invité sa collègue à la maison ; elle pourra connaître sa femme. [afin que]
    → ....

L'HYPOTHÈSE ET LA CONDITION (2)

10 Complétez avec les expressions proposées.

à condition d' · à moins que · au cas où · en cas de · pour peu qu' · pourvu que

1. Je te prêterai mon dico de français .... tu me le rendes immédiatement après ton contrôle.
2. Vous n'obtiendrez pas ce travail, ... vous n'ayez un doctorat.
3. Apolline rougit .... on lui fasse des compliments.
4. Évitez de prendre la route .... il commencerait à neiger.
5. .... fièvre, donnez-lui ce médicament.
6. Lyam pourra décrocher cet emploi, ... accepter de partir trois ans en Suisse.

11 Formez des phrases avec un élément de chaque groupe.

1.	On n'ira pas en vacances,
2.	L'affichage est interdit
3.	Je suis obligé de prendre le métro
4.	Romane adore faire du sport en plein air
5.	Tu obtiendras ton diplôme

A.	à moins d'
B.	pour peu que
C.	à moins que
D.	en cas de
E.	à condition qu'

a.	tu révises tes cours.
b.	tu m'accompagnes en voiture.
c.	il fasse beau.
d.	mauvais temps.
e.	avoir l'autorisation du proviseur.

12 Reformulez les phrases avec les éléments entre parenthèses.

0. Si vous aimez la BD, vous aller adorer le denier *Astérix*. [pour peu que]
    → *Pour peu que vous aimiez la BD, vous aller adorer le dernier Astérix.*

1. Je m'inscrirai à ce cours, seulement si tu viens toi aussi. [pourvu que]
2. Si tu n'as pas de diplôme, tu peux faire valoir ton expérience professionnelle. [au cas où]
3. Tu peux intégrer une grande école, si tu fais une classe préparatoire. [à condition de]
4. Je vous conseille un stage à l'étranger, sauf si vous avez d'autres projets. [à moins que]

LES PRÉPOSITIONS

13 **Choisissez l'option correcte. Le signe Ø indique l'absence de préposition.**

1. J'ai été obligé de payer [par / avec / en] chèque, parce que je n'avais pas d'espèces.
2. [De / À / Dans] nos jours, il est difficile d'obtenir un CDI.
3. Il est où, mon agenda ? Je croyais [de / à / Ø] l'avoir mis dans mon sac !
4. William est curieux, il s'intéresse [à / de / pour] tout.
5. Le directeur ne s'est pas montré très gentil [envers / à / chez] sa secrétaire.
6. J'essaie [à / de / Ø] comprendre [avec / en / de] quelle façon je peux t'aider.
7. Un inspecteur du travail est venu [à / par / Ø] effectuer des contrôles dans notre entreprise.

14 **Complétez avec les prépositions qui conviennent. Écrivez ✗ quand la préposition n'est pas nécessaire.**

1. Je considère ce poste .... extrêmement gratifiant.
2. En ce moment, j'ai un CDD, mais .... l'avenir je compte changer .... travail.
3. Je suis monté .... le train à 18 h mais le train n'est pas encore parti.
4. Ce cabinet d'avocats a beaucoup de dossiers .... préparer pour les prochains procès.
5. Je dois passer .... l'avocat pour discuter de mon cas.
6. Tu pourras lire les déclarations du ministre de la Défense .... tous les quotidiens.
7. Il est sorti .... les pieds nus et il a attrapé un rhume.
8. Nous espérons .... partir le 24 et nous pensons .... passer .... Bruxelles.
9. Mathilde est la fille .... cheveux blonds et .... veste gris perle ?

LA MISE EN RELIEF

15 **Mettez en relief les mots soulignés, comme dans l'exemple.**

0. Mon mari adore <u>ces voitures sportives</u> !
   → *Ces voitures sportives, mon mari les adore !*
1. <u>Ce professeur</u> est très apprécié de ses élèves.
2. Victoire, tu as trouvé <u>mes fiches de paie</u> ou pas ?
3. Il est difficile <u>de savoir ce qui est bien et ce qui est mal</u>.
4. <u>Ne pas lui répondre</u> est la meilleure chose à faire.
5. Je ne crois plus <u>à cette augmentation</u>.
6. Il va recruter <u>des employés</u> ?
7. Il est fondamental <u>que vous passiez ce test</u>.

16 **Mettez en relief les mots soulignés, comme dans l'exemple.**

0. <u>Les étudiants</u> ont cherché leur stage.
   → *Ce sont les étudiants qui ont cherché leur stage.*
1. Nous avons rencontré <u>Enzo</u> mardi dernier.
2. Les bureaux de cette entreprise sont regroupés dans <u>ce bâtiment</u>.
3. <u>Ma cousine Louna</u> travaille ici.
4. Antoine va arriver <u>dans trois jours</u>.
5. Elle a absolument besoin <u>de ce diplôme</u>.
6. J'ai eu mon bac <u>à 16 ans</u>.

17 **TRADUCTION**

1. J'espère avoir trouvé un stage intéressant.
2. En cas de licenciement, je pars six mois à l'étranger.
3. C'est l'examen de français qui l'inquiète !
4. Je compte m'inscrire à l'université à condition d'obtenir une bourse d'étude.

Communication

PARLER DE SES PROJETS POUR L'AVENIR

18 ▶ 116 **Écoutez et complétez avec le nom du personnage et son projet.**

1. .... compte s'inscrire ....
2. .... envisage de .... et, ensuite, de ....
3. .... s'est mis en tête que son fils ....
4. L'objectif de .... est de ....

19 **Reformulez les phrases de l'exercice précédent avec une expression différente.**

20 **Observez les images et dites ce que ces enfants veulent devenir plus tard. Utilisez une expression différente pour chaque image.**

1. ....
   ....
   ....

2. ....
   ....
   ....

3. ....
   ....
   ....

4. ....
   ....
   ....

5. ....
   ....
   ....

6. ....
   ....
   ....

21 **Comment imaginez-vous votre avenir ? Écrivez ce que vous envisagez de faire dans 5 ans, dans 15 ans et dans 30 ans.**

LA CONVERSATION TÉLÉPHONIQUE FORMELLE

22 Complétez les appels téléphoniques avec les répliques manquantes.

A

Mlle Couvreur	Bonjour, est-ce que je pourrais parler à Madame Boivin, s'il vous plaît ?
Le secrétaire	(1) _____
Mlle Couvreur	Et elle revient vers quelle heure ?
Le secrétaire	(2) _____
Mlle Couvreur	D'accord. Vous pouvez lui dire que Mademoiselle Couvreur a appelé ?
Le secrétaire	(3) _____
Mlle Couvreur	Oui, si elle peut me rappeler. Sinon, j'essaierai de la contacter cet après-midi.
Le secrétaire	(4) _____
Mlle Couvreur	Je vous remercie. Au revoir.
Le secrétaire	(5) _____

B

La secrétaire	Banque Padargen, bonjour.
M. Fourrier	(6) _____
La secrétaire	Mme Gautron ? Je vais voir si elle est là. C'est de la part de qui ?
M. Fourrier	(7) _____
La secrétaire	Fourrier avec deux R, c'est ça ?
M. Fourrier	(8) _____
La secrétaire	Restez en ligne, s'il vous plaît... Je suis désolée, mais Mme Gautron est en réunion. Je peux lui transmettre un message ?
M. Fourrier	(9) _____
La secrétaire	À quel numéro peut-elle vous contacter ?
M. Fourrier	(10) _____
La secrétaire	C'est noté, M. Fourrier. Au revoir.
M. Fourrier	(11) _____

23 Lisez la fiche remplie par la secrétaire et écrivez l'appel téléphonique.

> ✄ **VÊTEMENTS D'ICI ET D'AILLEURS** ✄
>
> **Pour** : *M. Nicolas*
> **Date** : *21 janvier*   **Heure** : *15h30*
> ☑ **M.** ☐ **Mme** ☐ **Mlle** *Puget*
> **Société** : *Magasin Les belles saisons*
> **Téléphone** : *31 89 55 04 13 – mobile 27 15 34 20 12*
> **E-mail** : _____
> ☐ **a téléphoné**
> ☐ **à rappeler à** _____ **heures**
> ☑ **rappelle à** *16* **heures**
> ☑ **urgent**
> **Objet / Message** : *Modifications ordre passé le 15 janvier*
> **Appel reçu par** : *Agathe*

Révisez avec le test de fin d'unité.

Je m'évalue

1 **Complétez avec les mots proposés (il y a 2 intrus).**

votre carte d'électeur · le droit de vote ·
consulats · la République ·
partis · au suffrage universel ·
le taux d'abstention · l'Élysée

1. En France, le président de .... est élu .... direct.
2. Pour aller voter, n'oubliez pas .... et une pièce d'identité.
3. Saviez-vous qu'en France, il existe des dizaines de .... politiques ?
4. La résidence du chef de l'État français est .... ou le quai d'Orsay ?
5. Dans les banlieues, ... aux dernières élections était de 47 %.

...... / 5

2 **Complétez avec les mots proposés (il y a 2 intrus).**

décroché · réussi · un entretien d'embauche ·
redoublé · l'entreprise · à la cantine ·
moyenne · au chômage · apprentissage

1. Mon frère a passé .... Il attend anxieusement leur réponse.
2. J'ai .... un poste en CDI ! Youpi !
3. Malheureusement depuis que .... a fermé, il est ....
4. Quand j'étais au lycée, je détestais manger .... Beurk !
5. Après avoir .... sa première année de lycée, il s'est mis à étudier.
6. Il faut absolument que tu aies la .... en anglais !

...... / 6

3 ▶ **117** **Écoutez et répondez.**

1. Les personnes qui parlent sont :
   a. ☐ un proviseur et un lycéen.
   b. ☐ une secrétaire et un lycéen.
   c. ☐ une secrétaire et un jeune chômeur.
2. On parle d'un :
   a. ☐ contrat à temps déterminé.
   b. ☐ emploi à temps partiel.
   c. ☐ stage obligatoire.
3. Sébastien n'est pas disponible pour un rendez-vous. Ⅴ Ⅎ
4. On demande ses coordonnées. Ⅴ Ⅎ

...... / 4

4 **Choisissez l'option correcte.**

1. Je me demande [ce que / qu'est-ce que / que] nous pouvons attendre de ce candidat.
2. Je ne sais plus comment [fait-on / est-ce qu'on fait / on fait] pour voter.
3. Nous nous demandons [si est-ce qu' / est-ce qu' / s'] il va être condamné.
4. Elle ne m'a pas dit [ce qui / qu'est-ce qui / quoi] s'était passé pendant le procès.
5. Je ne comprends pas pourquoi [ils ont / est-ce qu'ils ont / ont-ils] voté cette loi.
6. On voudrait savoir [si elle / s'elle / est-ce qu'elle] va porter plainte.

...... / 6

5 **Transformez au discours direct.**

1. La journaliste nous a demandé si nous avions confiance en l'État.
2. Je lui ai demandé ce qu'il attendait du maire à ce moment-là.
3. Ils nous avaient demandé comment nous allions faire sans notre avocat.
4. Il voulait savoir s'il y aurait des élections locales le mois prochain.
5. Ses électeurs lui avaient demandé ce qu'elle allait changer cette année-là.

...... / 15

6 **Choisissez l'option correcte. Le signe Ø indique l'absence de préposition.**

1. Je relis mes cours [sur / chez / dans] le métro.
2. Le voleur est entré [de / par / dans] la porte-fenêtre.
3. Le coupable est l'homme [avec les / aux / des] yeux bleu clair.
4. [À / Pour / En] ce qui me concerne, je déteste l'histoire.
5. Je ne m'intéresse pas [à la / de la / en] politique.
6. Il a un bon salaire mais il veut changer [au / de / Ø] travail.
7. [En / De / Pour] nos jours, beaucoup de jeunes délaissent la politique.
8. Son avocat n'a rien [d' / à / Ø] ajouter.

...... / 8

7 Mettez en relief les mots soulignés.

1. Je vais travailler <u>à Lyon</u>.
2. Il faudrait se renseigner <u>auprès du conseil départemental</u>.
3. <u>Elles</u> ont porté plainte.
4. Je dois préparer <u>ces bulletins de vote</u>.
5. Vous allez voter <u>le mois prochain</u> ?
6. <u>J'</u>ai les pleins pouvoirs.

...... / 6

8 Choisissez l'option correcte.

1. [Puisque / En effet / Pour] vous n'avez pas payé votre amende, vous encourez une majoration !
2. [Comme / À force d' / Grâce à] il a eu un bon avocat pour le défendre, il a été acquitté.
3. [À cause de / Vu que / Puisque] ses mauvais résultats, elle n'est pas acceptée dans cette école.
4. [Faute de / À cause de / Car] résultats satisfaisants, il n'a pas obtenu de bourse.
5. [En raison de / Pour / Du moment que] tu portes plainte contre lui, tu devras témoigner.

...... / 5

9 Reformulez les phrases avec les éléments entre parenthèses.

1. Nous révisons parce que nous voulons passer le concours. [c'est pourquoi]
2. Comme ils veulent embaucher une jeune femme, elle enverra son CV. [du coup]
3. Vu que tu as eu de bonnes notes, tu pourras faire un séjour linguistique à Paris. [si... que]
4. Puisque tu as trois lettres de motivation à écrire, commence maintenant. [alors]
5. Vous avez dénoncé le coupable, vous vouliez témoigner à son procès. [afin de]
6. Il a tout dit car il voulait informer ses professeurs. [dans le but de]
7. Le stagiaire a imprimé tous les documents ; son chef pourra les signer. [de sorte que]
8. Le maire est venu dans notre classe ; il voulait nous parler de ses projets. [afin de]

...... / 8

10 Reformulez les phrases avec les éléments entre parenthèses.

1. Il n'y a pas de chômage des jeunes ici. En effet, les universités et les entreprises ont établi des programmes spécifiques. [c'est pour ça que]
2. Comme je suis malade, je n'irai pas au bureau demain. [du coup]
3. Ils ont préparé plusieurs concours, ainsi ils seront admis au moins à l'un d'entre eux. [pour]
4. Il a éteint son portable, il ne veut pas être dérangé encore une fois. [afin de]
5. Téléphone à ton avocat : il te donnera de bons conseils. [afin que]
6. Le juge les a condamnés à une amende ; il cherche à leur faire comprendre que tout délit se paie. [de manière à]

...... / 6

11 Complétez avec les expressions proposées.

en cas de · pour que ·
au cas où · à condition que · pour peu que ·
à condition d'

1. .... l'adjoint serait là, dites-lui qu'on l'attend.
2. J'irai parler au proviseur .... les autres parents soient d'accord.
3. Tu seras accepté dans cette grande école .... avoir une excellente moyenne au bac.
4. La loi passera .... l'opposition aussi vote en sa faveur.
5. Allons tous voter, ... notre maire gagne les élections !
6. .... condamnation, l'accusé encourt une peine de prison.

...... / 6

TOTAL ...... / 75

Sons et couleurs

1 ▶ **118** Vers le DELF **Observez les tableaux, écoutez l'explication du guide et répondez.**

Auguste Renoir (1841-1919), *Danse à la ville* et *Danse à la campagne*, Paris, Musée d'Orsay.

1. À quelle époque ces deux toiles ont-elles été peintes ?
   a. ☐ Vers la fin du XVIIIᵉ siècle.
   b. ☐ Au début du XIXᵉ siècle.
   c. ☐ Dans la seconde moitié du XIXᵉ siècle.

2. Qu'est-ce qui change d'un tableau à l'autre ? (plusieurs réponses possibles)
   a. ☐ L'année de création.
   b. ☐ Le format.
   c. ☐ La classe sociale des danseurs.
   d. ☐ Le style de l'artiste.
   e. ☐ Les lieux représentés.
   f. ☐ Les couleurs dominantes.

3. Les modèles utilisés par Renoir pour ces tableaux sont :
   a. ☐ la même femme et le même homme.
   b. ☐ deux femmes différentes et le même homme.
   c. ☐ deux hommes différents et la même femme.

4. Par qui Renoir a-t-il été influencé ?

2 **Lisez la critique de la comédie musicale *Le Rouge et le Noir – opéra rock* et répondez.**

LE ROUGE ET LE NOIR – OPÉRA ROCK

C'est une adaptation très réussie du chef-d'œuvre de Stendhal qui est proposée au théâtre Le Palace. Ici, pas de décors gigantesques : le spectateur est emporté d'un lieu à l'autre grâce à des panneaux articulés sur lesquels sont projetées des vidéos qui montrent tantôt des images réelles, tantôt des animations virtuelles, des dessins ou des peintures. Les dialogues se succèdent de façon très fluide et rythment l'action efficacement. Le jeu des comédiens manque de nuances mais il est fort probable qu'il s'affinera avec le temps. L'univers musical est assurément rock. Les chansons sont plutôt entraînantes dans le premier acte, avec des tubes potentiels. Celles du second acte sont moins fortes et n'évitent pas quelques temps morts. Rien à redire sur Côme, dans le rôle de Julien Sorel. Les voix sont toutes belles et on aimerait d'ailleurs mieux les entendre derrière les guitares électriques au volume un peu élevé. Les costumes sont magnifiques ; ils s'inspirent des années 1830 avec beaucoup de créativité et de goût.

1. Qui est Stendhal ?
2. Comment fonctionnent les décors ?
3. Est-ce que les comédiens jouent de manière impeccable ? Justifiez votre réponse.
4. Le journaliste formule deux critiques négatives du côté musical ; lesquelles ?
5. Quel jugement est porté sur les costumes ?

Mots et expressions

3 Associez les définitions aux mots correspondants.

1. ☐ l'aquarelle
2. ☐ le ciseau
3. ☐ le dessin
4. ☐ la gouache
5. ☐ le paysage
6. ☐ le pinceau
7. ☐ le portrait

a. outil fait en poils ou en fibres, fixés au bout d'un manche, qui sert à étaler des couleurs

b. peinture pâteuse et opaque, souvent vendue en tubes

c. peinture, gravure ou dessin dont le sujet principal est la représentation d'un site naturel, rural ou urbain

d. outil métallique qui, sert à travailler des matières dures telles que le bois ou la pierre

e. représentation d'une personne réelle, généralement centrée sur son visage, au moyen du dessin, de la peinture, de la gravure

f. représentation – faite au crayon et normalement en noir et blanc – de la forme d'un objet, d'un lieu ou d'une figure sur une feuille

g. couleur légère et transparente obtenue par addition d'eau

4 Complétez avec les mots proposés.

compositeur · échec · opéra · orchestre · répétitions · représentation · rideau

En 1873, le (1) _____ français Georges Bizet se lance dans la création d'un
(2) _____ en quatre actes inspiré d'une nouvelle de Mérimée
intitulée *Carmen*, qui raconte la passion tragique de Don José pour une belle bohémienne.
Les (3) _____ commencent en octobre 1874 et se révèlent laborieuses car les
membres de l'(4) _____ et les choristes jugent certains passages trop difficiles.
Le 3 mars 1875, l'Opéra-Comique lève son (5) _____ sur la première
(6) _____ de *Carmen* : le public est dérouté et choqué. Malgré son (7) _____
initial, *Carmen* est aujourd'hui l'un des opéras les plus joués au monde.

5 Écrivez la légende des images puis utilisez ces mots pour compléter les phrases.

a. _____   b. _____   c. _____   d. _____   e. _____

1. Je veux acheter un _____ pour accrocher ce dessin que ma belle-mère m'a offert pour Noël.
2. C'est une _____ de mon chat que j'avais faite au crayon.
3. La _____ est un genre que je n'aime pas trop car elle se termine toujours par la mort du protagoniste.
4. Dans les _____ , les danseurs attendent le moment d'entrer en scène.
5. *Le Lac des cygnes*, *Casse-Noisette*, et *La Belle au bois dormant* sont les grands classiques du _____ .

7

Je fais le point

Grammaire

LES PRONOMS RELATIFS COMPOSÉS

6 **Formez une seule phrase avec un pronom relatif composé. Faites tous les changements nécessaires.**

0. Voilà un tableau. Il a dépensé une fortune pour ce tableau.
   → *Voilà le tableau pour lequel il a dépensé une fortune.*

1. Nous nous trouvons face à un monument. Ce monument est le musée d'art contemporain.
2. Elle a tenu un discours. À la fin de ce discours, tout le monde était ému.
3. Je prends des cours particuliers de violon chez un violoniste. Ce violoniste joue dans un orchestre très célèbre.
4. Le chanteur souffre d'une laryngite. Il a dû annuler son concert à cause de cette laryngite.
5. La maîtresse a fourni à la classe des indices. Grâce à ces indices la classe a deviné le titre du tableau.
6. Il est en train de chercher ses porte-bonheur. Il ne monte jamais sur scène sans eux.
7. Il possède de nombreuses œuvres d'art. Parmi ces œuvres d'art figurent de magnifiques statuettes africaines.
8. Récemment, j'ai revu Maëlys et Apolline. Quand j'étais jeune, je fréquentais un cours de cirque avec elles.

7 **Complétez avec *à qui*, *de qui*, *de quoi* ou un pronom relatif composé.**

1. Ce sont des questions .... je refuse de répondre !
2. Je n'ai pas compris la raison pour .... elle n'a pas aimé le concert.
3. Les tableaux de Picasso en face .... nous nous trouvons appartiennent à sa période cubiste.
4. L'Orient Express était un train au bord .... on logeait comme dans un hôtel de luxe.
5. Elle n'a pas .... se plaindre et pourtant elle proteste tout le temps.
6. Le guide .... nous nous sommes adressés était très compétent.
7. Je ne sais pas pourquoi les filles à côté .... je me trouvais n'arrêtaient pas de rire.
8. Où est le papier sur .... j'ai noté l'adresse du Théâtre national de Nice ?

LE PASSIF

8 **Transformez à la forme passive. Attention : le complément d'agent n'est pas toujours nécessaire.**

1. Le Parlement vient d'approuver une nouvelle loi sur la réglementation des salles de spectacle.
2. Il est impossible qu'on finisse la répétition avant 17 heures.
3. Molière a fondé l'Illustre-Théâtre en 1643.
4. On organisera un ballet pour récolter de l'argent en faveur des plus démunis.
5. Quand elle était jeune, tout le monde la critiquait pour ses coiffures.
6. Tôt ou tard, les séries télévisées remplaceront le théâtre.
7. Juste avant d'entrer au musée, on a distribué aux enfants des cartes pour une chasse au trésor.
8. Au cours de cette émission, les journalistes intervieweront les protagonistes de cette nouvelle pièce.

9 **Complétez avec *par* ou *de*.**

1. Cet article parle d'un ballet créé .... un célèbre chorégraphe.
2. Quel beau ! Des montagnes recouvertes .... neige !
3. Sur cette photo, on voit le metteur en scène entouré .... ses comédiens.
4. Les verbes précédés .... un astérisque sont irréguliers.
5. Malgré sa sévérité, c'est un prof très apprécié .... ses élèves.

10 Transformez à la forme active.

1. En cas de pluie, le concert sera annulé.
2. La marche triomphale d'*Aïda* est connue de tout le monde.
3. En 1987, *Les Tournesols* de Van Gogh a été vendu à 40 millions de dollars.
4. Il est possible que ce dessin ait été réalisé par Michel-Ange vers 1550.
5. Cette ancienne usine va être transformée en galerie d'art.
6. Je ne savais pas que *Le Barbier de Séville* avait été mis en musique aussi par Paisiello.

L'OPPOSITION ET LA CONCESSION

11 Associez les éléments pour former une seule phrase.

1. ☐ Venez m'aider
2. ☐ Aujourd'hui il a beaucoup de succès,
3. ☐ Il redoute les interrogations,
4. ☐ Il savait qu'il ferait une bêtise,
5. ☐ Ma mère est compréhensive,
6. ☐ Je l'aime bien,
7. ☐ Vincent est allé au concert avec ses amis

a. alors qu'il obtient toujours des résultats excellents.
b. cependant on n'a pas toujours la même opinion.
c. mais il l'a faite tout de même.
d. par contre mon père est très sévère.
e. pourtant il a eu des débuts difficiles.
f. alors qu'il aurait dû rester à la maison.
g. au lieu de bavarder !

12 Complétez avec les expressions proposées.

alors que · au lieu de · pourtant ·
contrairement à · en revanche ·
même si · quand même

1. Léon adore voyager, ... sa femme, qui déteste s'éloigner de sa maison.
2. Romy et moi, nous sommes nées en janvier, mais elle, elle est verseau .... moi, je suis capricorne.

3. .... te plaindre, essaie de trouver une solution !
4. Marius et Robin s'entendent à merveille, ... ils ont des caractères très différents.
5. Elle a pris des cours de chant, mais elle continue .... à chanter faux !
6. C'est un grand chef d'orchestre, ... il n'est pas encore connu.
7. À mon avis la mise en scène était nulle, ... certains acteurs jouaient très bien.

13 Conjuguez les verbes entre parenthèses au temps et au mode qui conviennent.

1. Aujourd'hui il a beaucoup de succès, pourtant il .... [connaître] des débuts difficiles.
2. Bien qu'elle .... [faire] du sport, elle est très paresseuse.
3. Il a beau .... [s'excuser], je ne lui pardonnerai pas facilement.
4. Maxime est un excellent pianiste, même s'il .... [ne pas savoir] lire la musique !
5. Quoiqu'elle .... [venir] d'avoir un troisième enfant, elle ne va pas arrêter de danser.
6. Sa nouvelle pièce est un succès, tandis que la précédente .... [recevoir] des critiques très négatives.
7. Si passionnés d'art que nous .... [être], nous n'allons pas souvent voir des expositions.

14 Choisissez l'option correcte.

1. [Au lieu de / En revanche] m'aider, il ne pense qu'à lui-même.
2. Il a dit qu'il n'avait pas faim, [bien que / néanmoins] il a mangé deux assiettes de pâtes.
3. C'est un gros problème, [quoique / toutefois] tu peux t'en sortir.
4. J'aurais voulu devenir peintre, [par contre / bien que] mes parents ont voulu que je devienne comptable.
5. Tu ne me crois pas, et [bien que / pourtant] je dis la vérité.

6. J'adore la musique classique, [alors que / au lieu de] mon mari n'aime que le rock.
7. Je ne suis pas passionnée d'art moderne, [en revanche / contrairement à] je m'y connais très bien en art contemporain.
8. Grand Corps Malade a su trouver la force de tout recommencer, [malgré / même si] son grave accident.

15 **Reformulez les phrases avec les expressions entre parenthèses et faites tous les changements nécessaires.**

0. Adèle parle très mal anglais, même si elle vit à New York depuis 10 ans. [bien que] ➜
   Adèle parle très mal anglais, bien qu'elle vive à New York depuis 10 ans.

1. Ils ont beau être majeurs, ils se comportent comme des gamins. [même si] ➜ ....

2. Elle est très célèbre, cependant elle reste très humble. [malgré] ➜ ....

3. Ils sont très scrupuleux, ils ne sont tout de même pas infaillibles. [si... que] ➜ ....

4. Je ne suis pas fan de cette chanteuse, je trouve quand même que sa dernière chanson n'est pas mal du tout. [quoique]
   ➜ ....

5. Même si l'entrée est interdite quand le concert a déjà commencé, quelqu'un vient de transgresser. [avoir beau] ➜ ....

6. Quoiqu'elle ait beaucoup de talent, elle n'a pas obtenu le rôle principal. [même si]
   ➜ ....

7. Il s'est trompé de direction, bien qu'il connaisse parfaitement la région. [malgré]
   ➜ ....

8. Les critiques sont toutes très mauvaises ; toutefois nous avons décidé d'aller voir cette nouvelle comédie. [bien que]
   ➜ ....

9. Ses parents la grondent tout le temps mais elle fait tout ce qu'elle veut. [avoir beau]
   ➜ ....

10. Même s'il est assez âgé, il continue à exercer son métier de comédien. [pourtant]
    ➜ ....

16 **TRADUCTION**

1. Le théâtre à côté duquel se trouve le musée d'art moderne est fermé.
2. Cette aquarelle me plaît beaucoup, par contre ce pastel manque d'originalité.
3. C'est grâce à ce compositeur que j'ai commencé à apprécier la musique classique.
4. Lisa ira voir un ballet, bien que d'habitude la danse l'ennuie.
5. Même si j'ai apprécié la mise en scène, je n'ai pas aimé cette comédie.

Communication

EXPRIMER L'INTÉRÊT ET LE DÉSINTÉRÊT

17 ▶ 119 **Écoutez et cochez la bonne case.**

	1	2	3	4	5	6
intérêt						
désintérêt						

18 **Réagissez avec une phrase qui indique votre intérêt ☺ ou votre désintérêt ☹.**

1. Tu n'es pas curieux de savoir qui va gagner le Concours de l'Eurovision ? ☺
2. Art classique ou contemporain ? ☹
3. Dimanche, je vais au théâtre voir une pièce de Molière. Tu viens avec moi ? ☹
4. Je suis passionnée de danse africaine. Et toi ? ☺
5. Demain, on va au Louvre ou au Musée d'Orsay ? ☹
6. Pour moi, la musique, c'est toute ma vie : je vais à un concert une fois par semaine.

19 **Observez les images et écrivez des mini-dialogues entre deux ami(e)s aux idées opposées.**

FORMULER DES ÉLOGES OU DES CRITIQUES

20 ▶ 120 **Écoutez et dites si les personnes interviewées formulent un éloge (👍) ou une critique (👎) à propos des éléments indiqués.**

A. à la sortie du cirque	👍	👎
1. Les acrobates.		
2. Les clowns.		
3. La musique.		

B. à la sortie de l'exposition Matisse	👍	👎
1. Le nombre d'œuvres exposées.		
2. La mise en valeur des œuvres.		
3. Le style de Matisse.		

21 Lisez ces commentaires écrits à la sortie d'une exposition. Pour chaque commentaire, répondez à ces trois questions :

1. Qu'est-ce qu'il/elle apprécie de l'exposition ?
2. Qu'est-ce qu'il/elle admire dans le tableau ?
3. Qu'est-ce qu'il/elle critique ?

Magnifique expo historique, très bien documentée, rien à redire sur le travail des experts. On admire Monet bien sûr mais aussi d'autres grands maîtres comme Turner et Boudin. Et " Impression Soleil Levant ", c'est un chef-d'œuvre. J'ai pu admirer l'harmonie de la composition et l'aspect brumeux du paysage. La visite guidée, par contre, qu'est-ce qu'elle a été ennuyeuse ! Je l'aurais volontiers évitée.

Élise

L'exposition est très didactique, ce qui permet de restituer l'œuvre de Monet dans son contexte, à l'époque de sa composition. Côté éclairage, j'ai vu mieux, mais j'ai tout de même pu vérifier ce que j'avais étudié, c'est-à-dire que les contours n'existent pas et qu'aucune ligne précise n'est visible. Et puis j'ai eu l'occasion de redécouvrir les richesses du musée Marmottan.
Emy

Une expo dont le sujet au départ ne me tentait pas plus que ça. Finalement, une belle découverte, une exposition intéressante, sous forme d'enquête autour d'« Impression Soleil Levant » : on revient aux sources de l'art de Monet, on comprend l'idée novatrice du peintre de saisir des impressions qu'il représente à travers des touches rapides de pinceau.
Un seul bémol : le guide. Je me suis ennuyé au début. Heureusement, ensuite il a été un peu plus dynamique.
Kaïs

22 Vous avez visité une exposition de tableaux de Gauguin que vous avez beaucoup appréciée ; vous avez été particulièrement attiré(e) par le tableau ci-contre. Écrivez votre avis (mais n'oubliez pas de mettre en évidence quelque chose que vous n'avez pas aimé).

Paul Gauguin (1848-1903), *La sieste*, 1892-1894, New York, Metropolitan Museum of Art (huile sur toile).

23 Vers le DELF Quel est votre rapport avec la musique ? Écrivez un texte de 150 mots qui tienne compte de ces éléments :

- vos genres préférés *vs* les genres que vous n'aimez pas ou qui vous laissent indifférent(e)
- les services de diffusion numérique (YouTube, Spotify...) *vs* les concerts live
- écouter de la musique *vs* jouer de la musique

Exprimez votre opinion et formulez des éloges ou des critiques.

24 Maintenant donnez votre avis sur le dernier concert auquel vous avez assisté.

 Révisez avec le test de fin d'unité.

Du papier à l'écran

1 Vers le DELF **Lisez les documents et répondez.**

Patrick Modiano (1945)

Fils d'une actrice flamande et d'un homme d'affaires d'origine italienne, Patrick Modiano publie son premier roman, *La Place de l'étoile*, en 1967, inaugurant ainsi une carrière littéraire récompensée par de nombreux prix littéraires. L'écrivain obtient le prix Goncourt pour son roman *Rue des Boutiques Obscures* en 1978. Il a aussi signé les scénarios de quelques films. Les romans de Modiano développent le thème de l'identité, des souvenirs et du passé. La mélancolie et le mystère sont au cœur de son œuvre. Une autre obsession de Patrick Modiano : Paris pendant la Seconde Guerre mondiale. En 2014, le romancier reçoit le prix Nobel de littérature pour son « art de la mémoire ». Il est l'auteur d'une trentaine de romans.

Michel Hazanavicius (1967)

Il naît à Paris dans une famille d'origine lituanienne, installée en France depuis les années 1920. Après avoir étudié à l'ENSAPC (École nationale supérieure d'arts de Paris-Cergy), en 1988 il travaille à la télévision, comme scénariste et réalisateur de sketches. La carrière cinématographique de Michel Hazanavicius démarre en 1997, mais le succès tarde à venir. En 2006, il réalise deux films comiques inspirés de l'espion « OSS 117 ». Les deux films obtiennent un très grand succès critique et public, avec plus de deux millions d'entrées chacun. À l'automne 2010, Hazanavicius réalise un film muet en noir et blanc, *The Artist*, en hommage au cinéma américain des années 1920. Celui-ci a été récompensé par l'Oscar du meilleur film, du meilleur réalisateur et du meilleur acteur (Jean Dujardin).

Marion Cotillard (1975)

Née à Paris dans une famille de comédiens, Marion Cotillard grandit à Paris et à Orléans. Après le lycée, elle entre au Conservatoire d'Orléans, où elle décroche le premier prix d'art dramatique en 1994. Elle fréquente les plateaux de tournage dès son plus jeune âge et elle est révélée par le film *Taxi*, produit par Luc Besson. En 2003, Tim Burton lui offre, avec *Big Fish*, son premier rôle dans un film américain. En 2004, elle remporte le César de la meilleure actrice dans un second rôle, pour sa prestation dans *Un long dimanche de fiançailles*. En 2007, l'actrice s'illustre dans le biopic consacré à Édith Piaf, *La Môme*, d'Olivier Dahan : elle connaît alors la consécration internationale, en obtenant le César, le Golden Globe, le Bafta et l'Oscar de la meilleure actrice. Sa carrière hollywoodienne est définitivement lancée.

1. Qui sont les trois personnes dont on parle ? Qu'est-ce qu'elles ont en commun ?
2. Quel est le sujet dominant des ouvrages de Patrick Modiano ?
3. Pourquoi a-t-il été récompensé par le prix Nobel ?
4. Peut-on affirmer que les débuts de Michel Hazanavicius ont été difficiles ?
5. Sur quoi repose l'originalité du film *The Artist* ?
6. Est-ce que Marion Cotillard a commencé tôt sa carrière d'actrice ?
7. Qui Marion Cotillard incarne-t-elle dans le film qui lui a valu un Oscar ?

2 ▶ **121** **Écoutez et répondez par vrai (V) ou faux (F). Puis corrigez les affirmations fausses.**

1. Les trois amis discutent des films qu'ils ont vus au ciné-club de leur lycée. V F
2. Laura a aimé les films mais pas les documentaires. V F
3. Annie a apprécié le travail de la réalisatrice de *Bande de filles*. V F
4. Alain partage l'opinion d'Annie à propos de *Bande de filles*. V F
5. *L'Enquête* est une comédie sentimentale. V F
6. *L'Affaire SK1* est tiré d'un fait réel. V F
7. Frédéric Tellier joue le rôle principal dans *L'Affaire SK1*. V F
8. Les élèves doivent rédiger des comptes-rendus. V F

Mots et expressions

3 Associez les définitions aux mots correspondants.

1. ☐ une bande-annonce
2. ☐ un court-métrage
3. ☐ un dessin animé
4. ☐ la distribution
5. ☐ le doublage
6. ☐ un réalisateur
7. ☐ le tournage
8. ☐ une vedette

a. ensemble des acteurs qui jouent les différents rôles dans un film
b. personne qui dirige le tournage d'un film ou d'une émission de télévision
c. action de filmer les scènes
d. film de moins de trente minutes
e. acteur principal d'un film
f. remplacement des dialogues originaux d'un film par des dialogues enregistrés dans une autre langue
g. film composé d'une suite de dessins
h. montage d'extraits d'un film pour en faire la publicité avant sa sortie

4 Complétez avec les mots proposés.

biographie • chapitre • conte • écrivains • intrigue • œuvres
• personnages • prose • table des matières

Cette nouvelle histoire littéraire destinée aux classes du lycée présente les principaux (1) .... de la littérature française, du Moyen Âge jusqu'à nos jours. Chaque (2) .... commence par la (3) .... de l'auteur et propose un vaste choix de textes en (4) .... et en vers. Chaque extrait de roman ou de (5) .... est introduit par un résumé de l'(6) .... et une brève présentation des (7) .... Une (8) .... très détaillée et un index des (9) .... complètent le volume.

5 De quoi s'agit-il ?

1. Texte placé en tête d'un ouvrage pour le présenter. ➜ ....
2. Ouvrage écrit à la main. ➜ ....
3. Plus longue qu'un conte, plus brève qu'un roman. ➜ ....
4. Ouvrage où sont réunis des poèmes. ➜ ....
5. Bref récit, en prose ou en vers, d'où l'on tire une morale. ➜ ....
6. Partie extérieure d'un livre. ➜ ....
7. L'histoire d'un roman ou d'un film. ➜ ....
8. Il publie, imprime et diffuse des livres. ➜ ....

Grammaire

LE PARTICIPE PRÉSENT ET L'ADJECTIF VERBAL

6 Écrivez le participe présent de ces verbes.

1. avoir
2. commencer
3. craindre
4. être
5. faire
6. manger
7. obéir
8. prendre
9. savoir
10. traduire
11. voir
12. vouloir

7 Reformulez les phrases en remplaçant la subordonnée relative par un participe présent.

0. Voici la liste des mots qui commencent par un *h* aspiré. → *Voici la liste des mots commençant par un h aspiré.*
1. Cédric Jimenez a remercié toutes les personnes qui ont contribué au succès de son film.
2. Il vient de tourner un documentaire qui raconte la vie à la montagne.
3. Les gens qui croient qu'il va remporter un César sont de plus en plus nombreux.
4. La plupart des poèmes qui font partie de ce recueil ont été écrits pendant la guerre.
5. Elle a reçu beaucoup de prix pour son roman qui décrit la vie des paysans au XVIIe siècle.
6. Elle a reçu un e-mail qui annonce qu'elle est finaliste au prix Goncourt.

8 Choisissez l'option correcte.

1. Ils ont des diplômes [équivalant / équivalents] au bac français.
2. Le ministre a annoncé de nouvelles mesures [touchant / touchantes] les professionnels des arts du spectacle.
3. Dans son dernier roman, elle raconte son expérience [surprenant / surprenante].
4. Traduis les titres [suivant / suivants] en français.
5. Tu as prononcé des mots si [touchant / touchants] que tu as ému toute l'assemblée.
6. Les jours [précédant / précédents] le tournage sont consacrés aux préparatifs.

7. Les personnes [désirant / désirantes] passer un casting doivent remplir ce formulaire.
8. Elle avait les yeux [brillant / brillants] de joie.

LE GÉRONDIF

9 Reformulez les phrases en utilisant le gérondif.

0. Il s'est blessé pendant qu'il tournait un film.
   → *Il s'est blessé en tournant un film.*
1. Ils se promènent et ils se tiennent par la main.
2. Si tu participais à un atelier d'écriture, tu améliorerais tes techniques narratives.
3. Nous avons feuilleté ce volume ancien et nous avons fait attention à ne pas abîmer les pages.
4. Elle pleure quand elle regarde un film triste.
5. La star a salué le public au moment où elle montait les marches du palais des Festivals.
6. Si on appuie sur ce bouton, le DVD démarre.

10 Choisissez l'option correcte.

1. [Ayant lu / En ayant lu] une critique de son livre, elle s'est mise à pleurer.
2. [Comme il y a / Y ayant] une grève des scénaristes, la série est arrêtée.
3. [Désirant / En désirant] devenir écrivaine, elle suit des cours d'écriture créative.
4. Elle a eu une amende parce qu'elle conduisait [parlant / en parlant] au téléphone.
5. Le temps [étant / en étant] très brumeux, le tournage du film a été interrompu.
6. [Leur parlant / En leur parlant] de son expérience, il les a attristés.
7. [Ne retrouvant plus / En ne retrouvant plus] sa clé USB, elle a dû récrire son manuscrit.

11 **Remplacez le gérondif par une proposition subordonnée de même sens.**

1. En lisant davantage, vous enrichiriez votre vocabulaire.
2. Ils discutent des films du Festival en buvant un café.
3. Il a souri en me voyant.
4. Ma professeure de français s'émouvait en lisant les poèmes de Lamartine.
5. Il devient plus sage en vieillissant.
6. Tu ne peux pas tourner cette scène en lisant des textos sur ton portable !

12 **Justifiez l'emploi ou l'absence de la préposition _en_.**

1. Ayant fini mon travail, je suis allé(e) au cinéma.
2. Étant privé(e) de sortie, je me couche et je termine mon polar.
3. Il est devenu célèbre en jouant le rôle de 007.
4. La pluie ayant cessé, nous sommes sortis.
5. J'ai vu Hervé lisant un recueil de poèmes.
6. J'ai pensé à Hervé en lisant un recueil de poèmes.

13 **Complétez avec des adjectifs verbaux, des participes présents ou des gérondifs.**

1. Ma cousine _____ [ne pas arriver], je suis parti tout seul.
2. _____ [sortir] du cinéma, Marion a rencontré son professeur.
3. L'héroïne de son dernier roman est une jeune fille _____ [surprendre] et aventureuse.
4. Géraldine se détend _____ [regarder] des films des années 50.
5. Ces femmes _____ [danser] sous la lune paraissent des fées.
6. Je voudrais deux chambres _____ [communiquer].
7. C'est un acteur _____ [exceller] dans les rôles _____ [briller].
8. Elle a fondu en larmes _____ [prononcer] son discours de remerciement.
9. Le scénario est moins _____ [convaincre] que celui de son film _____ [précéder].

LES RAPPORTS TEMPORELS

14 **Choisissez l'option correcte.**

1. [Tandis que / Une fois que] l'écrivain a terminé son ouvrage, il doit chercher un éditeur.
2. [Pendant / Depuis] le tournage, deux acteurs ont eu un petit accident.
3. [Depuis qu' / En attendant qu'] elle est rentrée, elle ne fait que dormir.
4. Il restera à la maison [aussi longtemps qu' / jusqu'à ce qu'] il aura de la température.
5. [Pendant / Après] le prix Nobel, il a arrêté d'écrire.
6. [Au moment où / Depuis] j'ai fini de lire ce roman, j'ai eu envie d'en tirer un film.
7. Ne bouge pas, [jusqu'à ce que / tant que] la maquilleuse n'a pas fini son travail.
8. Personne ne connaissait cet écrivain [après qu' / avant qu'] on ne traduise son roman en français.

15 **Complétez avec les mots proposés.**

au moment de • avant • avant qu' • depuis que • dès que • en attendant que • jusqu'à ce qu' • pendant qu'

1. _____ je te connais, je ne t'ai jamais vue aussi heureuse.
2. Nous vous donnerons plus de détails _____ nous aurons plus d'informations.
3. Ils sont tombés amoureux _____ ils jouaient les rôles de Roméo et Juliette.
4. _____ payer, je me suis rendu compte que je n'avais pas mon portefeuille.
5. Il faut intervenir _____ il ne soit trop tard.
6. Je me suis tellement ennuyé que je suis sorti _____ la fin du film.
7. _____ le film commence, je me prépare une tisane.
8. Il l'attendra _____ elle revienne.

16 **Associez les éléments des trois groupes pour former des phrases.**

1. ☐☐ J'ai écrit un manuscrit entier
2. ☐☐ Elle s'est endormie
3. ☐☐ Je déteste qu'on m'appelle au téléphone
4. ☐☐ Un chagrin d'amour ne dure que
5. ☐☐ Le suspect a été arrêté
6. ☐☐ Il a fait la fête toute la nuit
7. ☐☐ L'accès à la salle sera interdit

- -

a. une fois que
b. après
c. après que
d. au moment où
e. en attendant
f. en attendant de
g. jusqu'au

- -

A. avoir reçu le César du meilleur acteur.
B. rencontrer un éditeur.
C. je dîne avec l'équipe de tournage.
D. la police a découvert de nouveaux indices contre lui.
E. le spectacle aura commencé.
F. mon arrivée.
G. prochain amour.

17 **Reformulez les phrases avec les expressions entre parenthèses.**

0. Il faudrait voir la bande-annonce ; ensuite on pourra choisir le film. [avant de] ➜ *Avant de choisir un film, il faudrait voir la bande-annonce.*

1. Elle a lu ses œuvres et elle a changé d'avis sur ce poète. [après que]
2. Ils étaient en train de tourner une scène en plein air et ils ont été surpris par l'orage. [alors que]
3. J'ai lu le manuscrit de son prochain roman avant sa publication. [avant que]
4. Le public s'est mis à siffler quand le réalisateur est monté sur scène pour recevoir son prix. [dès que]

5. Les spectateurs discutent dans la salle ; dans quelques instants le film va commencer. [en attendant]
6. Quand je me plonge dans un roman, je ne pense pas à mes problèmes. [aussi longtemps que]

LE PASSÉ SIMPLE

18 **Choisissez le verbe conjugué au passé simple.**

1. Elles [se réveillèrent / se réveillaient] tôt ce matin-là.
2. Cette femme [mourra / mourut] toute seule.
3. Il [mit / mis] son chapeau et [part / partit] en silence.
4. Ils [souffrirent / souffraient] le froid pendant tout l'hiver.
5. Nous [étudiâmes / étudiions] avec précision toute la géographie du territoire avant de nous y aventurer.
6. Elles [se regarderaient / se regardèrent] et immédiatement elles [se souviendront / se souvinrent] de leur passé heureux.
7. Aussitôt installés, nous [commençâmes / commencerons] la discussion.
8. Il [se dépêcha / se dépêchera] et il [vint / vienne] la rejoindre.

19 **TRADUCTION**

1. Il n'enverra pas son scénario au réalisateur tant que l'intrigue ne sera pas excellente.
2. Connaissant sa passion pour le cinéma, nous lui avons offert un abonnement de 10 entrées.
3. Cet écrivain a obtenu un prix avant que son dernier roman (ne) soit publié.
4. Au moment où Baudelaire a publié son recueil de poèmes, Flaubert faisait paraître *Madame Bovary*.

Communication

EXPRIMER LA SURPRISE, L'ÉTONNEMENT

20 Imaginez être un de ces personnages et réagissez avec étonnement à ce qui s'est passé.

Jean Dujardin remporte l'Oscar du meilleur acteur.

Un fan fait un selfie avec Marion Cotillard.

Karine Tuil reçoit le Goncourt des lycéens

Emmanuel Carrère signe des exemplaires de son dernier roman.

21 Lisez ces titres de journaux et réagissez en exprimant votre étonnement.

1. Australie : face aux incendies, 100 000 personnes contraintes d'évacuer.
2. *The Artist* : trois Oscars pour la France.
3. Seychelles : une touriste française blessée par un requin.
4. Arielle Strauss quitte le tournage après une violente altercation avec David Frutteau.
5. 13ᵉ Victoire de la musique pour Alain Bashung.

22 Écrivez le dialogue en suivant les indications. Vous pouvez inventer le dénouement de l'histoire.

A montre à **B** une photo tirée d'un réseau social. **B** est surpris(e) négativement et demande des explications. **A** raconte ce qu'il/elle sait mais **B** n'est pas satisfait(e) et se met en colère. **A** s'étonne de la réaction de **B** et demande à son tour des explications.

PRÉSENTER UN LIVRE / UN FILM

23 À partir des notes suivantes, rédigez la présentation du livre. N'oubliez pas de terminer le compte rendu par une ou deux appréciations personnelles.

Prix Femina 2019 : *Par les routes* de Sylvain Prudhomme (Gallimard) – 304 p.

Narrateur : Sacha, 40 ans, célibataire sans enfants. Écrivain en crise.
– Veut commencer une nouvelle vie
– Déménagement dans petite ville sud-est France.
– Cherche calme et solitude pour écrire.

Rencontre ami de jeunesse ; ami quitte régulièrement sa famille pour pratiquer auto-stop
– liberté, aventures.
– Sacha se rapproche de la famille de l'auto-stoppeur.

Roman mélancolique sur l'amitié, l'amour et le voyage.

Sylvain Prudhomme
Par les routes

PRIX FEMINA
« Si la chasse au bonheur vous intéresse, vous m'en direz des nouvelles. »
Grégoire Leménager, l'Obs
folio

24 *La Panthère des neiges* de Sylvain Tesson (2019) a divisé les lecteurs. Écrivez le commentaire d'un(e) lecteur/lectrice qui a un avis intermédiaire.

Romain ★ ★ ★ ★ ★

C'est un des plus beaux livres que j'aie lus. Tout y est : la poésie, la philosophie, la religion, l'humanité... Tesson nous emmène au Tibet pour nous faire partager l'espoir de rencontrer les derniers spécimens de la panthère des neiges. Avec des réflexions sur les conséquences désastreuses de l'activité humaine envers le règne animal, voilà un livre à lire, à relire et à garder comme un petit talisman...

Céline ★

C'est le premier livre que je lis de Sylvain Tesson. Je l'ai acheté quand l'auteur a obtenu le prix Renaudot. Le livre se lit vite, il est bien écrit, mais j'ai été déçue par l'histoire. Je m'attendais à plus d'aventures ! Le livre rend hommage à la beauté des animaux et des paysages, mais il y a trop de descriptions. Le style est poétique et je n'aime pas la poésie.

25 Écrivez la présentation d'un film que vous avez aimé ou détesté.

26 Voici la fiche d'un film qui a reçu la note moyenne de 3,1/5 par la critique et de 4,4/5 par les spectateurs. Écrivez le commentaire d'un(e) critique de cinéma et celui d'un(e) spectateur/spectatrice.

- *Le Mystère Henri Pick*, comédie de Rémi Bezançons (France 2019), 1h41min
- Scénario de Rémi Bezançons et Vanessa Portal (d'après le roman *Le Mystère Henri Pick* de David Foenkinos)
- Dans une étrange bibliothèque au cœur de la Bretagne, une jeune éditrice (Alice Isaaz) découvre un manuscrit extraordinaire qu'elle décide aussitôt de publier. Le roman devient un best-seller. Mais son auteur, Henri Pick, un pizzaïolo breton décédé deux ans plus tôt, n'aurait, selon sa veuve, jamais écrit autre chose que ses listes de courses. Persuadé qu'il s'agit d'une imposture, le célèbre critique littéraire Jean-Michel Rouche (Fabrice Luchini) décide de mener l'enquête, avec l'aide inattendue de la fille de l'énigmatique Henri Pick (Camille Cottin).

David Foenkinos
Le mystère Henri Pick

27 Film ou livre ? Exprimez votre préférence dans un texte argumenté de 150 mots.

1 Choisissez l'option correcte.

1. *La Vénus de Milo* est une célèbre [sculpture / peinture] grecque en marbre blanc qui représente la déesse Aphrodite.
2. La [pièce / scène] actuellement jouée à l'Opéra-Comique est un véritable [échec / succès]. Bravo à toute la [troupe / farce].
3. *La Joconde* est un [paysage / portrait] de Lisa Gherardini.
4. *Les Nymphéas* du peintre Claude Monet est une série d'environ 250 [toiles / gravures].
5. [L'orchestre / Le compositeur] de Radio France a offert une interprétation bouleversante d'une des plus belles [symphonies / répétitions] de Gustav Mahler.

...... / 8

2 Associez les mots proposés aux définitions correspondantes.

un cadre · un chorégraphe · un pinceau · le clair-obscur · les coulisses · une ébauche · un trompe-l'œil

1. En peinture, opposition des lumières et des ombres. → ....
2. Personne qui crée des ballets et veille à leur exécution. → ....
3. Peinture qui donne l'illusion de la réalité. → ....
4. Dans un théâtre, parties situées derrière la scène. → ....
5. Première forme, encore imparfaite, d'une œuvre. → ....
6. Bordure de bois, de métal, etc. entourant un tableau. → ....
7. Outil qui sert à étendre la couleur sur la toile. → ....

...... / 7

3 Associez ces mots à leurs synonymes.

1. ☐ la troupe
2. ☐ le cinéaste
3. ☐ le cinéma
4. ☐ le scénario
5. ☐ la star
6. ☐ le film d'animation

a. la vedette
b. le script
c. les acteurs
d. le réalisateur
e. le dessin animé
f. le septième art

...... / 6

4 ▶ 122 Écoutez et répondez par vrai (V) ou faux (F).

1. Michel Bussi est français. V F
2. Son premier succès s'appelle *Nymphéas noirs*. V F
3. *Nymphéas noirs* n'a pas été apprécié des critiques. V F
4. Michel Bussi n'a jamais reçu de prix. V F
5. Son genre, c'est le roman policier. V F
6. Il s'inspire des romans français et américains. V F
7. Il est facile de deviner le dénouement de ses ouvrages. V F

...... / 7

5 Complétez les phrases avec les pronoms relatifs composés.

1. L'employé .... je me suis adressé a été très gentil.
2. Nous avons de nouveaux voisins chez .... nous avons été invités à dîner.
3. La leçon .... nous venons d'assister a été intéressante.
4. La table sous .... je me suis caché est recouverte d'une nappe à fleurs.
5. Le champ à côté .... on vient de passer est plein de coquelicots.
6. Nous n'avons pas compris les raisons pour .... tu as voulu partir.
7. Le monument vers .... ils se dirigent est le symbole de la ville.
8. Le roman .... je pense est un chef-d'œuvre de la littérature réaliste.

...... / 8

6 Transformez à la forme passive.

1. Maurice Ravel a composé le *Boléro*.
2. On déposera nos valises à l'hôtel.
3. Les révolutionnaires ont détruit la Bastille.
4. Les photographes suivaient les vedettes.
5. Cet artiste vend beaucoup de tableaux.
6. Les élèves vont jouer cette pièce.
7. Tout le monde aimait cet acteur.
8. On a pris une décision importante.
9. Ce galeriste exposerait ses tableaux.
10. Le vent avait détruit les décors.
11. Sa famille aurait créé ce musée.

...... / 22

7 Complétez avec *par* ou *de*.

1. Cet homme est connu .... tout le monde.
2. Cette actrice est aimée .... la critique.
3. Il est aidé .... ses amis.
4. Les esprits curieux sont attirés .... toutes les nouveautés.
5. La vedette est adorée .... ses fans.
6. Le château a été entouré .... un groupe d'ennemis.
7. Une nouvelle pièce a été écrite .... mon écrivain préféré. ...... / 7

8 Complétez avec les expressions proposées.

alors que · au lieu de · bien que · en revanche · malgré · même si · par contre · pourtant · si... que · pour

1. Il ne va pas bien, ... il ne veut pas aller voir le médecin.
2. Il est heureux de vivre à l'étranger .... les difficultés linguistiques.
3. Mon mari rêve d'aller vivre en Suisse .... moi, je ne veux pas.
4. J'adore le cinéma ; le théâtre, ... ne m'intéresse pas trop.
5. .... les billets soient très chers, je veux absolument assister à ce concert.
6. .... beau .... il soit, je ne l'aime pas.
7. Pars tout de suite, ... ne pas arriver en retard à ton rendez-vous.
8. .... aller voir cet opéra inconnu, achetons deux billets pour *Carmen* !
9. L'acteur principal est nul, ... l'actrice est une vraie découverte !
10. Je préfère habiter en ville .... c'est bruyant. ...... / 10

9 Choisissez l'option correcte.

1. On doit lui acheter un cadeau, [avant qu' / tant qu'] il ne parte.
2. Il ne perdra pas l'espoir de voir son roman publié [jusqu'au moment où / jusqu'à ce que] le dernier éditeur le lui aura refusé.
3. [Avant / En attendant] nos invités, on est en train de préparer quelques sandwichs.
4. Elle a paniqué et elle s'est enfuie juste [au moment d' / jusqu'à] entrer en scène.
5. [Jusqu'à / Aussi longtemps que] Jeanne jouera du violon, elle sera perdue dans son propre univers.
6. [Une fois qu' / Tant qu'] elle obtiendra ce qu'elle désire, elle partira.
7. Il a dit qu'il m'appellerait [au moment d' / après] avoir terminé les répétitions.
8. [Depuis qu' / Lorsqu'] il a obtenu le rôle principal, il ne cesse d'en parler.
9. [En attendant qu' / Au fur et à mesure qu'] ils grandissent, les enfants apprennent à jouer avec les autres.
10. [Avant que / Pendant que] nous révisons notre texte, le réalisateur nous donne quelques suggestions pour mieux l'interpréter. ...... / 10

10 Complétez avec un adjectif verbal, un participe présent ou un gérondif.

1. Au concert, j'ai vu des jeunes .... [trembler] de joie devant leur idole.
2. .... [craindre] de ne pas l'apprécier, il a refusé de voir le film tiré de son roman préféré.
3. La performance de ces danseurs est vraiment .... [surprendre].
4. C'est une actrice .... [débuter].
5. .... [annoncer] la sortie de son nouveau film, il a présenté le remake d'une œuvre .... [précéder].
6. .... [ranger] ma chambre, j'ai retrouvé mon vieux journal intime.
7. .... [visiter] ce musée, vous admirerez de nombreux chefs-d'œuvre.
8. J'ai aperçu ma cousine .... [entrer] au restaurant avec son fiancé.
9. Il aime peindre .... [chanter] des airs célèbres.
10. Ils recherchent une actrice .... [savoir] parler français.
11. Donne-moi le nom d'un poète .... [commencer] par G.
12. .... [sortir] du théâtre, j'ai vu Lily .... [se disputer] avec sa mère.
13. .... [ne pas vouloir] aller en discothèque, elle a passé le samedi soir devant la télé. ...... / 15

TOTAL ...... / 100

Annexes

Précis de grammaire

▶ **Les doubles pronoms**

RÈGLE GÉNÉRALE		
1ʳᵉ POSITION	**2ᵉ POSITION**	**EXEMPLES**
me, te, se nous, vous	**le, la, les**	*Caroline nous les a déjà envoyés.*
le, la, les	**lui, leur**	*Je ne le leur dirai pas.*
m', t', s' l', lui nous, vous les, leur	**en**	*Ne lui en parlez pas !*
m', t', s' l' nous, vous les	**y**	*Je vous y accompagnerai demain.*
y	**en**	*Il n'y en a plus.*

À L'IMPÉRATIF AFFIRMATIF		
1ʳᵉ POSITION	**2ᵉ POSITION**	**EXEMPLES**
le, la, les	**moi, toi lui nous, vous leur**	*Dites-le-moi avant midi.*
m', t', s' l', lui nous, vous les, leur	**en**	*Parlez-leur-en dès que possible.*
m', t', s' l' nous, vous les	**y**	*Accompagne-les-y tout de suite !*

▶ **Les pronoms relatifs simples**

	PERSONNES	CHOSES
sujet	qui	
complément d'objet	que / qu'	
complément avec préposition	préposition + qui	préposition + quoi
	dont	dont où

▶ **Les pronoms relatifs composés**

	SINGULIER	PLURIEL
masculin	lequel auquel duquel préposition + lequel	lesquels auxquels desquels préposition + lesquels
féminin	laquelle à laquelle de laquelle préposition + laquelle	lesquelles auxquelles desquelles préposition + lesquelles

▶ **Le choix de l'auxiliaire dans les temps composés**

être	aller, arriver, descendre, devenir, (r)entrer, monter, mourir, naître, partir, passer, rester, retourner, sortir, tomber, venir	*Il est allé* *Elle est passée* *Ils sont devenus* *Elles sont sorties*
	les verbes pronominaux	*Je me suis coiffé(e)*
	les verbes à la forme passive	*Je suis interrogé(e)*
avoir	certains des verbes cités ci-dessus, quand ils sont utilisés dans une construction transitive	*Vous avez vu ?* *Elle a passé un après-midi avec moi.*
	être	*J'ai été*
	les verbes modaux	*J'ai pu sortir*
	les verbes impersonnels	*Il a plu*
	la plupart des verbes intransitifs	*J'ai réussi, tu as grandi, il a glissé...*

▶ **L'accord du participe passé**

Avec l'auxiliaire *être* :

- **verbes non pronominaux** → le participe passé s'accorde avec le sujet
  - *Elles sont arrivées hier.*
- **verbes pronominaux**
  - le pronom réfléchi a la fonction de complément d'objet indirect
    - *Elles se sont donné rendez-vous à 17 heures.*
  - le pronom réfléchi n'a pas la fonction de complément d'objet indirect → le participe passé s'accorde avec le sujet
    - *Elles se sont levées tôt ce matin.*

Avec l'auxiliaire *avoir* :

- **absence de complément d'objet direct** → participe passé invariable
  - *Nous avons bien dormi et bien mangé.*
- **complément d'objet direct placé après le verbe** → participe passé invariable
  - *J'ai lu tous ses livres.*
- **complément d'objet direct EN** → participe passé invariable
  - *Nous en avons vendu plusieurs.*
- **complément d'objet direct placé avant le verbe** → le participe passé s'accorde avec le complément d'objet direct
  - *J'ai dévoré les romans que tu m'as prêtés.*
  - *Ces fleurs, je les ai achetées pour Béa.*
  - *Quelles phrases avez-vous traduites ?*

▶ **L'hypothèse avec *si***

SUBORDONNÉE	PRINCIPALE	EXEMPLES
si + indicatif présent	indicatif présent	*Si tu veux, je t'accompagne.*
	impératif	*Si tu le rencontres, dis-lui de m'appeler.*
	indicatif futur simple	*Si demain il ne pleut pas, tu pourras aller à la mer.*
si + indicatif imparfait	conditionnel présent	*Si j'avais moins de devoirs, je viendrais avec vous.*
si + indicatif plus-que-parfait	conditionnel passé	*Si je l'avais su plus tôt, je n'y serais pas allé.*

Annexes

▶ **La voix passive**

TEMPS VERBAL	FORME ACTIVE	FORME PASSIVE
indicatif présent	Le policier **arrête** les voleurs.	Les voleurs **sont arrêtés** par le policier.
indicatif imparfait	Le policier **arrêtait** les voleurs.	Les voleurs **étaient arrêtés** par le policier.
indicatif futur	Le policier **arrêtera** les voleurs.	Les voleurs **seront arrêtés** par le policier.
indicatif passé composé	Le policier **a arrêté** les voleurs.	Les voleurs **ont été arrêtés** par le policier.
indicatif plus-que-parfait	Le policier **avait arrêté** les voleurs.	Les voleurs **avaient été arrêtés** par le policier.
indicatif futur antérieur	Le policier **aura arrêté** les voleurs.	Les voleurs **auront été arrêtés** par le policier.
conditionnel présent	Le policier **arrêterait** les voleurs.	Les voleurs **seraient arrêtés** par le policier.
conditionnel passé	Le policier **aurait arrêté** les voleurs.	Les voleurs **auraient été arrêtés** par le policier.
subjonctif présent	... que le policier **arrête** les voleurs.	... que les voleurs **soient arrêtés** par le policier.
subjonctif passé	... que le policier **ait arrêté** les voleurs.	... que les voleurs **aient été arrêtés** par le policier.
participe présent	Le policier **arrêtant** les voleurs...	Les voleurs **étant arrêtés** par le policier...
participe passé composé	Le policier **ayant arrêté** les voleurs...	Les voleurs **ayant été arrêtés** par le policier...
infinitif présent	Le policier doit **arrêter** les voleurs.	Les voleurs doivent **être arrêtés** par le policier.
infinitif passé	Le policier doit **avoir arrêté** les voleurs.	Les voleurs doivent **avoir été arrêtés** par le policier.

▶ **L'interrogation indirecte**

INTERROGATION TOTALE	
INTERROGATION DIRECTE	INTERROGATION DIRECTE
intonation **est-ce que** inversion	**si** + sujet + verbe

Je me demande s'ils ont bien reçu mon message.

Je leur avais demandé ce qu'ils venaient faire ici.

INTERROGATION PARTIELLE	
INTERROGATION DIRECTE	INTERROGATION INDIRECTE
qui... ?	qui
qui est-ce qui... ?	
qui est-ce que... ?	
qu'est-ce qui... ?	ce qui
que... ? / **... quoi ?**	ce que
qu'est-ce que... ?	
préposition + **qui / quoi... ?**	préposition + **qui / quoi**

▶ **Le discours indirect**

DISCOURS DIRECT	DISCOURS INDIRECT	
	AU PRÉSENT	AU PASSÉ
ici	là, là-bas	
ce ...-ci / celui-ci	ce ... la / celui-la	
venir	aller	
maintenant / en ce moment	maintenant / en ce moment	à ce moment-là / alors
aujourd'hui	aujourd'hui	ce jour-là
hier	hier	le jour précédent / la veille
avant-hier	avant-hier	deux jours plus tôt / l'avant-veille
demain	demain	le jour suivant / le lendemain
après-demain	après-demain	deux jours plus tard / le surlendemain
(le mois) prochain	(le mois) prochain	(le mois) suivant
(le mois) dernier / passé	(le mois) dernier / passé	(le mois) précédent
il y a (une heure)	il y a (une heure)	(une heure) plus tôt
dans (une heure)	dans (une heure)	(une heure) plus tard
ind. présent (*je parle*)	ind. présent (*je parle*)	ind. imparfait (*je parlais*)
ind. imparfait (*je parlais*)	ind. imparfait (*je parlais*)	ind. imparfait (*je parlais*)
ind. futur (*je parlerai*)	ind. futur (*je parlerai*)	le futur dans le passé = cond. présent (*je parlerais*)
ind. passé composé (*j'ai parlé*)	ind. passé composé (*j'ai parlé*)	ind. plus-que-parfait (*j'avais parlé*)
ind. plus-que-parfait (*j'avais parlé*)	ind. plus-que-parfait (*j'avais parlé*)	ind. passé composé (*j'avais parlé*)
ind. futur antérieur (*j'aurai parlé*)	ind. futur antérieur (*j'aurai parlé*)	le futur antérieur dans le passé = cond. passé (*j'aurais parlé*)
cond. présent (*je parlerais*)	cond. présent (*je parlerais*)	cond. présent (*je parlerais*)
cond. passé (*j'aurais parlé*)	cond. passé (*j'aurais parlé*)	cond. passé (*j'aurais parlé*)
subj. présent (*que je parle*)	subj. présent (*que je parle*)	subj. présent (*que je parle*)
subj. passé (*que j'aie parlé*)	subj. passé (*que j'aie parlé*)	subj. passé (*que j'aie parlé*)
impératif	de + infinitif	

Tableaux des conjugaisons

INFINITIF	INDICATIF PRÉSENT	INDICATIF IMPARFAIT	INDICATIF PASSÉ COMPOSÉ	INDICATIF FUTUR SIMPLE	CONDITIONNEL PRÉSENT	SUBJONCTIF PRÉSENT	IMPÉRATIF PRÉSENT	PARTICIPE PRÉSENT	PARTICIPE PASSÉ
être	je suis tu es il est nous sommes vous êtes ils sont	j'étais tu étais il était nous étions vous étiez ils étaient	j'ai été tu as été il a été nous avons été vous avez été ils ont été	je serai tu seras il sera nous serons vous serez ils seront	je serais tu serais il serait nous serions vous seriez ils seraient	que je sois que tu sois qu'il soit que nous soyons que vous soyez qu'ils soient	sois ! soyons ! soyez !	étant	été
avoir	j'ai tu as il a nous avons vous avez ils ont	j'avais tu avais il avait nous avions vous aviez ils avaient	j'ai eu tu as eu il a eu nous avons eu vous avez eu ils ont eu	j'aurai tu auras il aura nous aurons vous aurez ils auront	j'aurais tu aurais il aurait nous aurions vous auriez ils auraient	que j'aie que tu aies qu'il ait que nous ayons que vous ayez qu'ils aient	aie ! ayons ! ayez !	ayant	eu
aimer	j'aime tu aimes il aime nous aimons vous aimez ils aiment	j'aimais tu aimais il aimait nous aimions vous aimiez ils aimaient	j'ai aimé tu as aimé il a aimé nous avons aimé vous avez aimé ils ont aimé	j'aimerai tu aimeras il aimera nous aimerons vous aimerez ils aimeront	j'aimerais tu aimerais il aimerait nous aimerions vous aimeriez ils aimeraient	que j'aime que tu aimes qu'il aime que nous aimions que vous aimiez qu'ils aiment	aime ! aimons ! aimez !	aimant	aimé
se trouver	je me trouve tu te trouves il se trouve nous nous trouvons vous vous trouvez ils se trouvent	je me trouvais tu te trouvais il se trouvait nous nous trouvions vous vous trouviez ils se trouvaient	je me suis trouvé tu t'es trouvé il s'est trouvé nous nous sommes trouvés vous vous êtes trouvés ils se sont trouvés	je me trouverai tu te trouveras il se trouvera nous nous trouverons vous vous trouverez ils se trouveront	je me trouverais tu te trouverais il se trouverait nous nous trouverions vous vous trouveriez ils se trouveraient	que je me trouve que tu te trouves qu'il se trouve que nous nous trouvions que vous vous trouviez qu'ils se trouvent	trouve-toi ! trouvons-nous ! trouvez-vous !	se trouvant	trouvé
finir	je finis tu finis il finit nous finissons vous finissez ils finissent	je finissais tu finissais il finissait nous finissions vous finissiez ils finissaient	j'ai fini tu as fini il a fini nous avons fini vous avez fini ils ont fini	je finirai tu finiras il finira nous finirons vous finirez ils finiront	je finirais tu finirais il finirait nous finirions vous finiriez ils finiraient	que je finisse que tu finisses qu'il finisse que nous finissions que vous finissiez qu'ils finissent	finis ! finissons ! finissez !	finissant	fini
accueillir -illir	j'accueille tu accueilles il accueille nous accueillons vous accueillez ils accueillent	j'accueillais tu accueillais il accueillait nous accueillions vous accueilliez ils accueillaient	j'ai accueilli tu as accueilli il a accueilli nous avons accueilli vous avez accueilli ils ont accueilli	j'accueillerai tu accueilleras il accueillera nous accueillerons vous accueillerez ils accueilleront	j'accueillerais tu accueillerais il accueillerait nous accueillerions vous accueilleriez ils accueilleraient	que j'accueille que tu accueilles qu'il accueille que nous accueillions que vous accueilliez qu'ils accueillent	accueille ! accueillons ! accueillez !	accueillant	accueilli
aller	je vais tu vas il va nous allons vous allez ils vont	j'allais tu allais il allait nous allions vous alliez ils allaient	je suis allé tu es allé il est allé nous sommes allés vous êtes allés ils sont allés	j'irai tu iras il ira nous irons vous irez ils iront	j'irais tu irais il irait nous irions vous iriez ils iraient	que j'aille que tu ailles qu'il aille que nous allions que vous alliez qu'ils aillent	va ! allons ! allez !	allant	allé

INFINITIF	INDICATIF PRÉSENT	INDICATIF IMPARFAIT	INDICATIF PASSÉ COMPOSÉ	INDICATIF FUTUR SIMPLE	CONDITIONNEL PRÉSENT	SUBJONCTIF PRÉSENT	IMPÉRATIF	PARTICIPE PRÉSENT	PARTICIPE PASSÉ
battre *et ses dérivés*	je bats tu bats il bat nous battons vous battez ils battent	je battais tu battais il battait nous battions vous battiez ils battaient	j'ai battu tu as battu il a battu nous avons battu vous avez battu ils ont battu	je battrai tu battras il battra nous battrons vous battrez ils battront	je battrais tu battrais il battrait nous battrions vous battriez ils battraient	que je batte que tu battes qu'il batte que nous battions que vous battiez qu'ils battent	bats ! battons ! battez !	battant	battu
boire	je bois tu bois il boit nous buvons vous buvez ils boivent	je buvais tu buvais il buvait nous buvions vous buviez ils buvaient	j'ai bu tu as bu il a bu nous avons bu vous avez bu ils ont bu	je boirai tu boiras il boira nous boirons vous boirez ils boiront	je boirais tu boirais il boirait nous boirions vous boiriez ils boiraient	que je boive que tu boives qu'il boive que nous buvions que vous buviez qu'ils boivent	bois ! buvons ! buvez !	buvant	bu
conclure *-clure*	je conclus tu conclus il conclut nous concluons vous concluez ils concluent	je concluais tu concluais il concluait nous concluions vous concluiez ils concluaient	j'ai conclu tu as conclu il a conclu nous avons conclu vous avez conclu ils ont conclu	je conclurai tu concluras il conclura nous conclurons vous conclurez ils concluront	je conclurais tu conclurais il conclurait nous conclurions vous concluriez ils concluraient	que je conclue que tu conclues qu'il conclue que nous concluions que vous concluiez qu'ils concluent	conclus ! concluons ! concluez !	concluant	conclu
connaître *-aître*	je connais tu connais il connaît nous connaissons vous connaissez ils connaissent	je connaissais tu connaissais il connaissait nous connaissions vous connaissiez ils connaissaient	j'ai connu tu as connu il a connu nous avons connu vous avez connu ils ont connu	je connaîtrai tu connaîtras il connaîtra nous connaîtrons vous connaîtrez ils connaîtront	je connaîtrais tu connaîtrais il connaîtrait nous connaîtrions vous connaîtriez ils connaîtraient	que je connaisse que tu connaisses qu'il connaisse que nous connaissions que vous connaissiez qu'ils connaissent	connais ! connaissons ! connaissez !	connaissant	connu
courir *et ses dérivés*	je cours tu cours il court nous courons vous courez ils courent	je courais tu courais il courait nous courions vous couriez ils couraient	j'ai couru tu as couru il a couru nous avons couru vous avez couru ils ont couru	je courrai tu courras il courra nous courrons vous courrez ils courront	je courrais tu courrais il courrait nous courrions vous courriez ils courraient	que je coure que tu coures qu'il coure que nous courions que vous couriez qu'ils courent	cours ! courons ! courez !	courant	couru
craindre	je crains tu crains il craint nous craignons vous craignez ils craignent	je craignais tu craignais il craignait nous craignions vous craigniez ils craignaient	j'ai craint tu as craint il a craint nous avons craint vous avez craint ils ont craint	je craindrai tu craindras il craindra nous craindrons vous craindrez ils craindront	je craindrais tu craindrais il craindrait nous craindrions vous craindriez ils craindraient	que je craigne que tu craignes qu'il craigne que nous craignions que vous craigniez qu'ils craignent	crains ! craignons ! craignez !	craignant	craint
croire	je crois tu crois il croit nous croyons vous croyez ils croient	je croyais tu croyais il croyait nous croyions vous croyiez ils croyaient	j'ai cru tu as cru il a cru nous avons cru vous avez cru ils ont cru	je croirai tu croiras il croira nous croirons vous croirez ils croiront	je croirais tu croirais il croirait nous croirions vous croiriez ils croiraient	que je croie que tu croies qu'il croie que nous croyions que vous croyiez qu'ils croient	crois ! croyons ! croyez !	croyant	cru

Annexes

INFINITIF	INDICATIF PRÉSENT	INDICATIF IMPARFAIT	INDICATIF PASSÉ COMPOSÉ	INDICATIF FUTUR SIMPLE	CONDITIONNEL PRÉSENT	SUBJONCTIF PRÉSENT	IMPÉRATIF PRÉSENT	PARTICIPE PRÉSENT	PARTICIPE PASSÉ
devoir	je dois tu dois il doit nous devons vous devez ils doivent	je devais tu devais il devait nous devions vous deviez ils devaient	j'ai dû tu as dû il a dû nous avons dû vous avez dû ils ont dû	je devrai tu devras il devra nous devrons vous devrez ils devront	je devrais tu devrais il devrait nous devrions vous devriez ils devraient	que je doive que tu doives qu'il doive que nous devions que vous deviez qu'ils doivent	== == ==	devant	dû
dire	je dis tu dis il dit nous disons vous dites ils disent	je disais tu disais il disait nous disions vous disiez ils disaient	j'ai dit tu as dit il a dit nous avons dit vous avez dit ils ont dit	je dirai tu diras il dira nous dirons vous direz ils diront	je dirais tu dirais il dirait nous dirions vous diriez ils diraient	que je dise que tu dises qu'il dise que nous disions que vous disiez qu'ils disent	dis ! disons ! dites !	disant	dit
dormir	je dors tu dors il dort nous dormons vous dormez ils dorment	je dormais tu dormais il dormait nous dormions vous dormiez ils dormaient	j'ai dormi tu as dormi il a dormi nous avons dormi vous avez dormi ils ont dormi	je dormirai tu dormiras il dormira nous dormirons vous dormirez ils dormiront	je dormirais tu dormirais il dormirait nous dormirions vous dormiriez ils dormiraient	que je dorme que tu dormes qu'il dorme que nous dormions que vous dormiez qu'ils dorment	dors ! dormons ! dormez !	dormant	dormi
écrire	j'écris tu écris il écrit nous écrivons vous écrivez ils écrivent	j'écrivais tu écrivais il écrivait nous écrivions vous écriviez ils écrivaient	j'ai écrit tu as écrit il a écrit nous avons écrit vous avez écrit ils ont écrit	j'écrirai tu écriras il écrira nous écrirons vous écrirez ils écriront	j'écrirais tu écrirais il écrirait nous écririons vous écririez ils écriraient	que j'écrive que tu écrives qu'il écrive que nous écrivions que vous écriviez qu'ils écrivent	écris ! écrivons ! écrivez !	écrivant	écrit
envoyer	j'envoie tu envoies il envoie nous envoyons vous envoyez ils envoient	j'envoyais tu envoyais il envoyait nous envoyions vous envoyiez ils envoyaient	j'ai envoyé tu as envoyé il a envoyé nous avons envoyé vous avez envoyé ils ont envoyé	j'enverrai tu enverras il enverra nous enverrons vous enverrez ils enverront	j'enverrais tu enverrais il enverrait nous enverrions vous enverriez ils enverraient	que j'envoie que tu envoies qu'il envoie que nous envoyions que vous envoyiez qu'ils envoient	envoie ! envoyons ! envoyez !	envoyant	envoyé
faire	je fais tu fais il fait nous faisons vous faites ils font	je faisais tu faisais il faisait nous faisions vous faisiez ils faisaient	j'ai fait tu as fait il a fait nous avons fait vous avez fait ils ont fait	je ferai tu feras il fera nous ferons vous ferez ils feront	je ferais tu ferais il ferait nous ferions vous feriez ils feraient	que je fasse que tu fasses qu'il fasse que nous fassions que vous fassiez qu'ils fassent	fais ! faisons ! faites !	faisant	fait
falloir	il faut	il fallait	il a fallu	il faudra	il faudrait	qu'il faille	==	==	fallu

INFINITIF	INDICATIF PRÉSENT	INDICATIF IMPARFAIT	INDICATIF PASSÉ COMPOSÉ	FUTUR SIMPLE	CONDITIONNEL PRÉSENT	SUBJONCTIF PRÉSENT	IMPÉRATIF PRÉSENT	PARTICIPE PRÉSENT	PARTICIPE PASSÉ
lire	je lis tu lis il lit nous lisons vous lisez ils lisent	je lisais tu lisais il lisait nous lisions vous lisiez ils lisaient	j'ai lu tu as lu il a lu nous avons lu vous avez lu ils ont lu	je lirai tu liras il lira nous lirons vous lirez ils liront	je lirais tu lirais il lirait nous lirions vous liriez ils liraient	que je lise que tu lises qu'il lise que nous lisions que vous lisiez qu'ils lisent	lis ! lisons ! lisez !	lisant	lu
mentir sentir	je mens tu mens il ment nous mentons vous mentez ils mentent	je mentais tu mentais il mentait nous mentions vous mentiez ils mentaient	j'ai menti tu as menti il a menti nous avons menti vous avez menti ils ont menti	je mentirai tu mentiras il mentira nous mentirons vous mentirez ils mentiront	je mentirais tu mentirais il mentirait nous mentirions vous mentiriez ils mentiraient	que je mente que tu mentes qu'il mente que nous mentions que vous mentiez qu'ils mentent	mens ! mentons ! mentez !	mentant	menti
mettre *et ses dérivés*	je mets tu mets il met nous mettons vous mettez ils mettent	je mettais tu mettais il mettait nous mettions vous mettiez ils mettaient	j'ai mis tu as mis il a mis nous avons mis vous avez mis ils ont mis	je mettrai tu mettras il mettra nous mettrons vous mettrez ils mettront	je mettrais tu mettrais il mettrait nous mettrions vous mettriez ils mettraient	que je mette que tu mettes qu'il mette que nous mettions que vous mettiez qu'ils mettent	mets ! mettons ! mettez !	mettant	mis
mourir	je meurs tu meurs il meurt nous mourons vous mourez ils meurent	je mourais tu mourais il mourait nous mourions vous mouriez ils mouraient	je suis mort tu es mort il est mort nous sommes morts vous êtes morts ils sont morts	je mourrai tu mourras il mourra nous mourrons vous mourrez ils mourront	je mourrais tu mourrais il mourrait nous mourrions vous mourriez ils mourraient	que je meure que tu meures qu'il meure que nous mourions que vous mouriez qu'ils meurent	meurs ! mourons ! mourez !	mourant	mort
ouvrir offrir souffrir	j'ouvre tu ouvres il ouvre nous ouvrons vous ouvrez ils ouvrent	j'ouvrais tu ouvrais il ouvrait nous ouvrions vous ouvriez ils ouvraient	j'ai ouvert tu as ouvert il a ouvert nous avons ouvert vous avez ouvert ils ont ouvert	j'ouvrirai tu ouvriras il ouvrira nous ouvrirons vous ouvrirez ils ouvriront	j'ouvrirais tu ouvrirais il ouvrirait nous ouvririons vous ouvririez ils ouvriraient	que j'ouvre que tu ouvres qu'il ouvre que nous ouvrions que vous ouvriez qu'ils ouvrent	ouvre ! ouvrons ! ouvrez !	ouvrant	ouvert
plaire	je plais tu plais il plaît nous plaisons vous plaisez ils plaisent	je plaisais tu plaisais il plaisait nous plaisions vous plaisiez ils plaisaient	j'ai plu tu as plu il a plu nous avons plu vous avez plu ils ont plu	je plairai tu plairas il plaira nous plairons vous plairez ils plairont	je plairais tu plairais il plairait nous plairions vous plairiez ils plairaient	que je plaise que tu plaises qu'il plaise que nous plaisions que vous plaisiez qu'ils plaisent	plais ! plaisons ! plaisez !	plaisant	plu
pleuvoir	il pleut	il pleuvait	il a plu	il pleuvra	il pleuvrait	qu'il pleuve	—	pleuvant	plu

INFINITIF	INDICATIF PRÉSENT	INDICATIF IMPARFAIT	INDICATIF PASSÉ COMPOSÉ	INDICATIF FUTUR SIMPLE	CONDITIONNEL PRÉSENT	SUBJONCTIF PRÉSENT	IMPÉRATIF	PARTICIPE PRÉSENT	PARTICIPE PASSÉ
pouvoir	je peux tu peux il peut nous pouvons vous pouvez ils peuvent	je pouvais tu pouvais il pouvait nous pouvions vous pouviez ils pouvaient	j'ai pu tu as pu il a pu nous avons pu vous avez pu ils ont pu	je pourrai tu pourras il pourra nous pourrons vous pourrez ils pourront	je pourrais tu pourrais il pourrait nous pourrions vous pourriez ils pourraient	que je puisse que tu puisses qu'il puisse que nous puissions que vous puissiez qu'ils puissent	= = = = = =	pouvant	pu
prendre *et ses dérivés*	je prends tu prends il prend nous prenons vous prenez ils prennent	je prenais tu prenais il prenait nous prenions vous preniez ils prenaient	j'ai pris tu as pris il a pris nous avons pris vous avez pris ils ont pris	je prendrai tu prendras il prendra nous prendrons vous prendrez ils prendront	je prendrais tu prendrais il prendrait nous prendrions vous prendriez ils prendraient	que je prenne que tu prennes qu'il prenne que nous prenions que vous preniez qu'ils prennent	prends ! prenons ! prenez !	prenant	pris
produire *-uire*	je produis tu produis il produit nous produisons vous produisez ils produisent	je produisais tu produisais il produisait nous produisions vous produisiez ils produisaient	j'ai produit tu as produit il a produit nous avons produit vous avez produit ils ont produit	je produirai tu produiras il produira nous produirons vous produirez ils produiront	je produirais tu produirais il produirait nous produirions vous produiriez ils produiraient	que je produise que tu produises qu'il produise que nous produisions que vous produisiez qu'ils produisent	produis ! produisons ! produisez !	produisant	produit
recevoir *-cevoir*	je reçois tu reçois il reçoit nous recevons vous recevez ils reçoivent	je recevais tu recevais il recevait nous recevions vous receviez ils recevaient	j'ai reçu tu as reçu il a reçu nous avons reçu vous avez reçu ils ont reçu	je recevrai tu recevras il recevra nous recevrons vous recevrez ils recevront	je recevrais tu recevrais il recevrait nous recevrions vous recevriez ils recevraient	que je reçoive que tu reçoives qu'il reçoive que nous recevions que vous receviez qu'ils reçoivent	reçois ! recevons ! recevez !	recevant	reçu
résoudre *-soudre*	je résous tu résous il résout nous résolvons vous résolvez ils résolvent	je résolvais tu résolvais il résolvait nous résolvions vous résolviez ils résolvaient	j'ai résolu tu as résolu il a résolu nous avons résolu vous avez résolu ils ont résolu	je résoudrai tu résoudras il résoudra nous résoudrons vous résoudrez ils résoudront	je résoudrais tu résoudrais il résoudrait nous résoudrions vous résoudriez ils résoudraient	que je résolve que tu résolves qu'il résolve que nous résolvions que vous résolviez qu'ils résolvent	résous ! résolvons ! résolvez !	résolvant	résolu
rire	je ris tu ris il rit nous rions vous riez ils rient	je riais tu riais il riait nous riions vous riiez ils riaient	j'ai ri tu as ri il a ri nous avons ri vous avez ri ils ont ri	je rirai tu riras il rira nous rirons vous rirez ils riront	je rirais tu rirais il rirait nous ririons vous ririez ils riraient	que je rie que tu ries qu'il rie que nous riions que vous riiez qu'ils rient	ris ! rions ! riez !	riant	ri
rompre *et ses dérivés*	je romps tu romps il rompt nous rompons vous rompez ils rompent	je rompais tu rompais il rompait nous rompions vous rompiez ils rompaient	j'ai rompu tu as rompu il a rompu nous avons rompu vous avez rompu ils ont rompu	je romprai tu rompras il rompra nous romprons vous romprez ils rompront	je romprais tu romprais il romprait nous romprions vous rompriez ils rompraient	que je rompe que tu rompes qu'il rompe que nous rompions que vous rompiez qu'ils rompent	romps ! rompons ! rompez !	rompant	rompu

INFINITIF	INDICATIF PRÉSENT	IMPARFAIT	PASSÉ COMPOSÉ	FUTUR SIMPLE	CONDITIONNEL PRÉSENT	SUBJONCTIF PRÉSENT	IMPÉRATIF	PARTICIPE PRÉSENT	PASSÉ
savoir	je sais tu sais il sait nous savons vous savez ils savent	je savais tu savais il savait nous savions vous saviez ils savaient	j'ai su tu as su il a su nous avons su vous avez su ils ont su	je saurai tu sauras il saura nous saurons vous saurez ils sauront	je saurais tu saurais il saurait nous saurions vous sauriez ils sauraient	que je sache que tu saches qu'il sache que nous sachions que vous sachiez qu'ils sachent	sache ! sachons ! sachez !	sachant	su
servir	je sers tu sers il sert nous servons vous servez ils servent	je servais tu servais il servait nous servions vous serviez ils servaient	j'ai servi tu as servi il a servi nous avons servi vous avez servi ils ont servi	je servirai tu serviras il servira nous servirons vous servirez ils serviront	je servirais tu servirais il servirait nous servirions vous serviriez ils serviraient	que je serve que tu serves qu'il serve que nous servions que vous serviez qu'ils servent	sers ! servons ! servez !	servant	servi
sortir partir	je sors tu sors il sort nous sortons vous sortez ils sortent	je sortais tu sortais il sortait nous sortions vous sortiez ils sortaient	je suis sorti tu es sorti il est sorti nous sommes sortis vous êtes sortis ils sont sortis	je sortirai tu sortiras il sortira nous sortirons vous sortirez ils sortiront	je sortirais tu sortirais il sortirait nous sortirions vous sortiriez ils sortiraient	que je sorte que tu sortes qu'il sorte que nous sortions que vous sortiez qu'ils sortent	sors ! sortons ! sortez !	sortant	sorti
suffire	je suffis tu suffis il suffit nous suffisons vous suffisez ils suffisent	je suffisais tu suffisais il suffisait nous suffisions vous suffisiez ils suffisaient	j'ai suffi tu as suffi il a suffi nous avons suffi vous avez suffi ils ont suffi	je suffirai tu suffiras il suffira nous suffirons vous suffirez ils suffiront	je suffirais tu suffirais il suffirait nous suffirions vous suffiriez ils suffiraient	que je suffise que tu suffises qu'il suffise que nous suffisions que vous suffisiez qu'ils suffisent	suffis ! suffisons ! suffisez !	suffisant	suffi
suivre	je suis tu suis il suit nous suivons vous suivez ils suivent	je suivais tu suivais il suivait nous suivions vous suiviez ils suivaient	j'ai suivi tu as suivi il a suivi nous avons suivi vous avez suivi ils ont suivi	je suivrai tu suivras il suivra nous suivrons vous suivrez ils suivront	je suivrais tu suivrais il suivrait nous suivrions vous suivriez ils suivraient	que je suive que tu suives qu'il suive que nous suivions que vous suiviez qu'ils suivent	suis! suivons ! suivez !	suivant	suivi
tenir *et ses dérivés*	je tiens tu tiens il tient nous tenons vous tenez ils tiennent	je tenais tu tenais il tenait nous tenions vous teniez ils tenaient	j'ai tenu tu as tenu il a tenu nous avons tenu vous avez tenu ils ont tenu	je tiendrai tu tiendras il tiendra nous tiendrons vous tiendrez ils tiendront	je tiendrais tu tiendrais il tiendrait nous tiendrions vous tiendriez ils tiendraient	que je tienne que tu tiennes qu'il tienne que nous tenions que vous teniez qu'ils tiennent	tiens ! tenons ! tenez !	tenant	tenu
(con)vaincre	je vaincs tu vaincs il vainc nous vainquons vous vainquez ils vainquent	je vainquais tu vainquais il vainquait nous vainquions vous vainquiez ils vainquaient	j'ai vaincu tu as vaincu il a vaincu nous avons vaincu vous avez vaincu ils ont vaincu	je vaincrai tu vaincras il vaincra nous vaincrons vous vaincrez ils vaincront	je vaincrais tu vaincrais il vaincrait nous vaincrions vous vaincriez ils vaincraient	que je vainque que tu vainques qu'il vainque que nous vainquions que vous vainquiez qu'ils vainquent	vaincs ! vainquons ! vainquez !	vainquant	vaincu

INFINITIF	INDICATIF			FUTUR SIMPLE	CONDITIONNEL	SUBJONCTIF	IMPÉRATIF	PARTICIPE	
	PRÉSENT	IMPARFAIT	PASSÉ COMPOSÉ		PRÉSENT	PRÉSENT	PRÉSENT	PRÉSENT	PASSÉ
valoir	je vaux tu vaux il vaut nous valons vous valez ils valent	je valais tu valais il valait nous valions vous valiez ils valaient	j'ai valu tu as valu il a valu nous avons valu vous avez valu ils ont valu	je vaudrai tu vaudras il vaudra nous vaudrons vous vaudrez ils vaudront	je vaudrais tu vaudrais il vaudrait nous vaudrions vous vaudriez ils vaudraient	que je vaille que tu vailles qu'il vaille que nous valions que vous valiez qu'ils vaillent	vaux ! valons ! valez !	valant	valu
vendre *-dre*	je vends tu vends il vend nous vendons vous vendez ils vendent	je vendais tu vendais il vendait nous vendions vous vendiez ils vendaient	j'ai vendu tu as vendu il a vendu nous avons vendu vous avez vendu ils ont vendu	je vendrai tu vendras il vendra nous vendrons vous vendrez ils vendront	je vendrais tu vendrais il vendrait nous vendrions vous vendriez ils vendraient	que je vende que tu vendes qu'il vende que nous vendions que vous vendiez qu'ils vendent	vends ! vendons ! vendez !	vendant	vendu
venir *et ses dérivés*	je viens tu viens il vient nous venons vous venez ils viennent	je venais tu venais il venait nous venions vous veniez ils venaient	je suis venu tu es venu il est venu nous sommes venus vous êtes venus ils sont venus	je viendrai tu viendras il viendra nous viendrons vous viendrez ils viendront	je viendrais tu viendrais il viendrait nous viendrions vous viendriez ils viendraient	que je vienne que tu viennes qu'il vienne que nous venions que vous veniez qu'ils viennent	viens ! venons ! venez !	venant	venu
vivre *et ses dérivés*	je vis tu vis il vit nous vivons vous vivez ils vivent	je vivais tu vivais il vivait nous vivions vous viviez ils vivaient	j'ai vécu tu as vécu il a vécu nous avons vécu vous avez vécu ils ont vécu	je vivrai tu vivras il vivra nous vivrons vous vivrez ils vivront	je vivrais tu vivrais il vivrait nous vivrions vous vivriez ils vivraient	que je vive que tu vives qu'il vive que nous vivions que vous viviez qu'ils vivent	vis ! vivons ! vivez !	vivant	vécu
voir	je vois tu vois il voit nous voyons vous voyez ils voient	je voyais tu voyais il voyait nous voyions vous voyiez ils voyaient	j'ai vu tu as vu il a vu nous avons vu vous avez vu ils ont vu	je verrai tu verras il verra nous verrons vous verrez ils verront	je verrais tu verrais il verrait nous verrions vous verriez ils verraient	que je voie que tu voies qu'il voie que nous voyions que vous voyiez qu'ils voient	vois ! voyons ! voyez !	voyant	vu
vouloir	je veux tu veux il veut nous voulons vous voulez ils veulent	je voulais tu voulais il voulait nous voulions vous vouliez ils voulaient	j'ai voulu tu as voulu il a voulu nous avons voulu vous avez voulu ils ont voulu	je voudrai tu voudras il voudra nous voudrons vous voudrez ils voudront	je voudrais tu voudrais il voudrait nous voudrions vous voudriez ils voudraient	que je veuille que tu veuilles qu'il veuille que nous voulions que vous vouliez qu'ils veuillent	veuille ! voulons ! veuillez !	voulant	voulu

Références iconographiques

Couverture (1) Le Grand Éléphant des Machines de l'île de Nantes - Co-auteurs François Delarozière et Pierre Orefice - EQRoy/Alamy ; **Couverture (2b)** millionhope - iStockphoto ; **Couverture (4)** 4x6 - iStockphoto ; **Couverture (3)** Ljupco Smokovski - stock.adobe.com ; **Couverture (5)** monticellllo - stock.adobe.com - © www.atomium.be/Adagp, Paris 2023 ; **Couverture (2h)** France, 08 juin 2014 - Tournage du moyen métrage «Les Bosquets», réalisé par JR - JR/Agence Vu ; **6 (1)** Boris Riaposov - stock.adobe.com ; **6 (2)** mimagephotos - stock.adobe.com ; **6 (3)** AdrianHancu - iStockphoto ; **6 (4)** geronimo - stock.adobe.com ; **7** mimagephotos - stock.adobe.com ; **8 (5)** olrat - stock.adobe.com ; **8 (6)** Drobot Dean - stock.adobe.com ; **8 (7)** Quand te maries-tu ?, ou en tahitien Nafea faa ipoipo ?, Paul Gauguin, 1892, Polynésie française - Wikimedia Commons ; **8 (8)** Fahim, 2019 de Pierre-François Martin-Laval, avec Gerard Depardieu, Assad Ahmed, Isabelle Nanty. - Collection ChristopheL © Waiting for Cinema - Wild Bunch - France 3 Cinema - Delta Cinema - CN8 Productions - Fruits d'Hommes Productions - Aliceleo ; **9** Drobot Dean - stock.adobe.com ; **10 (d)** drbimages - iStockphoto ; **10 (g)** nycshooter - iStockphoto ; **10 (m)** Oleksandr - stock.adobe.com ; **11** Tartila - stock.adobe.com ; **12 (hd)** «Ca (d)étonne !», une semaine de la langue française et de la Francophonie du 12 au 20 mars 2022 © Ministère de la culture ; **12 (mm)** © CIJF ; **12 (bd)** © CIJF ; **12 (md)** © Cyril Bailleul/OIF ; **12 (bm)** Pierre Guillaud/AFP Photos ; **12 (bg)** Micheline Pelletier/Gamma ; **12 (mg)** Wikimedia Commons ; **13 (mm)** © CIJF ; **13 (hg)** Cameroun - Côte d'Ivoire 2017 - SN9PER CREW - Arts de la rue : hip-hop (danse) - médaille d'or - © CIJF ; **13 (hd)** Cameroun - Côte d'Ivoire 2017 - KHALIL RIAD MATITHIA - Chanson - © CIJF ; **13 (bd)** Sénégal vs Fédération Wallonie Bruxelles - Côte d'Ivoire 2017 - Fédération Wallonie-Bruxelles, Sénégal - Basket-ball féminin - © CIJF ; **13 (bg)** France, Maroc - Côte d'Ivoire 2017 - Judo masculin - Finale Super léger - Florimont Jolan (France, or) - Jafy Mohammed (Maroc, bronze) - © CIJF ; **14 (bg)** Boris Riaposov - stock.adobe.com ; **14 (fond)** Henryk Sadura - stock.adobe.com ; **14 (a)** Kushnirov Avraham - stock.adobe.com ; **14 (b)** lucky-photo - stock.adobe.com ; **14 (c)** Aleh Varanishcha - stock.adobe.com ; **14 (d)** Boris Stroujko - stock.adobe.com ; **14 (e)** Fyle - stock.adobe.com ; **14 (f)** reservoircom - stock.adobe.com ; **14 (g)** dudlajzov - stock.adobe.com ; **14 (h)** jefwod - stock.adobe.com ; **15 (hg)** AntonioDiaz - stock.adobe.com ; **15 (bd)** Albachiaraa - stock.adobe.com ; **16 (md)** Eric Isselée - stock.adobe.com ; **16 (hd)** MrPreecha - stock.adobe.com ; **17 (h1)** fotoliasc2014 - stock.adobe.com ; **17 (h2)** https://pxhere.com/en/photo/912613 - https://creativecommons.org/publicdomain/zero/1.0/ ; **17 (h3)** wckiw - stock.adobe.com ; **17 (h4)** MikeFusaro - stock.adobe.com ; **17 (h5)** Countrypixel - stock.adobe.com ; **17 (h6)** DragoNika - stock.adobe.com ; **17 (h7)** ben - stock.adobe.com ; **17 (b1)** damedias - stock.adobe.com ; **17 (b2)** veneratio - stock.adobe.com ; **17 (b3)** jimcumming88 - stock.adobe.com ; **17 (b4)** Chris Hill - stock.adobe.com ; **17 (b5)** AB Photography - stock.adobe.com ; **17 (b6)** hkuchera - stock.adobe.com ; **17 (b7)** Menno Schaefer - stock.adobe.com ; **17 (b8)** Ivan Kuzmin - stock.adobe.com ; **17 (b9)** Andrea Izzotti - stock.adobe.com ; **17 (b10)** Hunta - stock.adobe.com ; **17 (b11)** Manuel Findeis - stock.adobe.com ; **17 (b12)** Tatiana - stock.adobe.com ; **18 (bd)** abet - stock.adobe.com ; **18 (m1)** Martin - stock.adobe.com ; **18 (m2)** Philippe - stock.adobe.com ; **18 (m3)** Robbie Ross - stock.adobe.com ; **18 (m4)** mehmetkrc - stock.adobe.com ; **18 (m5)** Zarina Lukash - stock.adobe.com ; **18 (m6)** Luc Pouliot - stock.adobe.com ; **19 (a)** rjmiguel - stock.adobe.com ; **19 (b)** Tony Northrup - stock.adobe.com ; **19 (c)** den-belitsky - stock.adobe.com ; **19 (d)** Pearl Media - stock.adobe.com ; **19 (e)** philippe paternolli - stock.adobe.com ; **19 (f)** Bruno Moulac - stock.adobe.com ; **19 (h1)** SELIMBT - stock.adobe.com ; **19 (h2)** R.M. Nunes - stock.adobe.com ; **19 (h3)** Brad Pict - stock.adobe.com ; **19 (h4)** Rose - stock.adobe.com ; **19 (h5)** Delphotostock - stock.adobe.com ; **19 (h6)** ftomarchio - stock.adobe.com ; **20** © ZooParc de Beauval 2022 ; **21** Marina - stock.adobe.com ; **23** Claudia - stock.adobe.com ; **25 (bd)** AVD - stock.adobe.com ; **25 (hd)** Ecomare/Salko de Wolf Den Hoorn Texel - https://commons.wikimedia.org/wiki/File:Ecomare_-_bruinvis_Berend_(berend3).jpg ; **26 (md)** Damir Khabirov - stock.adobe.com ; **26 (1)** jojojo07 - stock.adobe.com ; **26 (2)** ecelop - stock.adobe.com ; **26 (3)** ecelop - stock.adobe.com ; **26 (4)** blattwerkstatt - stock.adobe.com ; **26 (5)** Arcady - stock.adobe.com ; **27 (1)** spyrakot - stock.adobe.com ; **27 (2)** Inna - stock.adobe.com ; **27 (3)** Viacheslav Yakobchuk - stock.adobe.com ; **27 (4)** milkovasa - stock.adobe.com ; **28 (bd)** Gary Saxe - stock.adobe.com ; **28 (bg)** He2 - stock.adobe.com ; **28 (mg)** Photo Feats - stock.adobe.com ; **28 (mm)** Jean-Paul Comparin - stock.adobe.com ; **28 (md)** embeki - stock.adobe.com ; **28 (hg)** Frédérick Florin/AFP Photos ; **29 (hd)** thaiview - stock.adobe.com ; **29 (md)** Orlando Florin Rosu - stock.adobe.com ; **29 (mg)** sarayut_sy - stock.adobe.com ; **30 (g1)** olly - stock.adobe.com ; **30 (g2)** Wayhome Studio - stock.adobe.com ; **30 (g3)** Wayhome Studio - stock.adobe.com ; **30 (g4)** mimagephotos - stock.adobe.com ; **31 (bd)** New Africa - stock.adobe.com ; **31 (hd)** pathdoc - stock.adobe.com ; **32** New Africa - stock.adobe.com ; **33 (1)** iordani - stock.adobe.com ; **33 (2)** bertys30 - stock.adobe.com ; **33 (3)** Wayhome Studio - stock.adobe.com ; **33 (4)** Wayhome Studio - stock.adobe.com ; **33 (5)** Wayhome Studio - stock.adobe.com ; **33 (6)** Davide Angelini - stock.adobe.com ; **33 (7)** Wordley Calvo Stock - stock.adobe.com ; **33 (8)** polya_olya - stock.adobe.com ; **34 (1)** deagreez - stock.adobe.com ; **34 (2)** Yakobchuk Olena - stock.adobe.com ; **34 (3)** Wordley Calvo Stock - stock.adobe.com ; **34 (4)** torsakh - stock.adobe.com ; **34 (5)** Robert Kneschke - stock.adobe.com ; **34 (6)** neirfy - stock.adobe.com ; **34 (7)** kegfire - stock.adobe.com ; **34 (8)** detailblick-foto - stock.adobe.com ; **35** strichfiguren.de - stock.adobe.com ; **40** Rido - stock.adobe.com ; **41 (1)** deagreez - stock.adobe.com ; **41 (2)** Antonioguillem - stock.adobe.com ; **41 (3)** ivanko80 - stock.adobe.com ; **42 (bd)** Damir Khabirov - stock.adobe.com ; **43 (0)** motortion - stock.adobe.com ; **43 (1)** metamorworks - stock.adobe.com ; **43 (2)** Antonioguillem - stock.adobe.com ; **43 (3)** Antonioguillem - stock.adobe.com ; **44 (hg)** Morandi Tuul et Bruno/hemis.fr ; **44 (hd)** david-bgn - stock.adobe.com ; **44 (bm)** david-bgn - stock.adobe.com ; **45 (md)** Nicolas Thibaut/Photononstop ; **45 (bd)** aerial-photos.com/Alamy ; **47** Dave Massey - stock.adobe.com ; **48 (fond)** AdrianHancu - iStockphoto ; **48 (mm)** Sir.Vector - stock.adobe.com ; **49 (md)** Bro Vector - stock.adobe.com ; **50** GoodLifeStudio - iStockphoto ; **51 (1)** Andrey Popov - stock.adobe.com ; **51 (2)** zhu difeng - stock.adobe.com ; **51 (3)** Alexander - stock.adobe.com ; **51** IvicaNS - stock.adobe.com ; **51 (bd)** viperagp - stock.adobe.com ; **52** Illustration : Ces voix qui lisent en nous, Télérama 3794-septembre 2022/Hector De La Vallée ; **53 (hg)** djdarkflower - stock.adobe.com ; **53 (hd)** Art Alex - stock.adobe.com ; **53 (hg2)** nrbk - stock.adobe.com ; **58 (0)** Richard Villalon - stock.adobe.com ; **58 (1)** ii-graphics - stock.adobe.com ; **58 (2)** Лена Полякевич - stock.adobe.com ; **58 (3)** Лена Полякевич - stock.adobe.com ; **58 (4)** ii-graphics - stock.adobe.com ; **58 (5)** Лена Полякевич - stock.adobe.com ; **58 (6)** pixelrobot - stock.adobe.com ; **59 (1)** themacx - iStockphoto ; **59 (2)** olly - stock.adobe.com ; **59 (3)** captblack76 - stock.adobe.com ; **59 (4)** Nomad_Soul - stock.adobe.com ; **59 (5)** sezerozger - stock.adobe.com ; **59 (5)** sezerozger - stock.adobe.com ; **60 (md)** GoodLifeStudio - iStockphoto ; **62 (md)** AFP Photos ; **62 (mm)** Alamy/hemis.fr ; **62 (mg)** HistoryColored ; **62 (b)** virinaflora - stock.adobe.com ; **63 (hm)** Marianne l'engagée, Yzeult Digan, dessinateur Elsa Catelin, graveur - Philatelix - /Michel MH75/Tellier 1525A/Émission 12/11/2018/Retrait 30/11/2019 © Musée de La Poste, Paris / La Poste 2023 - © ADGAP, Paris 2023 ; **63 (mg)** Rosdiana Ciaravolo/Getty Images Europe/Getty Images via AFP Photos ; **63 (mm)** Daniela Porcelli/SPP/Shutterstock/Sipa ; **63 (b)** virinaflora - stock.adobe.com ; **64 (bg)** mimagephotos - stock.adobe.com ; **64 (fond)** geronimo - stock.adobe.com ; **65 (fond)** geronimo - stock.adobe.com ; **65 (bd)** Famille Safa. Morad et sa sœur Sarah participent tous les 2 au projet Demos. Projet DEMOS : Inspiré d'autres programmes musicaux comme le Sistema au Venezuela ou le Big Noise en Ecosse, le Demos Project en France est conçu pour exposer à la musique classique des enfants de 7 à 12 ans issus de zones urbaines dites difficiles. Cette première expérience en France se déroule à Paris et dans les communes limitrophes. Bonneuil-sur-Marne,

Notre-Dame de Gary Trousdale et Kirk Wise 1996 USA - jaquette DVD français dessin anime, animation d'apres le roman de Victor Hugo ; **148 (hd)** Victor Hugo, Notre-Dame de Paris (Collection «Folio classique») © Editions Gallimard ; **148 (bd)** Notre-Dame de Paris, 1998 - Musique de Richard Cocciante - Livret de Luc Plamondon - Mise en scène de Gilles Maheu - Collection ChristopheL© Charles Talar ; **149** Notre-Dame brule, 2022 - de Jean-Jacques Annaud - Collection ChristopheL© Pathe - TF1 Films Production - Affiche française de Plantu ; **150** Luis Estallo - stock.adobe.com ; **151 (hd)** blende40 - stock.adobe.com ; **151 (bm)** Monkey Business ; **156** Samuel B. - stock.adobe.com ; **158** luismolinero - stock.adobe.com ; **162 (e)** fovivafoto - stock.adobe.com ; **162 (a)** Richard Semik - stock.adobe.com ; **162 (d)** albillottet - stock.adobe.com ; **162 (b)** Anneke - stock.adobe.com ; **162 (c)** midgardson - stock.adobe.com ; **163 (b)** multilens - stock.adobe.com ; **163 (a)** JPS - stock.adobe.com ; **163 (e)** EcoView - stock.adobe.com ; **163 (d)** dennisjacobsen - stock.adobe.com ; **163 (c)** Людмила Гудина - stock.adobe.com ; **163 (f)** slowmotiongli - stock.adobe.com ; **164** Pierre Antoine LAINE - stock.adobe.com ; **167 (1)** ondrejprosicky - stock.adobe.com ; **167 (2)** Antonioguillem - stock.adobe.com ; **167 (3)** Jillian - stock.adobe.com ; **167 (a)** Oleksiy Ilyashenko - stock.adobe.com ; **167 (b)** Grzegorz - stock.adobe.com ; **167 (c)** Leon - stock.adobe.com ; **167 (d)** peterfodor - stock.adobe.com ; **167 (e)** Visual Intermezzo - stock.adobe.com ; **167 (f)** EdyPamungkas - stock.adobe.com ; **168** Paulrommer - stock.adobe.com ; **169** alexxx1981 - iStockphoto ; **170 (1)** Basicdog - stock.adobe.com ; **170 (2)** didesign - stock.adobe.com ; **170 (3)** Syda Productions - stock.adobe.com ; **170 (4)** Antonioguillem - stock.adobe.com ; **174 (h1)** Studio Romantic - stock.adobe.com ; **174 (h2)** yaroslav1986 - stock.adobe.com ; **174 (h3)** kieferpix - stock.adobe.com ; **174 (b0)** Sergio - stock.adobe.com ; **174 (b1)** enterphoto - stock.adobe.com ; **174 (b2)** New Africa - stock.adobe.com ; **174 (b3)** Gudrun - stock.adobe.com ; **175 (a)** Africa Studio - stock.adobe.com ; **175 (b)** SHOTPRIME STUDIO - stock.adobe.com ; **175 (c)** Vitalinka - stock.adobe.com ; **175 (d)** pressmaster - stock.adobe.com ; **178** shapecharge - iStockphoto ; **179 (1)** AdrianHancu - iStockphoto ; **179 (2)** OceanProd - stock.adobe.com ; **179 (3)** ifeelstock/Alamy ; **179 (4)** Microgen - stock.adobe.com ; **179 (bg)** Robert Fages/Sipa ; **183 (h1)** hanahal - stock.adobe.com ; **183 (h2)** your123 - stock.adobe.com ; **183 (h3)** famveldman - stock.adobe.com ; **183 (h4)** ©PHOTOPQR/Le Parisien/Olivier Corsan/Photo via MaxPPP ; **183 (h5)** Suwaree Tangbovornpichet - iStockphoto ; **183 (h6)** kaliantye - stock.adobe.com ; **183 (b1)** christianchan - stock.adobe.com ; **183 (b2)** Aleksej - stock.adobe.com ; **183 (b3)** helenedevun - stock.adobe.com ; **183 (b4)** marina_larina - stock.adobe.com ; **184** Xalanx - stock.adobe.com ; **186 (md)** Meigneux/Sipa ; **186 (bm)** 2019 Dan Shachar/Shutterstock ; **191 (1)** fizkes - stock.adobe.com ; **191 (2)** JackF - stock.adobe.com ; **191 (3)** JohnnyGreig - iStockphoto ; **194 (1)** Amaury Cornu/Hans Lucas/AFP Photos ; **194 (2)** GARDEL Bertrand/hemis.fr ; **194 (3)** eqroy - stock.adobe.com ; **194 (4)** pfeifferv - stock.adobe.com ; **195 (1)** Sophie Libermann/Hans Lucas via AFP Photos ; **195 (2)** ifeelstock/Alamy/hemis.fr ; **195 (3)** Stéphane de Sakutin/AFP Photos ; **195 (4)** JPC-PROD - stock.adobe.com ; **195 (5)** LIGHTFIELD STUDIOS - stock.adobe.com ; **195 (6)** Artem - stock.adobe.com ; **198 (1)** DragonImages - stock.adobe.com ; **198 (2)** MIKE FOUQUE - stock.adobe.com ; **198 (3)** golubovy - stock.adobe.com ; **198 (4)** Vasyl - stock.adobe.com ; **198 (a)** Rawpixel - stock.adobe.com ; **198 (b)** Vasyl - stock.adobe.com ; **198 (c)** DragonImages - stock.adobe.com ; **198 (d)** Media Raw Stock - iStockphoto ; **199 (1)** mars58 - stock.adobe.com ; **199 (2)** Mr Korn Flakes - stock.adobe.com ; **199 (3)** Piranhi/Alamy/hemis.fr ; **199 (mg)** BullRun - stock.adobe.com ; **201** Syda Productions - stock.adobe.com ; **201 (hg)** «Danse à la ville», 1883 - Pierre-Auguste Renoir (1854 -1919). Musée d'Orsay à Paris. Wikimedia Commons ; **201 (mm)** «Danse à la campagne», 1883 - Pierre-Auguste Renoir (1854 -1919). Musée d'Orsay à Paris. Wikimedia Commons ; **206 (1)** Oksana Kuzmina - stock.adobe.com ; **206 (2)** Irina Schmidt - stock.adobe.com ; **206 (3)** Rawpixel.com - stock.adobe.com ; **206 (4)** artmim - stock.adobe.com ; **206 (5)** Val Thoermer - stock.adobe.com ; **206 (6)** Maria Sbytova - stock.adobe.com ; **207** Maksim Shmeljov - stock.adobe.com ; **211 (a)** Lokalin - stock.adobe.com ; **211 (b)** Lumos sp - stock.adobe.com ; **211 (c)** PHEDRE de Jean Racine, mise en scene Christophe Rauck au Theatre Gérard Philipe du 6 mars au 6 avril 2014. Avec: Camille Cobbi (aricie), Pierre François Garel (hippolyte). Victor/ArtComPress via opale.photo ; **211 (d)** Anna Jurkovska - stock.adobe.com ; **211 (e)** Natalia - stock.adobe.com ; **215 (1g-d)** Elnur - stock.adobe.com ; **215 (2g)** Andrey Armyagov - stock.adobe.com ; **215 (2d)** Friends Stock - stock.adobe.com ; **215 (3g)** Château de Chillon, 1872 de Gustave Courbet - Musée d'art, Allen Memorial, Oberlin College, États-Unis - Artive ; **215 (3d)** Improvisation 27 (plus connue sous le nom de Jardin d'amour 2), 1912 - Vasily Kandinsky (1866 - 1944) - Wikimedia Commons ; **215 (4g)** Lustre - stock.adobe.com ; **215 (4d)** kohanova1991 - stock.adobe.com ; **216** La Sieste, 1892-1894 de Paul Gauguin (1848 - 1903) - Metropolitan Museum of Art, à New York - Metropolitan Museum of Art, à New York. Wikimedia Commons ; **217 (hd)** Valérie Macon/AFP Photos ; **217 (hg)** Martin bureau/AFP Photos ; **217 (mg)** Oscar Gonzalez/NurPhoto via AFP Photos ; **222 (1)** Nivière/Sipa ; **222 (2)** Valery Hache/AFP Photos ; **222 (3)** Les choses humaines, de Karine Tul - Collection Blanche, © Editions Gallimard ; **222 (4)** A. Astes/Alamy/hemis.fr ; **222 (bd)** Par les routes, de Sylvain Prudhomme - Collection Folio (n° 6913), © Editions Gallimard ; **223 (hg)** Le mystere Henri Pick, 2019 - Real : Remi Bezancon - avec : Fabrice Luchini-Camille Cottin-Alice Isaaz. - Collection Christophel © Mandarin films/Gaumont Production/Photo Roger Arpajou ; **223 (bg)** Le mystère Henri Pick, de David Foenkinos - Collection Folio (n° 6403), © Editions Gallimard.

Références textes
44 Jacques Sternberg, « La perfection », extrait de Contes glacés, 1974, édition intégrale parue aux Éditions Mijade, 2009 ; **201** "Où postuler pour trouver un stage à l'étranger ?, par Sophie Collet, avec la collaboration de Morgane Taquet, © l'Etudiant.

Références vidéos
44 Carte Postale de St Vaast la Hougue https://france3-regions.francetvinfo.fr/normandie/manche/saint-vaast-hougue-village-prefere-francais-1630620.html 3 Nouvelle-Aquitaine - 12/13 Editions Limousin - © INA ; **78** Augustin Trapenard, intervieweur - Métier : Journaliste https://www.youtube.com/watch?v=Kg-Afl5q4lQ Arte Junior ; **112** Corrèze : les agriculteurs veulent séduire les jeunes, Stage de 3ᵉ à la ferme https://www.youtube.com/watch?v=Kox0hiC83XQ : Thomas, stagiaire ; Pierre-Henri Mourigal, agriculteur ; Marion Daurat, conseillère installation Chambre d'Agriculture 19 reportage : Laetitia Théodore, Jean-Sébastien Tingaud, Montage : Jean-Laurent Cire France 3 Nouvelle-Aquitaine - 12/13 Editions Limousin - © INA ; **146** Arsène Lupin : l'éternel gentleman cambrioleur devient un phénomène d'édition Culte ! : [La légende d'Arsène Lupin] https://www.francetvinfo.fr/culture/culture-arsene-lupin-l-eternel-gentleman-cambrioleur_4277909.html N. Lemarignier, R. Asencio, A. Tribouart, J-M. Lequertier, L. Calvy, M. Gualandi, J-M. Perroux France info culture/France 2 - 20 heures - © INA